Moderne Wirtschaftsgestaltungen

herausgegeben von

Kurt Wiedenfeld

Heft 16:

Die türkische Landwirtschaft als Grundlage der türkischen Volkswirtschaft

von

Dr. Schewket Raschid

Berlin und Leipzig 1932

Walter de Gruyter & Co.

vormals G. J. Göschen'sche Verlagshandlung — J. Guttentag, Verlagsbuchhandlung — Georg Reimer — Karl J. Trübner — Veith & Comp.

Die türkische Landwirtschaft als Grundlage der türkischen Volkswirtschaft

Von

Dr. Schewket Raschid
Diplom-Landwirt
Dozent an der Landwirtschaftlichen Hochschule
in Angora

Veröffentlicht in Verbindung mit dem
Institut für Mittel- und Südost-Europäische
Wirtschaftsforschung

Berlin und Leipzig 1932

Walter de Gruyter & Co.
vormals G. J. Göschen'sche Verlagshandlung — J. Guttentag, Verlagsbuchhandlung
— Georg Reimer — Karl J. Trübner — Veith & Comp.

Dieses Buch erschien gleichzeitig als Dissertation der philosophischen Fakultät der Universität Leipzig

Archiv-Nr. 241032.
Druck von W. Hamburger, Wien, VI.

Dem anatolischen Bauern

Vorwort.

Viel ist über Land und Leute der Türkei geschrieben worden, seitdem die Türken nach Anatolien einwanderten, zum Islam übertraten und die damit verbundenen Glaubenskämpfe gegen die Christenwelt die Türkei in den Gesichtskreis Europas treten ließen. Anfänglich waren es vorwiegend religiöse Interessen, später machtpolitische, schließlich vorwiegend wirtschaftliche, die die Aufmerksamkeit des Abendlandes auf die Türkei lenkten. Damit zusammenhängend entstanden zahllose Schriften und Abhandlungen fremder Gelehrter, Beobachter und Schriftsteller.

Trotz der Fülle dieses Schrifttums kann nicht gesagt werden, daß die Eigenart des türkischen Volkes und seines Landes klar umrissen worden wäre. Vielmehr sind die meisten dieser Werke reich an reinen Vermutungen und Irrtümern.

Von der alten Literatur sind besonders die ausgesprochen geschichtswissenschaftlichen Werke zu nennen. Sie sind vorwiegend in arabischer, persischer, armenischer und griechischer Sprache geschrieben. Sie fallen jedoch völlig unter den Begriff der Chroniken und beschränken sich lediglich auf die Schilderung der kriegerischen Ereignisse. Soweit diese Werke sich über die Eigenart der Türken äußern, drücken sie mehr oder weniger die subjektive Meinung des jeweiligen Verfassers aus. Sowohl die von islamischer als auch europäischer Seite geschriebenen Abhandlungen sind durchaus einseitig und häufig übertrieben und unwahrhaftig. Trotzdem war ihre Wirkung ausschlaggebend für die Meinung ganzer Geschlechter. Besonders nachhaltig haben für die europäische Einstellung die Kreuzzugschriften gewirkt.

In etwas späterer Zeit stoßen wir auf eine Reihe französischer und englischer Abhandlungen über die Türkei; an diese schließen sich, besonders aus jüngerer und jüngster Vergangenheit, die deutschen und endlich auch einige russische und ungarische Werke an.

Unter dem neuzeitlichen, fremdsprachigen Schrifttum über die Türkei findet man nicht nur Abhandlungen geschichtswissenschaftlichen, sondern vielfach auch politischen, wirtschaftlichen und naturwissenschaftlichen Inhalts. Es ist jedoch festzustellen, daß auch diese Arbeiten, wenn auch ein besonderes Gebiet jeweils im Vordergrund steht, durchweg sehr oberflächlich sind. Tiefschürfende, wissenschaftliche Untersuchungen über irgendein Fachgebiet wird man unter ihnen vergebens suchen. Am meisten Beachtung verdienen noch die naturwissenschaftlichen Werke, ferner auch die wirtschaftswissenschaftlichen Inhalts. Da aber auch sie sich nur mit der Feststellung der äußeren Begebenheiten begnügen, ermöglichen sie nirgends eine Beurteilung der inneren Zustände und des eigentlichen Lebens des türkischen Volkes; wenn sie es versuchen hierauf näher einzugehen, so bleiben sie unweigerlich einseitig, ja zuweilen geradezu unwirklich.

Es soll nicht geleugnet werden, daß die Türken den fremden Forschern hinsichtlich der Festlegung der rein äußerlichen Tatsachen und der Untersuchungen auf naturwissenschaftlichem Gebiet sehr viel verdanken. Aber durch falsche Schlußfolgerungen in bezug auf die türkische Psyche haben jene ausländischen Beobachter vielfach Schaden angerichtet, denn sie bestärken die irrigen Ansichten über die Türkei in Europa. Dieser Umstand ist auf folgende Ursachen zurückzuführen:

1. Es ist nicht abzustreiten, daß die religiösen Gegensätze bis in die letzte Zeit hinein trennend gewirkt haben. Die feindselige Haltung der beiden Konfessionen hat durch ihren jahrhundertelangen Einfluß eine gegensätzliche und unobjektive Gesinnung geschaffen, die zwar im Laufe der Zeit an Schärfe verlor, in anderen Formen jedoch auch heute noch mehr oder weniger stark zu spüren ist.
2. In diesem Zusammenhange ist im Gegensatz zu 1. der Einfluß der Romantik von Bedeutung, wodurch der Orient mit dem farbigen Märchenreich von Tausendundeiner Nacht gleichgesetzt wurde. Um dieses Wunderland darzustellen, schien es den fremden Berichterstattern un-

bedenklich, die Verhältnisse zu übertreiben und sogar ein wenig hinzu zu phantasieren. Der Einfluß dieser falsch verstandenen Romantik ist selbst in den ernsthaftesten Werken zu spüren.

3. Die ausländischen Forscher haben bei der Beurteilung stets ihre ihnen eigenen Maßstäbe angelegt, die aus ganz anderen Verhältnissen übernommen worden sind. Sie auf die Türkei zu übertragen heißt zugleich diese durch die eigene Brille sehen.
4. Der fremde Gelehrte oder Schriftsteller ging bei seinem Studium der Türkei und ihrer Bewohner fast ausschließlich von seinem besonderen, seiner Absicht zugrunde liegenden Standpunkt aus, der meist irgendwelche politische, wirtschaftskolonisatorische Ziele vertrat. Da man bisher die Türkei in erster Linie als Kolonisationsgebiet betrachtet hatte, wurden die Zustände und Verhältnisse unter ganz bestimmten, von vornherein zielgerichteten Gesichtspunkten aus untersucht. Stimmten die Ergebnisse mit den gewollten Zielen des jeweiligen Forschers überein, so urteilte er günstig; war dies nicht der Fall, so war sein Urteil dementsprechend.
5. Es muß aber auch zugegeben werden, daß es damals für einen Fremden besonders schwierig war, in der Türkei eingehende und freizügige Studien über Leben und Wesen des Volkes zu treiben; denn die türkische Gesellschaft war dem Ausländer gegenüber vollkommen abgeschlossen, so daß es diesem unmöglich war, z. B. in das türkische Familienleben Einblick zu erhalten. Zudem war die türkische Frau durch die Vorschriften der Religion isoliert; mit Fremden in Berührung zu kommen war unmöglich. Es ist aber, glaube ich, unerläßlich, wenn man über ein Volk urteilen will, dessen Psyche in allen Phasen zu untersuchen, am besten sie mitzuerleben. Auch konnte die durch die Verschiedenheit der Lebensweise und vor allem der Sprache bedingte Mauer nur selten überstiegen werden; zudem kamen die Europäer meist mit Levantinern in Berührung, das heißt mit nicht türkischen Elementen.
6. Eine weitere Schwierigkeit lag in der Natur des Landes selbst, denn die Unerschlossenheit Ana-

toliens bedeutete ein starkes Hemmnis für den ausländischen Forscher. Eine Reise durch das Innere war eine kostspielige Expedition, die mit großen Strapazen und Mühen verknüpft war, so daß die meisten Beobachter vorzogen, lediglich Istanbul oder eine Stadt an der Küste, etwa Smyrna (Izmir), zu besuchen. Diese Orte wurden dann bestimmend für die Beurteilung der gesamten Türkei.

Aber selbst die in türkischer Sprache verfaßten Werke beschränken sich willkürlich auf herausgegriffene Gebiete, vorwiegend auf Geschichte, Rechts- und Religionswissenschaft und Literatur. Natur- und wirtschaftswissenschaftliche Arbeiten sind sehr selten, so daß in dieser Hinsicht eine fühlbare Lücke festzustellen ist.

Sowohl die in türkischer Sprache als auch die in fremden Sprachen erschienenen Werke haben Land und Volk der Türkei allgemein im Rahmen eines bestimmten Staates, nämlich des Osmanenreiches, oder im Rahmen einer bestimmten Religion gesehen und die Probleme nur von dieser Seite aus erörtert. Tatsächlich umfaßte das Osmanenreich jedoch sehr verschiedene Völkerschaften mit ausgeprägter Eigenart, die von der des eigentlichen türkischen Volkes durchaus abweicht, so daß die spezifisch türkische Sonderart nie rein dargestellt worden ist.

Unter diesen Umständen konnte bisher naturgemäß von wissenschaftlicher und ausgesprochener nationaler Kulturpflege nicht die Rede sein.

Heute besteht nun das Osmanenreich, von dem das frühere Schrifttum der Türkei ausging, nicht mehr, die Grundlagen sind heute vollkommen umgestaltet.

Aus allen diesen Erwägungen heraus ergibt sich zwingend die Notwendigkeit einer Neubearbeitung der alten Werke. Alles, was bisher über die Türkei geschrieben worden ist, bedarf eingehender Kritik.

Die Umwälzungen der letzten Zeit haben auch dem Geist der jungen Türkengeneration ihr Gepräge aufgedrückt: kennzeichnend für ihn ist eine zuweilen fast krankhafte Empfindlichkeit nationalen Belangen gegenüber. Ich denke in dieser Beziehung, daß wir Türken diese alten Vorurteile am besten durch im stillen heranreifende, wissenschaftliche Leistungen auf allen Gebieten widerlegen können.

Es erhellt ohne weiteres, daß in der Türkei noch viel wissenschaftliche Arbeit zu leisten ist. Die Türkei ist der modernen Wissenschaft noch nicht völlig erschlossen. Die Natur des Landes, sein Klima, seine Bodenbeschaffenheit, seine Pflanzen- und Tierwelt müssen an Ort und Stelle untersucht und in die wirtschaftswissenschaftlichen Zusammenhänge hineingestellt werden. Es ist verständlich, daß die Türkei heute noch nicht auf allen Gebieten über ausreichende Fachwerke verfügt, besonders, da das Fundament, auf dem Spezialfragen erst aufgebaut werden können, noch nicht geschaffen worden ist.

Ich hege den lebhaften Wunsch, daß mein Land und mein Volk sich von nun an so zeigen mögen, wie sie sind, mit allen ihren Fehlern und Vorzügen, um durch das Aufdecken der eigenen Mängel die Mittel zu ihrer Bekämpfung zu finden und aus der Selbsterkenntnis der eigenen Werte den Mut für die Zukunft zu schöpfen.

Bei der vorliegenden Arbeit habe ich alle in Betracht kommenden Quellen und Schriften benutzt. Von der ausländischen Literatur habe ich auf die in deutscher Sprache erschienenen Werke der letzten Zeit besonders Gewicht gelegt, da sie am sachlichsten sind. Doch habe ich stets Vergleiche mit den mir aus eigener Anschauung bekannten Zuständen und Verhältnissen angestellt und in vielen Punkten mich ganz auf eigene Beobachtungen verlassen. Zur Begründung dieses Vorgehens sei noch angeführt, daß ich in bäuerlichen Verhältnissen aufgewachsen bin und auch während meiner ganzen Fachausbildung mit den tatsächlichen Verhältnissen der türkischen Landwirtschaft stets in engster Fühlung geblieben bin. Dieselbe grundsätzliche Einstellung, die Ergebnisse der Wissenschaft mit der Wirklichkeit zu vergleichen, wurde auch für mein Auslandsstudium bestimmend, und ich darf sagen, daß ich ehrlich bemüht war, die Ergebnisse neuzeitlicher, europäischer Forschung immer mit den Möglichkeiten meines Vaterlandes in Beziehung zu setzen, um diesem nach besten Kräften dienen zu können.

Ich verdanke der gründlichen, wissenschaftlichen Ausbildung an den deutschen Hochschulen viel. Wenn ich in der vorliegenden Abhandlung für mein Vaterland habe einiges leisten können, so ist das in erster Linie der Großzügigkeit der deutschen Wissenschaft und ihren Institutionen zu verdanken. Von meinen deutschen Lehrern habe ich jederzeit alle erdenkliche Unterstützung und vielseitige und wertvolle Anregungen bekommen. Vor allem ist es mir aber ein Bedürfnis, meinem hochverehrten Lehrer, Herrn Geheimen Regierungsrat Professor Dr. Falke für seine nie ermüdende Förderung meiner Ausbildung und für seine persönliche Großzügigkeit an dieser Stelle meinen ganz besonderen Dank auszusprechen. Nicht weniger bin ich dem Herrn Geheimen Legationsrat Professor Dr. Wiedenfeld verpflichtet.

Sollte meine zukünftige Arbeit in meinem Vaterlande mit zu einer Annäherung dieser beiden Länder führen, so ist es wiederum das Verdienst meiner deutschen Lehrer.

Schewket Raschid.

Inhaltsverzeichnis.

I. Teil.

1. Über die geschichtliche Entstehung und Entwicklung der Türkei.

a) Vorbemerkung.

Innerhalb der Volkswirtschaft ist es eine ganz allgemeine Tatsache, daß sich die Entwicklung eines in sich geschlossenen Wirtschaftsgebietes nach organischen Gesetzen vollzieht. In dieser Entwicklung sind eindeutig bestimmbare Entwicklungsstufen feststellbar. Jede dieser Stufen hat nun ihre eigenen Problemstellungen, wirft Fragen auf, die nur adäquat der erreichten Entwicklungsstufe zu beantworten sind.

Um nun eine volkswirtschaftliche Untersuchung anzusetzen, muß man sich von vornherein klar sein, welche Fragen überhaupt in dem gegebenen Falle beantwortet, das heißt untersucht werden können. Die Fragestellung einer Arbeit, die nicht mit den gegebenen Bedingungen übereinstimmt, ist von vornherein aussichtslos, da sich im Verlaufe der Untersuchung ergeben wird, daß das zu einer exakten Untersuchung notwendige Material einfach aus dem zu untersuchenden Gebiet nicht bereitgestellt werden kann. Anderseits würden aus einer solchen Untersuchung gezogenen Schlüsse utopisch sein, da für sie keine Möglichkeit der Realisierung besteht.

Wie die folgende Untersuchung noch klar herausstellen wird, liegen die Verhältnisse für die heutige Türkei so, daß diese erst am Anfang einer einheitlichen volkswirtschaftlichen Entwicklung steht. Der Mutterboden, aus dem sich diese junge, zukunftsreiche Entwicklung aufbauen wird, ist die Landwirtschaft. Die Türkei ist auf der jetzigen Stufe der Entwicklung ein reines Agrarland.

Ein äußeres Zeichen des wirtschaftlichen Reifeprozesses ist die mehr oder weniger vorangeschrittene Spezialisierung, die Arbeitsteilung auch in der Landwirtschaft. Die türkische

Landwirtschaft ist im Augenblick noch mit allen kulturellen, politischen, wirtschaftlichen Lebensäußerungen des Volkes aufs engste verflochten. Daraus folgt einerseits, daß die Untersuchung eines scharf umrissenen Spezialgebietes innerhalb der türkischen Landwirtschaft nicht von erheblichem Werte für das Land sein kann, anderseits aber eine grundlegende und grundsätzliche, das gesamte Problemgebiet umfassende Arbeit wegweisend für die zukünftige, bewußte Agrarpolitik sein kann.

Aus diesen Überlegungen heraus habe ich gewagt, mir die umfangreiche Aufgabe zu stellen, die Stellung und den Stand der Landwirtschaft innerhalb der türkischen Volkswirtschaft festzulegen, ihren Verzweigungen und ihrer Verwurzelung in der Entwicklung nachzugehen und die Tendenzen ihres organischen Wachstums aufzuweisen. Ich hoffe damit, dem Kern meines Volkes, dem anatolischen Bauern, einen Dienst zu erweisen.

Man könnte diese Untersuchung sogleich mit dem eigentlichen Kerngebiet der Problemstellung beginnen. Aber es handelt sich hier um eine, dem abendländischen Wesen und Fühlen fremde Welt, die nur aus ihrer geschichtlichen Vergangenheit heraus begriffen werden kann. Die türkische Geschichte hat nun vielleicht einen der kompliziertesten und verwickeltsten Abläufe von den einzelnen Teilgebieten der Weltgeschichte. In ihr treffen die verschiedensten politischen, religiösen, kulturellen und rassischen Strömungen aufeinander. Wohl ist der chronologische Ablauf des Geschehens allgemein bekannt, aber die Nachwirkungen der auf diesem Boden ausgetragenen Konflikte sind noch nie von dem Gesichtspunkt einer bestehenden nationalen Einheit, einem anatolischen Volk aus betrachtet worden. Dazu kommt noch, daß die Einstellung der allgemeinen europäischen Geschichtsauffassung in bezug auf die Türkei, wie nachgewiesen, einseitig und nicht ganz den Tatsachen entsprechend ist.

Es wird wohl von keiner Seite bestritten werden, daß das Leben eine Widerspiegelung und organische Fortsetzung der geschichtlichen Hintergründe ist. Da die wirtschaftlichen Zustände in der Türkei das Ergebnis ihrer geschichtlichen Entwicklung sind und ausschließlich aus der Geschichte heraus erklärt werden können, glaube ich, dem Leser die Kritik meiner Gedankengänge dadurch zu erleichtern, daß ich, zwar außerhalb des eigentlichen Themas, aber als unbedingte Voraussetzung, eine geschichtliche Abhandlung bringe, die bewußt auf das wirtschaftliche Ergebnis abgestimmt ist, das sie zeitigte.

b) Allgemeines.

Um den Blickpunkt, von dem aus ich die geschichtliche Entwicklung betrachte, von vornherein festzulegen und damit den leitenden Gedanken auszusprechen, möchte ich meine Auffassung über den Begriff „Nation" an den Anfang der geschichtlichen Betrachtung stellen.

Ich vertrete die Meinung, daß, wenn auch das Vorhandensein eines großen türkischen Volkes (türkisch als allgemeine, rassenmäßige Bezeichnung) nicht bestritten werden kann, dieses heute doch in verschiedene, durch kulturelle und politische Sonderart getrennte Einheiten zerfällt, deren Entstehung die Geschichte begründete. Zwischen diesen Einheiten bestehen wohl ethnologisch zu abstrahierende Bedingungen und Stammverwandtschaften, aber keine bewußte nationale Gemeinschaft. Eine Nation ist nicht nur ein staatsrechtlich formuliertes Gebilde, eine Nation ist vielmehr eine lebendige, kulturelle, politische Gemeinschaft, die Arbeit an einer gemeinsamen Kultur leistet, die ein von jedem anerkanntes Vaterland, eine selbstbewußte Einstellung gegenüber dem politischen und staatlichen Leben als Schicksalgemeinschaft besitzt und nach einem gemeinsamen politischen Ziel strebt.

Um Mißverständnissen vorzubeugen, sei hier ausdrücklich betont, daß ich unter „Anatolischer Nation" die Bevölkerung der gesamten, heutigen Türkei verstehe, daß ich also die türkische Geschichte als den Weg zu der heute bestehenden Einheit der modernen Türkei ansehe[1]).

c) Geschichtliche Entwicklung.

Ich betrachte deshalb die Türkei nicht — wie allgemein üblich — im Rahmen eines bestimmten Staates, z. B. des Seld-

[1]) Obwohl ich die Einwohner der heutigen Türkei um einer klaren Unterscheidung willen bewußt mit „anatolische Nation" bezeichne, glaubte ich jedoch auch die Bezeichnung „Türken" gebrauchen zu sollen, da in Europa allgemein die Bewohner der heutigen Türkei schlechthin unter dem Namen Türken bekannt sind.

schuken- oder Osmanenreiches, noch vom Standpunkt des Islams aus, sondern ich nehme die heutige Türkei, deutlicher gesagt, die anatolische Nation zum Ausgangspunkt meiner Betrachtungen. Die ganzen geschichtlichen Ereignisse werden hier lediglich vom Gesichtspunkt der wirtschaftlichen Entwicklung dieser Nation aus einer Betrachtung unterworfen, damit wir die tatsächlichen Verhältnisse und Erscheinungen in ihrer reinen Begebenheit ergründen können. Nur auf diese Weise kann es gelingen, „Werden und Wesen" der anatolischen Nation als Voraussetzung ihrer Wirtschaft sachlich kennenzulernen. Ich lehne ein Verfahren ab, das den Islam oder den Gesichtspunkt des großtürkischen Volkes unter Vernachlässigung aller wirtschaftlichen Folgerungen als Sinn des Studiums der türkischen Geschichte ansieht.

Ich unterscheide somit die anatolischen Türken von den in Aserbeidschan heimischen, die ihrerseits eine besondere politische Einheit bilden, sowie die Türkvölker, die in Rußland, die in den Chanaten von Buchara und Cheiwa und in Turkestan leben. Alle diese Völkergruppen gehören zwar zu dem großtürkischen Volke, haben jedoch andersartige Entwicklungswege eingeschlagen. Wenn auch bei diesen verschiedenen Teilen des großtürkischen Volkes eine allgemeine, volkstümliche Gemeinschaft besteht, so reicht diese heute doch nicht mehr aus, um nach den Begriffen der neuzeitlichen Soziologie ihre Zusammenfassung im Sinne einer einheitlichen Nation zu erlauben, denn die nationalen und kulturellen Unterschiede dieser Gruppen sind stärker ausgeprägt als das Verbindende ihrer Blutsgemeinschaft.

Diese Einengung der Problemstellung wird bei der Beurteilung der heutigen wirtschaftlichen Zustände von großem Werte sein, sie wird vor allen Dingen über das geschichtlich Gewordene Klarheit schaffen[1]).

Ich stelle im Werden der anatolischen Nation in diesem Zusammenhange nur das Auftreten der verschiedenen aber typischen Erscheinungen fest, die zu bestimmten Zeiten die Entwicklung entscheidend beeinflußten.

---

[1]) Anmerkung: Für die chronologischen Tatsachen verweise ich auf Köprülü Zade Mehmet Fuat, „Die Geschichte der Türkei" 1923 Istanbul.

Die geschichtswissenschaftlich noch nicht vollkommen geklärte Frühgeschichte des aus zahlreichen Stämmen zusammengesetzten Volkes hat an sich auf die heutige Entwicklung keinen richtunggebenden Einfluß. Die Heimat des ursprünglichen großtürkischen Volkes ist, wie bekannt, Mittelasien, ein Raum zwischen dem Kaspischen Meer und der chinesischen Grenze einerseits und zwischen Sibirien und dem Himalaya anderseits. Es steht fest, daß das Volk der Türken schon seit 1300 v. Chr. bekannt ist, und in längst vergangener, vorislamischer Zeit zu verschiedenen Malen große Reiche gegründet hat, die in der Geschichte Asiens eine große Rolle spielten. Dieses Volk, das weder zu den Mongolen noch zur gelben Rasse gehört und dessen Ursprung noch nicht einwandfrei geklärt ist, hat in der Geschichte die verschiedensten Namen getragen. Der Name „Türk" taucht aber bestimmt schon in der vorislamischen Zeit auf (auch manchen Wissenschaftlern im 5. Jahrhundert n. Chr.). Dieses Volk zerfiel von Anfang an in verschiedene, politisch stark unterscheidbare Zweige. Erst die nachislamische Zeit, in der einzelne Türkstämme große, kulturell wertvolle Staaten bildeten, hat nachweisbare Einflüsse hinterlassen.

Die anatolischen Türken gehören zu dem großen Zweige der „Oghuz" des oben beschriebenen großtürkischen Volkes. Die Oghuzen nahmen nach ihrem Übertritt zum Islam die Bezeichnung „Türkmen"[1]) an. Die erste Berührung des allgemeinen türkischen Volkes mit der mohammedanischen Religion fällt in die Jahre 635—641 n. Chr. Der eigentliche Übertritt zum Islam vollzieht sich jedoch erst später im wesentlichen mit der Annahme des islamischen Bekenntnisses seitens der Oghuzen. Die Annahme des Islams bedeutet den Wendepunkt in der Geschichte der Oghuzen. Diese Tatsache bestimmte das Schicksal der eigentlichen anatolischen Nation und schuf die ersten Grundlagen ihrer Kultur. Sie beeinflußte in hohem Maße das Geschehen der Weltgeschichte und wirkte für lange Zeit bestimmend auf die wirtschaftliche Auffassung des Volkes insofern, als die strengen Vorschriften der Religion Mohammeds ihre sittlichen Eigenschaften förderten und ihr ganzes Denken regelten.

---

[1]) „Oghuzen" und „Türkmenen" sind also ein und dasselbe.

Der Führer eines Türkmenenstammes, namens Seldschuk, begann den Kampf gegen die nicht mohammedanischen türkischen Stämme und entfaltete dabei eine außerordentliche Tatkraft. Dadurch gewann er in seiner Umgebung an Einfluß. Seine Leistungen veranlaßten andere Türkmenenstämme, sich unter seiner Führung zu sammeln. So wurde der Grundstein zu einem großen islamischen Reiche gelegt, das nach seinem Oberhaupt die Bezeichnung „Seldschukenreich" erhielt.

Jedoch am Anfang kann man noch nicht von einem eigentlichen, selbständigen Reiche sprechen. Der Stamm, zu dem Seldschuk gehörte, nomadisierte noch. Der Sohn dieses Herrschers, Toğrol, führte die Politik seines Vaters konsequent weiter. Diese Kämpfe der Türken untereinander spielten sich hauptsächlich in dem Gebiete des Oxus ab. Von da aus setzte eine Expansionspolitik ein und Toğrol eroberte Persien, Aserbeidschan und einen Teil des Irak. Mit diesen Eroberungen wurde er als selbständiger Sultan des neuen Reiches anerkannt. Seine politische Machtstellung befestigte er dadurch, daß er den arabischen Kalifen in Bagdad besuchte und dessen Anerkennung als Sultan erlangte. Sein Nachfolger wurde sein Vetter Alp Arslan. Dieser setzte die Politik seiner Vorgänger fort und eroberte Georgien, Armenien und den größten Teil des Kaukasus. Weiterhin leitete er die Eroberung Anatoliens ein. Während seiner Herrschaft wurde, wie weiter unten näher ausgeführt wird, das Kalifat vollkommen vom Seldschukenreich abhängig. Die Nachfolger setzten die angefangene, machtvolle Expansionspolitik ihrer Vorgänger fort. So wurden nach und nach Anatolien, Syrien, der ganze Irak, Arabien erobert, so daß das Seldschukenreich sich vom Ägäischen Meer über Syrien, Arabien und Persien bis zum Indischen Ozean erstreckte. Der Höhepunkt der Machtentfaltung dieses Reiches liegt, um eine Zahl zu nennen, im Jahre 1072 n. Chr. Verwaltungstechnisch zerfiel dieses Reich in verschiedene selbständige Sultanate, die den Großsultan als gemeinsames Oberhaupt mit seinem Sitz in Persien anerkannten. So war auch Anatolien ein solches verhältnismäßig selbständiges Sultanat und konnte als solches unabhängig sich selbst ausgestalten.

Diese territoriale Ausbreitung war der Ausgangspunkt dafür, daß die verschiedenartigsten, nationalen und kulturellen

Einflüsse Eingang in die Türkei fanden. Die geschichtliche Folge davon war, daß den Türkmenen die Aufgabe der Verteidigung und Verbreitung des Islams zufiel. Zur Zeit der Entstehung des Seldschukenreiches bestand ein arabisches Reich, das mit dem Kalifat verbunden war. Der Sitz des Kalifen war Bagdad und das Kalifat in der Familie „Abbasi" erblich. Die Kämpfe der verschiedenen arabischen Familien um das Kalifat veranlaßten den derzeitigen Inhaber des Kalifats, sich dem machtvoll aufstrebenden Seldschukenreich anzuschließen und so wurde das Kalifat vom Großsultanat abhängig, obwohl noch für längere Zeit formal die Kalifen aus arabischen Familien stammten (1059 n. Chr).

Die Entstehung und Machtentfaltung des großen Seldschukenreiches gab die Möglichkeit für die Entstehung der anatolischen Nation.

Anatolien war früher — bereits im 7. nachchristlichen Jahrhundert — von den Arabern angegriffen worden, unter denen sich zahlreiche Türken verschiedener Stämme befanden und es war zeitweise von ihnen besetzt worden. Doch das in diesem Zusammenhange wichtigste Ereignis war die endgültige Eroberung Anatoliens durch das Seldschukenreich. Für die Türkmenen selbst war die Eroberung Anatoliens ein religiöses, nationales Ideal, eine Notwendigkeit. Die sie bewegenden Triebkräfte waren: Einmal der Drang zur Ausbreitung des Islams, dann aber auch lebhafter Landhunger der zum Islam übergetretenen Türkmenen, die jenseits des Oxus ein Nomadenleben führten. Diese volkreichen Stämme bedurften neuer Gebiete zur Besiedelung. Sie waren auf der Suche nach einer neuen Heimat.

Endlich spielte noch das dem jungen Seldschukenreich innewohnende imperialistische Streben eine bedeutsame Rolle. Von diesen Kräften getrieben, haben die Türkmenen von Anfang an Anatolien angegriffen, dabei mußten sie notwendigerweise mit Byzanz zusammenstoßen. Die entscheidende Schlacht wurde im Jahre 1071 n. Chr. bei Malazkerd geschlagen, wobei die Türkmenen das byzantinische Heer vernichteten und den Kaiser von Byzanz (Romen Diyogen) gefangen nahmen. Nach dieser Niederlage der Byzantiner ergossen sich die Türkmenenscharen unaufhaltsam nach Anatolien hinein und erreichten bald das Ägäische

Meer. Immerhin nahm der Kampf um die vollständige Eroberung Anatoliens Jahrhunderte in Anspruch. Die Eroberung Anatoliens trägt keineswegs nur den Charakter einer militärischen Operation, sondern vielmehr den einer tatsächlichen Inbesitznahme, einer Aneignung. Denn bereits während des Vordringens des Heeres erfolgte sofort die Besiedelung, und zwar durchaus planmäßig. Vor der Eroberung Anatoliens durch die Türkmenen bestand seine Bevölkerung zum großen Teil aus dem Mischvolk des oströmischen Reiches, das allgemein Griechen genannt wurde. Auch die Armenier hatten im Osten ein eigenes Königreich, das Byzanz unterstellt war. Während der Eroberung wanderten die Griechen zum großen Teil aus. Ein ganz geringer Teil trat zum Islam über und blieb im Lande. Nachdem das armenische Königreich im ersten Ansturm vernichtet worden war, siedelten sich die Reste dieses Volkes im Süden Anatoliens, an der Grenze Syriens an. Im Lande blieben also nur ganz geringe Reste von diesen Völkerschaften und der freigewordene Raum wurde durch stete Einwanderung von Türkmenen aufgefüllt.

Anatolien wurde angesichts der großen Bevölkerung rasch türkisch. Dieses erklärt sich dadurch, daß die Einwanderung nicht aufhörte, sondern ständig durch Zuzug neuer Stämme ergänzt wurde, ein Prozeß, der ein volles Jahrhundert hindurch andauerte. Diese intensive Besiedlung und der dauernde Nachschub einer homogenen Bevölkerung bestimmte es zur Keimzelle der werdenden Nation.

Nach der Eroberung Anatoliens legten die Türkmenen nach und nach ihr Nomadentum ab und wurden seßhaft, nur noch der nomadisierende Teil der Türkmenen unternahm im allgemeinen die Eroberungszüge. Sie hatten sich so einen Wohnsitz und damit auch die Grundlage zu einer Weiterentwicklung geschaffen. Kleinasien wurde für dieses Volk zur endgültigen Heimat. In der Tat zeigen uns die späteren geschichtlichen Ereignisse, daß diesen Türkmenenstämmen Anatolien ein einheitliches, natürliches Vaterland wurde, denn alle in der Folgezeit auftretenden, nach Anatolien übergreifenden Expansionsgelüste fremder Elemente wurden stets erfolgreich abgewehrt.

Nach der Eroberung entstand zunächst eine Reihe autonomer Staaten in Anatolien, die einzeln dem großen Seldschukenreich unterstellt waren. Innerhalb dieser Staaten bildete sich ein Feudalsystem, das ungefähr dem Lehnswesen des deutschen Mittelalters entspricht. Mit der Zeit wurde Anatolien zu einer politischen Einheit. Aber das Feudalsystem blieb bestehen, es wurde erst später von der osmanischen Familie abgeschafft. Dieses Feudalsystem hat aber im Sinne der europäischen Entwicklung keinen Einfluß auf die Bodenverteilung hinterlassen, dagegen ist in den Kriegersiedlungen, der Grund und Boden wurde an die Krieger vergeben, zum Teil der Beginn des bodenständigen Bauerntums zu sehen.

Bald setzte auch reges K u l t u r l e b e n ein. Es wurde Ackerbau und Viehzucht getrieben, wobei vor allen Dingen der Pferde- und Schafzucht besondere Bedeutung beigemessen wurde. „Medresse“ (Universitäten) wurden gebaut, in denen islamische Philosophie, Logik, Jura, Literatur, Geschichte und Geographie betrieben und gelehrt wurden; die türkische Sprache gewann an Reichtum und Schönheit. Die Web- und Stickkunst entwickelte sich, das Fayence- und Porzellangewerbe blühte auf, architektonische Meisterwerke entstanden, mit einem Wort, der Genius der jungen, erst in Formung begriffenen Nation lebte sich mit bewundernswertem Schwunge in kultureller Betätigung aus.

Zu dieser Entwicklung trugen mannigfaltige Begebenheiten bei. Die Türkmenen waren von Anfang an ein entschlossenes, tatkräftiges, strenges Volk. Der Hauptzug ihres C h a r a k t e r s war Streben nach Herrschaft. Ihre Eigenschaften befähigten sie, große Reiche zu gründen, Länder zu erobern, Völker zu beherrschen. Die Tapferkeit war ihre ursprünglichste Eigenschaft, Disziplin, militärische Organisation und Erziehung formten dieses Volk schon damals zu einer machtvollen Einheit. Die hohe arabische Kultur beeinflußte die Türkmenen erzieherisch und gab ihnen die Grundlage zur Ausbildung einer Nation. Von großer Wichtigkeit wurde in der Folgezeit auch die persische Kultur, deren bunte Phantasie, wie sie sich vor allem in der persischen Literatur verkörpert, befruchtend auf sie einwirkte. Durch die Entstehung des großen Seldschukenreiches wurde den Türkmenen die Möglichkeit geschaffen, mit anderen Kulturen in engen Konex zu kommen. Das sind die Anfänge einer eigenen kulturellen Entwicklung.

In diesem Zusammenhange spielt ferner die Berührung mit der christlichen und abendländischen Welt, wie sie Byzanz verkörperte, eine bedeutsame Rolle. Sie ergab sich von selbst aus der geographischen Lage Anatoliens. Schon früher hatte in diesen Gebieten eine gegenseitige, kulturelle Befruchtung stattgefunden, auf die spätere Entwicklung wirkten von nun an auch christlich-abendländische Faktoren mit ein.

Schließlich kamen noch die Einflüsse der Natur auf das junge Volk hinzu. In der Tat wurde Anatolien für die Türkmenen zu einer neuen Umwelt, die durch Klima, Bodenbeschaffenheit und geographische Lage viel auf die Seele ihrer Bewohner einwirkte. Unter den Einflüssen dieser, teils natürlich gegebenen, teils historisch bedingten Umstände begann der Umbildungsprozeß der Türkmenen zu einer Nation. Deshalb betrachte ich die Eroberung Anatoliens als den eigentlichen Ausgangspunkt für die Entstehung der heutigen Türkei. Die zweite Folge der Eroberung Anatoliens war, daß die Türken zu einem Faktor der asiatisch-abendländischen Geschichte wurden. Mit dem Vorstoß der Türkmenen nach Byzanz begann der Konflikt, der anfänglich auf rein religiöse, später jedoch auch auf politische und wirtschaftliche Beweggründe zurückging und bis heute in der Gestalt der „orientalischen Frage" weiterlebte.

Ein wichtiger, einschneidender Abschnitt in der Geschichte Anatoliens sind die Kreuzzüge. Als Byzanz vor dem Türkmenenansturm zurückweichen mußte und sich seiner eigenen Ohnmacht bewußt geworden war, rief es die Christenwelt zur Hilfe auf. Tatsächlich sammelten sich die Völker Europas, um geschlossen den Kampf aufzunehmen, in dem sich zwei Welten von tödlichem Haß erfüllt gegenüberstanden. Über Jahrhunderte ziehen sich von nun ab die blutigen Auseinandersetzungen hin.

Die Folgen dieser Zusammenstöße sind zweifacher Art: Einmal wurde durch sie die Entwicklung der sich allmählich heranbildenden Nation unterbrochen, dann zweitens kamen die Türkmenen aber auf diese Weise auch mit dem weiteren Europa in Berührung, wurden mit den Europäern näher bekannt, zugleich aber bildete sich auf beiden Seiten ein Vorurteil. Es hatte sich in Europa durch diese Kriege ein „Kreuzzugsgeist" entwickelt, der sich grundsätzlich gegen die Türken einstellte und der sich von Generation zu Generation weiter vererbte, ja sogar noch im letzten Jahrhundert hier und da von neuem auflebte. Anderseits wurde der Orient durch die Kreuzzüge dem Europäer näher bekannt; seine Reichtümer, seine Pracht machten großen Eindruck auf ihn und zogen seine wirtschaftlichen Bestrebungen auf sich, so daß die Ursachen der Kreuzzüge bald nicht mehr rein religiös waren. Die Befreiung der heiligen Stätten in Palästina war Deckmantel von wirtschaftlichen und machtpolitischen Expeditionen.

Während die Kreuzzüge noch andauerten, entstanden unter den verschiedenen Sultanaten des großen Seldschukenreiches Zwistigkeiten um den Thron des Großsultans, die zu erbitterten Kämpfen führten und bewirkten, daß sich das mächtige Reich in verschiedene, selbständige Staaten aufspaltete; auch Anatolien erklärte seine Unabhängigkeit und wurde daraufhin das anatolische Seldschukenreich genannt.

Die Einwohner von Anatolien hatten schon früher eine abweichende Entwicklungsrichtung eingeschlagen als die anderen Sultanate und durch die Unabhängigkeitserklärung war ein wichtiger und neuer Schritt zur Förderung seiner nationalen Eigenart getan worden. Von nun ab gewinnen die bodenständigen und inzwischen geschichtlich gewordenen Kräfte immer größeren, formenden Einfluß. Von jetzt ab war auch die Möglichkeit gegeben, sich selbständig politisch zu entwickeln.

In diese Zeit fällt auch das Hereinbrechen der Mongolenhorden nach Kleinasien, das der jungen anatolischen Kultur einen schweren Schlag versetzte, von dem sie sich lange nicht zu erholen vermochte; die mongolischen Einfälle aber hinterließen für später keine bleibenden, spezifischen Einflüsse. Die Bevölkerung nahm aber zunächst stark ab, überall herrschte das Chaos, und als natürliche Folge dieser Schicksalsschläge wurde das anatolische Volk in seiner Entwicklung gehemmt.

Die Begründung des Osmanenreiches:

Die Ereignisse hatten Anatolien an den Rand des Abgrundes gebracht. Infolge des Mongoleneinfalles waren viele Stämme, die außerhalb Anatoliens lebten, gezwungen worden, ihre Weideplätze zu verlassen. Ein neuer Türkstamm wanderte nach Anatolien ein. Da er bei einer Schlacht zwischen dem anatolischen Heer und den Mongolen seinen Volksgenossen zu Hilfe gekommen war und dadurch die Mongolen eine Niederlage erlitten hatten, wurde ihnen vom Seldschukensultan im Nordwesten Anatoliens, an der Grenze von Byzanz, Land zugewiesen. Der Führer dieses Stammes wurde zum Vasallen des Seldschukensultans.

Diese frisch eingewanderten Türkmenen waren sehr kriegerisch veranlagt und an ihrer Spitze standen tatkräftige Führer. Ständig lagen sie gegen Byzanz im Feld und freuten sich ihrer dauernden Erfolge. Sie erweiterten ihr Gebiet, eroberten neue Städte, gewannen an Einfluß in ihrer Umgebung, so daß in der Folgezeit andere Beys mit ihren Gebieten sich diesen Führern unterstellten. Binnen kurzem bildete sich so ein Türkstaat innerhalb Anatoliens, der im Jahre 1300 n. Chr. seine Unabhängigkeit vom Seldschukenherrscher erlangte. Die vollkommene Selbständigkeit dieses bisher halb autonomen Staates gegenüber dem anatolischen Seldschukenreich wurde unter der Führung Osmans erlangt. Dieser Umstand legte den Grundstein zum Osmanenreich und bedeutet zugleich das Ende der Herrschaft der Seldschukenfamilie.

Damit beginnt die zweite Periode der Geschichte des anatolischen Volkes, die große weltgeschichtliche Bedeutung gewinnen sollte. In diesem Zusammenhang ist besonders zu beachten, daß das Volk, welches das Osmanenreich gründete, dasselbe war, dessen geschichtliches Werden wir hier verfolgen. Es hatte sich lediglich ein neuer Stamm, dessen Zahl sich auf ungefähr 400 Familien belief und welcher der Abstammung nach gleichfalls zu den Türkmenen gehörte, dem vorhandenen Bestand eingegliedert. Das einzige neue an der nur scheinbar veränderten Sachlage war dies, daß eine andere Herrscherlinie aus einem frisch eingewanderten Türkmenenstamm in Erscheinung trat.

Im Kulturellen bedeutet also diese Periode nichts anderes als eine Fortführung der alten kulturellen Tendenzen und einen Aufschwung der Entwicklung durch das Eingreifen eines frischen, tatkräftigen Herrscherstandes.

Die Kämpfe, die die Familie Osmans anfänglich zu führen hatte, bedeuteten natürlich ebenfalls eine zeitweise Hemmung der Weiterentwicklung.

In diesem Zusammenhange muß einer eigenartigen Anschauung entgegengetreten werden, die fast bis zum heutigen Tage weitergewirkt hat. Gemeint ist das Mißverständnis, in den Osmanen nicht eine Familie, ein Staatsgebilde zu sehen, sondern eine besondere Nation. Dies rührt daher, daß die Familie der Osmanen um die endgültige Herrschaft in Anatolien mit mannigfachen Feudalfürstentümern jahrhundertelange Kämpfe zu führen hatte. So entstand eine Art Familienchronik, die den Anspruch einer Staatsgeschichte hatte, die Geschicke der Osmanen wurden aber als die Geschicke des Nationalstaates des Anatoliers betrachtet und seine ganze vorausgehende Entwicklung übersehen. Dieser Standpunkt setzte sich so allgemein durch, daß er sogar den Geschichtsunterricht der türkischen Schulen bestimmte. Diesem verhängnisvollen Umstand ist es zuzuschreiben, daß sich ein spezifisches, geschichtlich fundiertes Staatsbewußtsein nicht durchzusetzen vermochte. Man kann sogar heute noch nicht von einem geschichtlich begründeten anatolischen Staatsbewußtsein sprechen, obwohl, genau betrachtet, die Geschichte des Volkes dazu wohl eine Grundlage bietet.

Der Expansionsdrang des Osmanenreiches, dessen Stoßkraft sich vor allem gegen Europa richtete, brachte es über die Balkanländer in noch engere Berührung mit Europa, was dem Osmanenreich von Anfang an ein imperialistisches Gesicht gab im Gegensatz zu seinen panislamitischen Motiven gegenüber Asien.

Tatareneinfall:

Zu einem Zeitpunkt, in dem auf dem Wege zur Erlangung einer inneren politischen Befestigung und Vereinheitlichung fortgeschritten wurde, wo die Eroberung des Balkans erfolgreich im Gange ist, der Fall von Byzanz unmittelbar bevorsteht, erfolgt die Auseinandersetzung des Tatarenfürsten Timur Lenk, auch unter dem Namen Tamerlan bekannt, mit dem vierten Herrscher der Osmanenfamilie Sultan Yildırım Bayezit. Der ungemein blutige Zusammenstoß bei Ankara und die Niederlage des anatolischen Heeres stellte alles bisher Aufgebaute in Frage. Die Tataren besetzten das Land. Wieder kommt es zu erbitterten inneren Kämpfen, bis es nach elfjährigem Ringen dem Sohn des besiegten Herrschers gelingt, seine Oberhoheit durchzusetzen und Anatolien zu befreien. Aber die Wirkung der Tatarenbesetzung erwies sich über alles Maß grauenvoll. Wieder war der Entwicklung, dem Reifen des jungen anatolischen Volkes ein schweres Hemmnis in den Weg gelegt worden. Kulturell gesehen haben jedoch auch diese Tatareneinfälle keine unmittelbaren Spuren hinterlassen.

Wichtiger ist vielleicht noch die Vereinheitlichung der Reichsverwaltung, die Vernichtung aller Feudalbestrebungen, wie sie von Mehmet I. durchgeführt wurde, der eine unbedingte Machtzentralisation schuf. Durch diese Maßnahmen erhielt Anatolien ein einheitliches Gepräge. Damit hatte die schon bestehende kulturelle Einheit ihren politischen Ausdruck gefunden und es war eine Machtzentralisation durchgeführt worden, die verhinderte, daß feudalistische Einflüsse sich in Zukunft noch bemerkbar machen konnten. Dieser dadurch gegebene Ausgangspunkt für eine Entwicklung eines anatolischen Nationalbewußtseins wurde im Augenblick der Entstehung durch die panislamitischen und schon erwähnten imperialistischen Tendenzen paralysiert.

Die Eroberung Byzanz' 1453 n. Chr.:

Mit der Eroberung Konstantinopels und der Balkanländer hatte das osmanische Reich zahlreiche christliche Untertanen gewonnen, die einem anderen Kulturkreis angehörten. Doch erkannte der Eroberer den Grundsatz der religiösen Duldung an. Er machte großzügige Zugeständnisse, Vorboten der späteren Kapitulationen[1]) Europa gegenüber. Diese Auseinandersetzungen zwischen den beiden Religionen waren damit von einem außenpolitischen zu einem innerpolitischen Problem geworden, so daß innerhalb des Reiches sich diese Gegensätze anders darstellen mußten.

---

[1]) Kapitulationen sind politische, wirtschaftlich-rechtliche, verwaltungstechnische Zugeständnisse auf Grund des Unterschiedes des islamischen und christlichen Rechtes.

Die Vereinheitlichungspolitik des Islams: Zu den merkwürdigsten Erscheinungen der türkischen Geschichte gehört die Tatsache, daß sich bereits der neunte Sultan der Osmanenfamilie bewußt das Ziel setzte, die im Islam herrschende Zwietracht zu beseitigen, das Problem von Schi'a und Sunna zu lösen. Selim I. eroberte Arabien und Ägypten und übernahm von dem letzten arabischen Kalifen in Ägypten das Kalifat. Nach der Zerstörung Bagdads durch Dschingiskhan war der arabische Kalif nach Ägypten ausgewandert. Schon mit dem Verfall des arabischen Reiches hatte das Kalifat jede politische Macht verloren, es war nur ein religiöser Mittelpunkt geblieben. Nach der Eroberung Ägyptens übergab der letzte arabische Kalif Selim I. die heiligen Reliquien und damit das Kalifat freiwillig. Durch die Machtentfaltung des osmanischen Reiches erhielt somit das Kalifat wieder seine politische Bedeutung.

Bis zu diesem Zeitpunkte hatten die türkischen Sultane sich freiwillig zu Verteidigern des Islams erklärt, mit der Übernahme des Kalifats aber wurde der Herrscher der Türkei zugleich anerkannter Schutzherr des Islams. Unter diesen Voraussetzungen bildete sich ein grandioser Cäsaropapismus heraus; ein riesiger Verwaltungsapparat entstand. Auch auf die Staatsform gewann die neue Stellung des Sultans entscheidenden Einfluß. Die Aufgabe des Schutzes der mohammedanischen Religion gegenüber religiös anders orientierten, selbständigen Staaten trat mit Macht in den Vordergrund, sie entschied die ganze künftige Politik im Inneren wie im Äußeren bis zum Weltkrieg. Wirtschaftspolitische Erwägungen traten dabei ganz in den Hintergrund.

Die Osmanenfamilie erreichte den Höhepunkt ihrer Machtentfaltung zur Zeit des Sultans Süleymans (in der zweiten Hälfte des 16. Jahrhunderts). Sein Reich erstreckte sich von Wien und der Adria über den ganzen Balkan, über Syrien, Palästina, Mesopotamien, Arabien bis nach Nordafrika, reichte über die Kaukasusländer bis zum Indischen Ozean. Dieses gewaltige Reich hatte anatolische Tatkraft und Tapferkeit zustandegebracht; sein Heer, seine Flotten waren so gut wie unbesiegbar, seine Machtentfaltung ungeheuer.

Dann trat eine Periode des Stillstandes ein, und bald zeigten sich Anfänge eines Niederganges. Während eines Zeitraumes von fast 3 Jahrhunderten hatte Anatolien unter der Führung der Osmanenfamilien ununterbrochen sein Gebiet erweitert und ein gewaltiges Reich geschaffen; mehr als 3 weitere Jahrhunderte brauchte es, bis sich dieses Reich auflöste, bis der endgültige Zusammenbruch erfolgte.

In der Wirtschaftsgeschichte dieses Reiches machte sich vor allem verhängnisvoll geltend, daß die staatspolitische Zielsetzung verfehlt war. Tatsächlich hätte Anatolien in dem ungeheuren Staatengebilde des Osmanenreiches die Stellung eines Mutterlandes, seine Bewohner die Geltung des herrschenden Volkes beanspruchen dürfen und sollen. Das Reich war von Anatolien geschaffen worden. Anatolien hätte das Recht gehabt, aus seinen Verdiensten um die Reichsgründung entsprechenden Nutzen zu ziehen. Leider ist das Gegenteil der Fall gewesen und das ganze tragische Schicksal das anatolischen Volkes rührt von der Vernachlässigung der nationalen Fundierung des Staates her. Während die Geschichte überall Beispiele liefert, daß die Erwerbung von Kolonien die kulturelle Stellung des Mutterlandes hebt, wird in diesem Falle das Mutterland den neu erworbenen Kolonien gleichgesetzt und ihm seine kulturellen und materiellen Kräfte entzogen.

Während für das Machtstreben panislamitische und imperialistische Motive sich die Wage hielten, war für die Innenpolitik der islamitische Gedanke ausschlaggebend. Der Islam kennt keine Unterschiede der Nationalität. Für ihn gibt es nur eine Nation: die Mohammedaner; nur ein Oberhaupt: den Kalifen in Istanbul. Den Anatoliern fiel bei dieser Staatsauffassung lediglich die Aufgabe zu, Schwertträger des Reiches, bewaffnete Hüter des Glaubens zu sein. Sie bildeten nicht mehr das Kernvolk des Reiches, das der kulturelle Träger der Gesamtheit war, sie wurden zu gefügigen Dienern der islamischen Staatsauffassung, Anatolien wurde zum Mittel, seine Bewohner zu Werkzeugen für die Durchführung einer Politik, die einen mohammedanischen Internationalismus zum Selbstzweck erhob. Die gemeinsame Religion sollte die verschiedenartigsten Bestandteile zu einem Ganzen schweißen. Dieser Internationalismus hat auch heute zum Teil noch seine Rückwirkungen auf die anatolische Bevölkerung. Tatsächlich aber bestand das Reich aus scharf unterscheidbaren nationalen Teilen, zu denen sich noch die christliche Bevölkerung gesellte, mit dem Ergebnis eines bunt durcheinander gewürfelten Völkermosaiks.

Über dieses Reich herrschte ein theokratischer Absolutismus. Die Rechtssprechung ging vom Koran aus, von dem Scheriat. Schon bei den Seldschuken gehörte es zur Regel, daß andersstämmige Personen den Hofdienst versahen und Ministerposten bekleideten. Diese eigenartige Erscheinung erklärt sich einmal daraus, daß ein an Einfluß gewinnender Volksgenosse für den Herrscher leicht eine Gefahr bedeuten konnte, anderseits waren jene „Ausländer" vom Sultan abhängiger als die eigentlichen Anatolier.

Auf diese Weise bildete sich in der Verwaltung bald eine Art Monopol zum Nachteil der Anatolier heraus, die ja nur selten zur Verwaltung Zutritt erlangten. Dieser Mißstand erklärt die Vernachlässigung Anatoliens, die schonungslose Politik des Staates gegenüber dem Mutterlande. Diese geschichtliche Vergangenheit stellt den heutigen Staat vor die Aufgabe, sich einen Beamtenstand aus der ihn tragenden Nation heranzubilden.

Schwärende Stellen am Reichskörper waren auch die christlichen Völkerschaften, die mit ihrer Rolle als türkische Untertanen durchaus nicht zufrieden waren. Europa nahm sich gern dieser Christen an, sei es auch nur, um eine eigennützige Politik damit zu bemänteln. Vor allem Rußland erklärte sich mit Vorliebe zum Schutzherrn der Balkanchristen. So spielten Glaubensgegensätze noch bis ins 20. Jahrhundert hinein eine Rolle, sie wurden mit besonderem Nachdruck im Balkankrieg betont. Das ganze 19. Jahrhundert hindurch träumten die Politiker Europas von einer Aufteilung der Türkei. Aber der „kranke Mann am Bosporus" bewies noch überraschende Widerstandskraft, obgleich die europäischen Mächte Schritt um Schritt an Boden gewannen, da Aufstände im Innern die Türkei unaufhörlich schwächten. Wenn auch heute noch die neu entstandene Türkei von vielen Europäern als europäische Interessensphäre angesehen wird, so ist dies aus ihrer geschichtlichen Vergangenheit abzuleiten.

Aber Istanbul, der entscheidende Faktor im politischen Leben der Türkei, hielt starr an der übernommenen Überlieferung fest. Kein Gebiet wird ohne heftigen Kampf abgetreten. Der islamische Kosmopolitismus beherrscht allmächtig die Verwaltung. Man braucht Ruhm, man braucht Abenteuer; letzten Endes wird die Leitung der Geschicke immer vom islamischen Reichsgedanken, von der Monarchie als dem Träger des Kalifats her bestimmt. Die Monarchie war des Islams willen da. Für ihn mußte man kämpfen. Die Mittel zur Kriegsführung lieferte im wesentlichen nur ein Land: Anatolien. Seine Bewohner wurden als dem Kalifat bedingungslos ergebene, dem Islam freiwillig dienende Stoßtruppe angesehen. Überall war der Bestand des Reiches gefährdet; im Balkan vor allem, aber auch in Arabien und Ägypten. Die Anatolier nahmen geduldig ihr Schicksal auf sich, sie verteidigten den Islam mit ihrem Blut. Zwei Jahrhunderte hat Anatolien sein Bestes geopfert, um die an allen Stellen auftretenden Brandherde zu löschen.

Diese Anatolier als Landsknechte des Reiches konnten bei dieser ihnen zufallenden Aufgabe nur ihre soldatischen Eigenschaften entwickeln, während ihre wirtschaftlichen Anlagen verkümmerten. Trotzdem waren sie noch dazu die Steuerquelle des Landes. Dies und die wirtschaftliche Vernachlässigung im Sinne einer falschen staatlichen Zielsetzung mußten das Land verarmen lassen.

Es war offenbar geworden, daß die Staatsform nicht mehr den neuen Verhältnissen gerecht zu werden vermochte. Sie bedurfte einer tiefgreifenden Reform. Mehrfach wird ein Versuch dazu unternommen, jedoch ohne Erfolg; denn man wollte grundlegende, altüberkommene Zielsetzung nicht aufgeben. Das Ideal des Islams durfte nicht preisgegeben werden — damit wurde aber zugleich die Durchführung einer umfassenden Reform unmöglich gemacht. Auch die Kapitulationen machten ihrerseits jegliche Reform unmöglich, sie beanspruchten alle Kräfte des Staates. Ferner verdarben die europäischen Mächte planmäßig den Boden für eine Neugestaltung des Reiches, da eine gesunde Türkei ihren politischen Zielen zuwider gelaufen wäre.

Endlich ist als Hemmnis für die Entfaltung einer ernsten Reform noch die geistige Haltung zahlreicher kosmopolitisch denkender Gebildeter zu erwähnen, deren halbuniverselle Ziele weit über den Bereich des Möglichen hinausgriffen. Bald versuchten sie ein Osmanenvolk einschließlich der Christen zu konstruieren, bald träumten sie von einer Zusammenfassung aller Türkvölker (Turanismus). Beide geistigen Strömungen hinderten die Stärkung des Nationalbewußtseins desjenigen Volkes, das allein fähig war, eine einheitliche, kulturelle, in sich geschlossene Einheit zu bilden, das zu gleicher Zeit Träger einer organischen Wirtschaft hätte sein können.

Der Riesenbrand des Weltkrieges brachte das Ende. Das Osmanenreich ging zugrunde, die dritte Periode der Geschichte der Türkei hub an.

Die letzte Periode:

Das Ende des Weltkrieges bedeutete den Anfang einer neuen Epoche in der Geschichte der Türkei. Der Krieg ist ihr eigentlicher Urheber, er hatte alle Masken abgerissen und die Wahrheit aufgedeckt. Der heilige Krieg hatte sich als Trugbild herausgestellt, das Kalifat hatte seine Bedeutung verloren, denn die mohammedanischen Völker kämpften erbittert gegen die Türkei, gegen den Kalifen! Der solange gehegte Traum eines „Osmanenvolkes" zerrann in Nichts. Die Völkergruppen innerhalb des Osmanenreiches gaben sich willig dem Einflusse der Entente hin. Auch der Gedanke des Turanismus[1]) erwies sich als ohnmächtig, die Türkvölker außerhalb des Reiches rührten sich nicht. Anatolien war allein und auf sich selbst angewiesen.

Der Waffenstillstand von 1918 brachte böse Folgeerscheinungen mit sich. Die Hauptstadt wurde von den Alliierten gemeinsam besetzt und das Land selbst sollte ihre Beute werden. Die Griechen besetzten Smyrna samt Hinterland, die Italiener zwei andere Provinzen (Konya und Adalia), die Franzosen den südlichen Teil Anatoliens, die Engländer bemächtigten sich vor allem aber bestimmter Küstenstriche. Aus dem östlichen Teil Anatoliens gedachte

[1]) Der Turanismus war eine ähnliche Bestrebung wie der Panslavismus, er bezweckte die Vereinigung aller Türkvölker in einem einzigen Reich.

man ein großes armenisches Reich zu schaffen (Wilsons 14 Punkte!). Anatolien lag gänzlich darnieder. In Istanbul war man mit dieser Aufteilung des Landes einverstanden. Der Sultan hatte durch seinen Großvezir das Diktat von Sèvres bereits unterzeichnet, um einen Scheinthron zu retten. Diese überspannten Forderungen der Alliierten führten aber unmittelbar zur Aktivierung des Nationalbewußtseins.

Der Anatolier fühlte, daß es jetzt nicht mehr um einen schemenhaften Reichsgedanken, daß es jetzt um sein Dasein ging. Die Annahme des Diktats wäre mit völliger Selbstpreisgabe und Versklavung gleichbedeutend gewesen. So griff man mit dem Mut der Verzweiflung noch einmal zur Waffe und ein übermenschliches Ringen um die Freiheit Anatoliens begann. Trotzdem gelang die Rettung. Diese ungeheure Tat findet in den Seelenkräften des Anatoliers seine Erklärung. Nichts erweist deutlicher das Vorhandensein eines lebendigen, nationalen Volkstums in Anatolien, als der Befreiungskampf gegen diese Übermacht der Feinde. Der Lausanner Vertrag war der Lohn für das jahrelange Ringen nach Beendigung des Weltkrieges. Dieser Verzweiflungskampf führte erstmalig die bestehende Einheit dem anatolischen Volke vor Augen. Die Erinnerung daran ist die Quelle, aus der die Initiative zur Verwirklichung des neuen Staatsgedankens immer wieder gespeist wird, daraus erklärt sich auch die nationale Empfindlichkeit des heutigen Türken.

Aus all diesen Ereignissen der jüngsten Vergangenheit erwuchs zwingend die Notwendigkeit mit der Geschichte abzurechnen. Das alte Reich war in Trümmer zerfallen. Seine Verwaltung, alle seine staatlichen Einrichtungen hatten in der Notzeit versagt. Durchgreifende Reformen mußten unverzüglich durchgeführt werden. Alles, was Anatolien solange zur Last, ja zum Unglück geworden war, wurde abgeschüttelt, alles ihm Wesensfremde ausgeschieden. Das Kalifat und die mit ihm verbundene Monarchie verschwanden. An ihre Stelle trat eine demokratische Republik. Die Machtausübung im Staate wurde der Nationalversammlung übertragen. Die Religion wurde vom Staate getrennt, sie ist nicht mehr der Richtungspunkt der Politik, sie wird zur persönlichen Gewissensfrage des Einzelnen. Die Gesetzgebung wurde nach den Gesichtspunkten des neuzeitlichen europäischen Rechtes von Grund aus umgestaltet. Das Schul- und Bildungswesen wurde vereinheitlicht. Das gesellschaftliche Leben bekam völlig neue Formen.

Zusammenfassung:

Aus dieser kurzen geschichtlichen Darlegung hebe ich folgende Gesichtspunkte hervor:

1. Religiöse Gemeinschaft bedeutet heute nicht mehr zugleich auch politische Gemeinschaft. Es ist unmöglich, auf Grund der gemeinsamen mohammedanischen Religion ein einheitliches Volksganzes schaffen zu können. Nie hat es eine derartige mohammedanische Nation gegeben, wie man es sich im Osmanenreich gedacht hatte. Ferner kann in der Gegenwart die Religion dem Staatsleben nicht mehr das Gepräge geben, die Staatspolitik bestimmen. Sie vermag keine Bewegung der Massen mehr herbeizuführen. Sie kann nur das Innenleben bereichern und in ihrem Sinne zu formen versuchen, die Grundlage einer gemeinsamen Kultur bilden. Nationale Zugehörigkeit bindet heute den einzelnen stärker als religiöse. Die allgemeine kulturelle, wirtschaftliche und politische Gemeinschaft hat die zusammenfassende Rolle übernommen.

2. Es hat sich als unmöglich erwiesen, Bestandteile mit ausgesprochener ungleicher völkischer Eigenart in den Rahmen eines staatlichen Gefüges harmonisch einzugliedern, besonders dann, wenn diese Bestandteile auch zahlenmäßig bedeutend sind. Vor allem aber ist es ein Unding, aus derartig gegensätzlichen Elementen ein Volksganzes schaffen zu wollen, wie es das Bestreben der Jungtürken war. Ich halte daher fest: ein osmanisches Volk hat nie bestanden. In der Geschichte Anatoliens spielt die Reichsgründung durch Osman zwar eine entscheidende Rolle, aber sie beschränkt sich nur auf die Geschichte dieses Staates, die eigentliche Geschichte Anatoliens setzt mit der Eroberung Kleinasiens ein.

3. Der Begriff „Türkisches Volk" ist an sich unklar, an ihn knüpfen sich zahllose Mißverständnisse. Viele Türken leben außerhalb der Türkei. Ihre im einzelnen ver-

schiedene geschichtliche Vergangenheit bedingt die Entstehung mannigfaltiger Gruppen, die alle den Namen „türkisch“ führen. Ich hoffe durch die geschichtliche Darlegung bewiesen zu haben, daß die Voraussetzung für ein einheitliches, türkisches Volk nur in Anatolien zu finden ist, dem aus der Geschichte die kulturelle und wirtschaftliche Tradition zuwächst. Endgültig stelle ich noch einmal fest:

a) Anatolien war zu Beginn von Türkmenenstämmen besiedelt worden, die sich durch jahrhundertlang währende Zuwanderung ergänzten. Hier wurden diese Nomaden seßhaft. Ein neues Leben begann für sie. Die ersten schüchternen Keime einer werdenden Nation zeigten sich. Das Volk gab dem jungen Staat sein Bestes; die Religion schuf die Grundlagen einer neuen Kultur.

b) Das Land, das die Türkmenen besiedelt hatten, war für sie neu, seine Besonderheit wirkte im Laufe der Zeit bestimmend auf die Wesensart seiner Bewohner ein.

c) Ebenso neu wie die natürliche Umwelt waren für die zugewanderten Türkmenen auch die geistigen Voraussetzungen ihrer anatolischen Heimat, denn sie siedelten auf altem Kulturboden, der bereits eine lange, kulturelle Vergangenheit hatte. Enge Beziehungen herrschten zu Arabern, Persern, Armeniern, Griechen, zu Europa überhaupt. Alle diese Momente hatten Einfluß auf die geistige Formung der Bewohner Anatoliens.

d) Schließlich hat Anatolien seine eigene, mit vielen Erschütterungen mannigfacher Art verbundene Geschichte durchlebt, die auf Gehalt und Gestalt des völkischen Bestandes entscheidenden Einfluß ausgeübt hat. Ich will dieser Nation nun auch den ihr zukommenden Namen geben, indem ich sie als „Anatolische Nation“ bezeichne.

4. Die verfehlte Zielsetzung des Osmanenreiches, das islamische Ideal und die von dort her bestimmte Politik haben diese Nation, statt sie als Selbstzweck zu betrachten zum Mittel und Werkzeug gemacht. Anatolien war da, um des Reiches, des Kalifates willen, es wurde einer Fiktion geopfert. Heute tritt Anatolien vor die Welt, nicht als mohammedanisches Volk, nicht als Osmanenvolk, nicht als großtürkisches Volk, sondern einzig und allein als anatolische

Nation, als anatolisches Volk ohne alles Beiwerk. Es blickt auf eine eigene Geschichte zurück, es besitzt eine eigene Kultur, eine geschichtlich gegebene, natürliche, unteilbare und einheitliche Heimat. Aber Anatolien bedarf noch einer inneren Reinigung, es muß sich noch in vieler Hinsicht stärken, auf sich selbst besinnen. Was seiner Wesensart fremd ist, was seiner natürlichen Zielsetzung widerspricht, muß ausgeschieden werden. Noch hat sich das Leben der anatolischen Nation nicht frei nach allen Seiten hin entfaltet. Vieles fehlt noch zu ihrer Reife. Alle Einrichtungen des öffentlichen und privaten Lebens bedürfen einer Erneuerung, viele sind erst zu schaffen.

Betrachtet man eingehend die geschichtliche Entwicklung Anatoliens, so wird man zum Schluß kommen, daß die anatolische Nation im Vergleich zu den Kulturvölkern Europas noch jung ist. Sie ist erst in einem Zeitpunkt in ihr Siedlungsgebiet eingetreten, als Europa bereits eine kulturgeschichtliche Vergangenheit hinter sich hatte, die sich auf Jahrhunderte erstreckte. Die Entwicklung zu einer Nation hat sich in Anatolien unter ungemein erschwerten Bedingungen vollzogen, immer wieder von gewaltigen, äußeren Schicksalsschlägen zurückgeworfen und gehemmt. Die Ansätze erwiesen sich als vielverheißend und gesund, aber es war ihnen keine Entfaltungsmöglichkeit gegeben. Denn die Nation durfte ja kein Eigenleben führen — glitten ihr doch viele Zweige des Wirtschaftslebens durch den Zwang einer islamischen Politik aus der Hand. Freilich kann nicht mit Bestimmtheit angegeben werden, welche rezessive Fähigkeiten, welche Keime sie in sich birgt. Ich hege jedoch den ernsten Glauben, daß diese junge Nation eine große Kulturaufgabe zu erfüllen hat, befruchtet von dem Neuen, das die veränderten Verhältnisse ihr gebracht haben.

Diese geschichtlichen Voraussetzungen muß man sich immer bei der folgenden Besprechung der volkswirtschaftlichen Begebenheiten und der Entwicklungstendenzen dieses Agrarstaats vor Augen halten, will man die Beweggründe und Triebfedern des sich abrollenden wirtschaftlichen Geschehens verstehen.

Die kulturelle Entwicklung dieses Volkes wird erst dann eine Vollkommenheit erreichen, wenn das wirtschaftliche Leben organisch aus den gegebenen Bedingungen aufgebaut wird. Wenn im Folgenden die Entwicklung, so weit sie im Rahmen des Themas behandelt wird, etwas schematisch verfolgt wird, so soll damit nicht ausgedrückt werden, daß im tatsächlichen Geschehen nicht einzelne Teile übersprungen werden könnten, sondern es soll damit nur betont werden, daß der organische Zusammenhang in keinem Fall zu vernachlässigen ist.

II. Teil.

1. Einleitung.

Wie wir bisher gesehen haben, ist auf Grund der geschichtlichen Entwicklung aus dem Osmanenreich ein neuer Staat entstanden. Richtiger gesagt: die Türkei hat sich in ihre geschichtlich gegebenen, kulturellen Grenzen zurückgezogen, wobei zugleich eine Beschränkung auf den eigentlichen Kern des Osmanenreiches eintrat. Nachdem einmal dieses Ergebnis erreicht worden war, mußten folgerichtig Land und Volk eine neue Gestalt annehmen. Das Osmanenreich hatte ein universelles Gebilde dargestellt, seine organisatorischen Schöpfungen waren auf das damalige Staatsgebilde und dessen Grundidee zugeschnitten gewesen. In dieser Hinsicht mußte Wandel geschaffen werden. Es durfte von den früheren Einrichtungen nur das übrigbleiben, was dem Wesen des anatolischen Volkes tatsächlich entsprach und was seine künftige Entwicklung vorbereitet.

So mußte eine Liquidation eintreten, und sie vollzog sich in Gestalt durchgreifender Reformen. Man glaubte allgemein — und diese Meinung lebt in manchen Kreisen noch heute — die Reformen seien in der Türkei lediglich gewaltsam durchgeführt worden und nur äußerlich. Wer aber die geschichtliche Entwicklung der Türkei näher kennt und durch die Oberfläche hindurch zu den Ursachen vorzudringen vermag, wird zugeben müssen, daß eine Neugestaltung einfach zur geschichtlichen Notwendigkeit geworden war.

Unter dem Zwang der Umstände erlebt das anatolische Volk seit Kriegsende eine unaufhaltsam weitergreifende Umwälzung auf allen Lebensgebieten, die an die Grundpfeiler des Volkslebens rührt, sei es in politisch-sozialer und religiöser, sei es in wirtschaftlicher Beziehung. Staatsform, Innen- und Außenpolitik nehmen neue Formen an. So sieht sich das anatolische Volk heute einer vollkommen veränderten Umwelt gegenüber, und es ist nur natürlich, daß in seinem Wesen eine heftige Gärung vor sich geht. Diese neue Entwicklung gerät dadurch mit der geschichtlichen Vergangenheit in Widerstreit, obgleich sie von den natürlichen Vorbedingungen ausgeht, da sich diese eben durch eine falsche Zielsetzung von diesen natürlichen Gegebenheiten entfernt hatte.

Ich bezeichne diese Wandlung als ein Gären, denn ich glaube nicht, daß nur mit Änderung der Form die Arbeit getan sei. Die Türkei steht noch vor Anfängen. Selbst die äußerliche Organisation ist noch nicht völlig den veränderten Bedingungen angepaßt. Vieles bedarf noch der Ausgestaltung, zu der Zeit vonnöten ist. In kultureller Hinsicht stellt die Türkei heute noch nicht viel mehr als ein Gerüst dar, das dringend des Ausbaues bedarf. Diese Gärung wird dann zu einer ruhigen Entwicklung werden, wenn der Kampf zwischen Tradition und natürlichen Voraussetzungen ausgefochten sein wird.

Den Kampf um die Vollendung des Werkes, um die Schaffung der neuen Grundlagen hat die Türkei unter denkbar ungünstigen Bedingungen auszufechten. Neben dem Kampf um die Durchführung des notwendigen Neuen geht ständig das Ringen um die Selbstbehauptung nach außen, denn die Türkei sieht sich unmittelbar einer europäischen Welt gegenüber, die sich ihr gegenüber abwartend und kritisch verhält.

Die Öffentlichkeit wirtschaftlich hochentwickelter Staaten geht bei der Beurteilung der Türkei von ihren Normen aus, die sich aus den Verhältnissen eines reichen Kulturstaates ergeben, die aber doch einen zu großen Maßstab darstellen. Aber auch die Türken überschätzen ihr Werk, indem sie das im Werden begriffene bereits für Fertiges, Ausgereiftes ansehen und nach weitergesteckten Zielen streben. Im Ausland glaubt man zudem nicht, daß das Begonnene von Dauer sein wird.

Tatsächlich gärt es überall im anatolischen Volk, das sich auf sein eigentliches Wesen zu besinnen sucht und nach klarem, nationalem Bewußtsein strebt, gewillt, unter den veränderten Verhältnissen ein neues, organisches Leben aufzubauen. Man kann diese Bewegung am besten durch den Begriff einer Kulturschöpfung im weitesten Sinne kennzeichnen. Sie vermag ihr Ziel jedoch nur dann zu erreichen, wenn sie auf der Grundlage einer gesunden und produktiven Volkswirtschaft aufbaut. Neben den ideellen Zielen bedarf die Türkei unbedingt einer wirtschaftlichen Einstellung, denn ohne diese müssen alle Reformen zunichte werden. Wirtschaft: das bedeutet den Kampf des Menschen gegen die Natur, um ihr zur Bedarfdeckung Güter abzuringen. Der treibende Faktor innerhalb der Wirtschaft ist der Bedarf; wie anderseits die Wirtschaft aus dem Zwang zur produktiven Betätigung neue Bedürfnisse schafft. Diese Wechselbeziehungen greifen formend in das Leben, sowohl der Gesamtheit als auch des Einzelnen ein. Erst eine gewisse Wohlhabenheit macht Kräfte frei, die dann für einen kulturellen Aufbau und ideelle Gestaltung der Lebensformen eingesetzt werden können.

Dieser Kampf, die durch ihn errungenen Erfolge bedingen also wesentlich die Eigenart und Gesittung eines Volkes — dann kommen noch ideelle Leistungen hinzu. So entsteht in inniger Verbundenheit des einen mit den anderen eine Eigenkultur. Die Geschichte liefert uns zahllose Beispiele dafür, daß kultureller Aufstieg eines Volkes eng mit seinem wirtschaftlichen Aufschwung zusammenhängt, daß eine Kultur ohne wirtschaftliche Fundierung nicht aufrechtzuerhalten ist, dafür gibt uns die Geschichte des Osmanenreiches ein sehr anschauliches Beispiel. Trotz seiner ungeheuren militärisch-politischen Machtentfaltung hat es dieses Reich nicht verstanden, sich eine wirtschaftliche Grundlage zu schaffen, und so folgte dem raschen Aufstieg ein ebenso rascher Niedergang.

Aus den angeführten Gründen bedeutet die Wirtschaft für die Türkei eine Lebensfrage. Die Reformen (s. S. 34 f.) der letzten Zeit, die den Weg für eine freie Entwicklung und für eine grundlegende Umgestaltung der Lebensformen freigemacht haben, können nur von Dauer sein, wenn sich eine wirtschaftliche Betätigung des Volkes auf allen Gebieten bewerkstelligen läßt. Nur so kann für die Türkei aus der Revolution eine Evolution werden. Die Geschichte der Türkei wimmelt von Beispielen, daß die Türken es verabsäumt haben bzw. verhindert worden sind, ihre militärisch-politischen Erfolge in wirtschaftliche umzuwandeln. Auf diesem Gebiet fehlen ihnen daher zum größten Teil die Erfahrungen und das Material.

Die Türkei kann die vielseitigen Bedürfnisse ihrer Bevölkerung nicht im entferntesten aus eigener Wirtschaft decken. Sie ist deshalb gezwungen zu importieren und infolgedessen auch zu exportieren. Darüber hinaus braucht sie auch zum Ausbau ihrer eigenen Wirtschaft die Mittel, die Technik und Erkenntnisse, die anderswo erstellt worden sind. Damit ist sie in das verwickelte Netz weltwirtschaftlicher Beziehungen hineingestellt, notgedrungen gezwungen die wirtschaftliche Frage in den Vordergrund zu rücken. Aber sie hat noch nicht im organisatorischen Sinne eine einheitliche Volkswirtschaft.

Eine Tatsache ist in diesem Zusammenhange festzuhalten: jetzt beginnt eine wirtschaftliche Einstellung sich in der Türkei immer mehr durchzusetzen. Nach Kriegsende machte sich allenthalben wirtschaftlicher Geist bemerkbar, der mehr und mehr das ganze Volk erfaßt. Der Staat, die Presse und schließlich auch die breite Öffentlichkeit beschäftigen sich mit Fragen wirtschaftlicher Natur, die überall lebhaft erörtert werden, darunter auch das nur allzuoft aufgeworfene Problem, Agrar- oder Industriestaat über das ungemein viel in wirtschaftlich politischen Kreisen gestritten wird. Es zeigten sich bald Anzeichen von fanatischer Parteinahme bei den einzelnen Gruppen, die die Auffassung vertraten, die Türkei müsse sich zum Industriestaat heranbilden, es treten mit der Zeit folglich merkantilistische Neigungen zutage. Meistenteils herrscht jedoch die Überzeugung, die türkische Volkswirtschaft müsse vorläufig auf ihrer Landwirtschaft aufbauen.

Trotzdem ist man zu gleicher Zeit bestrebt, eine türkische Industrie zu schaffen. Es wäre leicht, diese Aufgabe zu erfüllen, ließen sich wirtschaftliche Probleme vom grünen Tisch aus erledigen. Allein schematische Vorschläge, die auf die naturgebundenen Entwicklungsgesetze der Wirtschaft keine Rücksicht nehmen, müssen unfruchtbar bleiben, sonderlich, wenn, wie es in der Türkei der Fall ist, die Erörterung wirtschaftlicher Fragen zum Selbstzweck wird. Diese Methodik führt zu keiner Klarheit in wirtschaftlichen Fragen. Ich bin der Meinung, daß das Problem: Agrar- oder Industriestaat innerhalb einer volkswirtschaftlichen Politik keine einseitige Lösung finden darf, und deshalb auch die Gestaltung der Volkswirtschaft der Türkei in dieser Richtung vollkommen gegenstandslos ist. Alle Erwerbszweige sind naturnotwendig auf diejenige Wirtschaftsform abgestimmt, die der erreichten Entwicklungsstufe entspricht.

Die Tendenz der Arbeitsteilung geht durch die ganze Weltwirtschaft. Diese Tendenz hat jedes Volk bei Aufbau und Gestaltung seiner Volkswirtschaft im Auge zu behalten. Um in der Weltwirtschaft eine Rolle zu spielen, muß es vor allem die Gunst der Natur seines Landes und dessen leicht erreichbare Gaben ausnützen und in diesem Zweig der Volkswirtschaft Hervorragendes leisten. Die Entwicklung veranlaßt somit die Völker heute zu den Produktionen, deren Grundlagen auf der Eigenart ihrer Länder und ihrer Bevölkerung beruhen, überzugehen.

Weiter besteht die Aufgabe einer ernsthaften Volkswirtschaftspolitik darin, nicht diesen oder jenen Wirtschaftszweig um seiner selbst willen zu fördern, sondern die Interessen der Gesamtheit im Auge zu behalten. Anderseits bedeutet die besondere Entfaltung irgendeines bestimmten Wirtschaftszweiges keineswegs immer die Vernachlässigung eines anderen, vielmehr bedingt oft das Vorhandensein des einen die Entstehung des anderen, wobei es wesentlich nur darauf ankommt, daß die Entstehung sich organisch aus den Verhältnissen entwickelt.

Diese allgemeinen Betrachtungen gelten auch für die Türkei, und es sind im folgenden ihre gegebenen wirtschaftlichen Bedingungen festzustellen.

Den Bodenschätzen nach verfügt die Türkei zwar über die natürlichen Voraussetzungen für eine Industrie; auch gewährt ihre geographische Lage, ihre langen Küstenstrecken Voraussetzungen für die Entfaltung regen Handels — aber die sonstigen Voraussetzungen, die sich aus den Bevölkerungsverhältnissen, aus dem Stand der Bildung und der Technik, aus den Arbeitsverhältnissen, Verkehrszuständen, Kapital- und Kreditverhältnissen ergeben, fehlen.

Ich halte daher Bestrebungen für verfehlt, die den Wunsch nach Schaffen einer Industrie durchaus in den Vordergrund stellen, da es der Türkei — abgesehen von den natürlichen Bedingungen — an folgenden Voraussetzungen gebricht:

1. Die Türkei ist nicht in der Lage, das zur Industrialisierung erforderliche Kapital aufzubringen.
2. Es fehlt der Türkei eine Unternehmerschicht im engeren Sinne, die eben nicht von heute auf morgen geschaffen werden kann, sondern sich erst heranbilden muß.
3. Die Türkei leidet Mangel an geschulten Arbeitskräften, Werkmeistern und Technikern, deren Heranbildung planmäßiger Vorarbeit bedarf.
4. Weiterhin fehlen der Türkei Erfahrungen, um den sozialen Folgen entgegenzutreten, die die Forcierung eines einseitigen, industriellen Aufbaues mit sich bringen müßten, um so mehr, als die allgemeine Entwicklung dazu noch keinerlei Notwendigkeiten aufweist.
5. Die überwiegende Agrarbevölkerung der Türkei kann nicht mit einemmal in eine Industriearbeiterschaft übergeführt werden. Dazu gehört eine organische Entwicklung, die die negativen Seiten, die Vermehrung der Besitzlosen, vermeidet.
6. Eine auf so schwacher Grundlage geschaffene Industrie wird unmöglich den Wettbewerb mit den hochentwickelten europäischen und amerikanischen Industrien aufnehmen können, so daß eine Ausfuhr von Industrieerzeugnissen an der Konjunkturgestaltung scheitern muß. Man müßte die jungen Industrien durch entscheidende Maßnahmen schützen, deren Folgen sich wiederum sehr nachteilig auswirkten.

Bei Entscheidungen von solch weittragender Bedeutung muß man sich stets die Sonderstellung der Türkei vor Augen halten. Sie hat keine Zeit zu verlieren und kann es sich nicht leisten, unnütze und kostspielige Versuche anzustellen. Sie ist vielmehr genötigt ihre Kraft so zweckmäßig als möglich einzusetzen, das heißt an den Stellen, wo sie unter den gegebenen wirtschaftlichen Bedingungen größtmögliche Wirkung erzielen kann.

Im Gegensatz zum Kapital verfügt sie über verhältnismäßig günstige, natürliche Vorbedingungen und über Arbeitskräfte. Auf Grund dieser gegebenen Bedingungen kommt für die Türkei in volkswirtschaftlicher

Hinsicht nur die Landwirtschaft in Frage, denn Bodenbeschaffenheit und Anbaufläche ermöglichen ihr, landwirtschaftliche Massenerzeugnisse hervorzubringen. Die Türkei vermag auf diese Weise den Industrieländern Rohstoffe zu liefern und damit ihre Handelsbilanz auszugleichen. Zudem aber geben die klimatischen Besonderheiten des Landes die Vorbedingungen für die Erzeugung noch in anderem Zusammenhange zu behandelnder (s. S. 165, Absatzverhältnisse) mannigfacher Agrarprodukte, ja sogar für die Herstellung von Qualitätserzeugnissen.

Endlich bedarf die Türkei für die Entfaltung ihrer Eigenkultur, für ihre Bevölkerungspolitik und für die Abwehr künftiger sozialer und politischer Erschütterungen eines gesunden und leistungsfähigen Grundstockes, nämlich einer wohlhabenden, aufgeklärten und tüchtigen Bauernschicht.

Die augenblicklich in der Türkei herrschenden Verhältnisse sprechen nicht minder nachdrücklich für eine Bevorzugung der Landwirtschaft in volkswirtschaftlicher Beziehung. Überblickt man die Wirtschaftsgeschichte anderer Völker und Länder, so ist zu erkennen, daß zu Beginn stets überwiegend landwirtschaftliche Betätigung anzutreffen ist. Anders ausgedrückt: die Landwirtschaft bildet den Ausgangspunkt für alle anderen Industriezweige. Da die Türkei nun im Vergleich mit beispielsweise Deutschland auf einer niedrigen Entwicklungsstufe der Wirtschaft steht, ja eigentlich vor dem Beginn einer gegliederten Volkswirtschaft überhaupt, so muß zunächst für sie die Pflege der Landwirtschaft in dem Vordergrund ihrer wirtschaftlichen Betätigung stehen.

Im Laufe der Entwicklung wird dann eine fortschreitende Ausgestaltung der landwirtschaftlichen Betätigung einsetzen, ihr wird dann die Entstehung und der weitere Ausbau einer selbständigen und erwerbsfähigen Handwerkerschicht folgen, die ihrerseits wieder Grundlage zur Weiterentwicklung solcher Industrien, die mit der Landwirtschaft noch eng verbunden sind, ist; auf diese Weise wird sich auch das Kapital bilden und eine erfahrene Unternehmerschicht heranwachsen, die sich auf geschulte Arbeitskräfte stützen kann. Erst dann ist die allgemeine Grundlage für eine Industrie im engeren Sinne gegeben. Die Entwicklung des Handels wird sich in Bahnen vollziehen, die der allgemeinen Entwicklung parallelläuft. Dazu kommt noch, daß die Absatzfrage der landwirtschaftlichen Produkte die notwendigen Verkehrswege schaffen wird, und überhaupt den allgemeinen Wohlstand erzeugt.

Die Einsicht, daß die Landwirtschaft in der Volkswirtschaft Anatoliens die wichtigste Rolle zu spielen hat, hat sich auch der Staat zu eigen gemacht, der eine gesunde Agrarpolitik verfolgen möchte. Wenn aber auch das Ziel gesehen wird, so besteht doch noch keineswegs Klarheit darüber, wie die Landwirtschaft nun zu fördern sei.

In diesem Zusammenhange kann eine psychologische Analyse der öffentlichen Meinung hinsichtlich der Agrarpolitik sich als aufschlußreich erweisen. Einmal ist hier zu beobachten, daß bei der Erörterung der Agrarfrage die Verflechtung dieser Probleme mit der gesamten Volkswirtschaft gewöhnlich übersehen wird; zum anderen ist festzustellen, daß die allgemeinen Verhältnisse und Bedingungen völlig außer acht gelassen werden. Man abstrahiert, man betrachtet die Landwirtschaft als isoliertes Problem und begeistert sich an den technisch hochentwickelten Formen der landwirtschaftlichen Betätigung anderer Staaten. Daraus bildet sich das Verlangen, die ausländischen Bewirtschaftungsformen unverzüglich auf die Türkei zu übertragen. Man fordert Mechanisierung, Intensivierung der türkischen Landwirtschaft, Einrichtung modernster Versuchsstationen und Forschungsinstitute, und das alles von heute auf morgen. Der Staat soll helfen, Maschinen und hochgezüchtetes Saatgut zu kaufen und dieses an die Bauern verteilen. Neuerdings ist die Öffentlichkeit von dem Schlagwort der „Verdoppelung der Erzeugung" besessen, ohne dabei an die Absatzfrage zu denken.

Betrachtet man diese fieberhafte Tätigkeit, diese sich überstürzenden Bestrebungen mit nüchternen Augen, so kommt man zu folgenden Schlußfolgerungen:

1. Man ist sich der unerläßlichen Notwendigkeit bewußt, doch man übertreibt diese Forderungen, die dem Verlangen nach idealer Vollkommenheit auf diesem Gebiet entspringen, aber den Boden der Wirklichkeit verlassen.

2. Die geplanten oder teilweise schon begonnenen Maßnahmen befassen sich — freilich unbewußt — nur mit der Technik der Landwirtschaft, während betriebswissenschaftliche Erwägungen, volkswirtschaftliche Betrachtungen vernachlässigt oder oft sogar außer acht gelassen werden.
3. All diese Maßnahmen tragen den Charakter des eiligen Abhelfenwollens, aber sie sind nicht grundlegend und durchgreifend. Das Nebensächliche wird sorgfältig beachtet, aber nichts ist auf dauernde Wirkung berechnet, kurz, man übersieht die Notwendigkeit eines organischen Wachstums. Das Fehlen eines gründlichen Unterbaues rächt sich mit erschreckender Folgerichtigkeit, es wird unsinnig viel Zeit, Geld, Kraft und Arbeit vergeudet.

Die Türkei ist aber darauf angewiesen, mit ihren Kräften haushälterisch umzugehen, sie muß Maßnahmen treffen, die den Boden für eine künftige Aufwärtsentwicklung vorbereiten. Dazu bedarf es einer mit aller Ruhe und Bestimmtheit durchgeführten, allgemeinen wirtschaftswissenschaftlichen Untersuchung, welche die bestehenden Verhältnisse berücksichtigt, die echten Bedürfnisse des Landes herausschält und danach die Schlußfolgerungen zieht.

Die Landwirtschaft eines Landes unterliegt im wesentlichen zwei Gruppen bestimmender Faktoren. Zu der einen gehören die Einflüsse, die sich aus den natürlichen Verhältnissen ergeben, vorzüglich die klimatischen Bedingungen und die Bodenbeschaffenheit: die zweite läßt sich am besten durch den Begriff der „Umwelteinflüsse" kennzeichnen. Zu dieser gehören die allgemeinwirtschaftlichen, ferner die politischen, staatlichen und rechtlichen, endlich die kulturellen und religiösen Verhältnisse. Diese Einteilung erhebt keinen Anspruch auf wissenschaftliche Allgemeingültigkeit, sie ist nur aufgestellt worden, um anzudeuten, wieviel Faktoren übersehen werden, wenn man die Landwirtschaft als isolierte Größe untersucht.

Ich vertrete die Auffassung, daß die Agrarfrage in der Türkei in erster Linie eine allgemeinwirtschaftliche und erst in zweiter Linie eine technische ist. Ich habe das vorliegende Thema deshalb gewählt, weil ich glaube, durch diese Untersuchung der türkischen

Landwirtschaft am besten zu dienen und vielleicht für eine Neuorientierung in dieser Richtung wirken zu können, denn gerade dieses Gebiet — die allgemeinwirtschaftliche Seite des Problems der Landwirtschaft — ist in der Türkei erstaunlich vernachlässigt worden. Ich bin endlich der Ansicht, daß nur eine Untersuchung dieser Art ein einigermaßen geschlossenes Bild der türkischen Agrarzustände zu geben vermag, die im allgemeinwirtschaftlichen Sinne die Kernfragen des Landes sind, das heißt mit anderen Worten, daß in diesem Falle die Tatsachen festzustellen sind, die von Massenerscheinungen ausgehen, und daß von Ausnahmefällen abgesehen werden muß.

Die in der Einleitung durchgeführten allgemeinen Betrachtungen werden die Sachlage dahin geklärt haben, daß die Landwirtschaft in der Türkei die Wirtschaft schlechthin ist. Weiterhin habe ich mich bemüht nachzuweisen, daß diese Wirtschaft zwar von den natürlichen, aber in noch viel höherem Maße von den wirtschaftlichen, kulturellen und historischen Voraussetzungen abhängig ist, und daß nur eine erfolgsichere Agrarreform durchgeführt und stetige Agrarpolitik betrieben werden kann, wenn die erwähnten Voraussetzungen klar erkannt und im Sinne eines organischen Aufbaues bewußt in den Aufbauplan mit einbezogen werden.

Danach ergibt sich die Gliederung der nun folgenden Betrachtungen von selbst. Da die natürlichen Bedingungen — soweit überhaupt — nur wieder über die wirtschaftlichen Bedingungen beeinflußbar sind, betrachte ich diese nur als Möglichkeiten. Die wirtschaftlichen Grundlagen an sich zerfallen in zwei Gruppen:

a) Die Gegebenheiten der türkischen Wirtschaft, das sind die Faktoren, aus denen irgendwelche Maßnahmen, eine ganz bestimmte Entwicklungsrichtung der Wirtschaft entstehen können. Diese Bedingungen sind für die Türkei infolge der geschichtlichen Entwicklung — abgesehen von natürlichen Verhältnissen — sehr uneinheitlich. Sie sind es, die die Möglichkeiten eines Wirtschaftsaufbaues bestimmen. Eine Änderung dieser Bedingung ist nur durch eine verhältnismäßig langsame organische Entwicklung möglich.

b) Die organisierenden Faktoren, sie sind die Mittel für die ausschlaggebende wirtschaftliche Gewalt, die die Wirtschaft im Rahmen der gegebenen Möglichkeiten aufbaut. Dadurch werden die Gegebenheiten zu einer wirtschaftlichen Ganzheit zusammengeschweißt, die bestehen muß, soll die wirtschaftliche Entwicklung eine Zukunft haben.

2. Die natürlichen Grundlagen der Landwirtschaft in der Türkei.

Ich halte es für zweckmäßig, zunächst einen Überblick über die natürlichen Verhältnisse der Türkei zu geben. Wenn wir hier ein Bild der natürlichen Verhältnisse des Landes in Umrissen zeichnen wollen, so geschieht dies deshalb, um das Verständnis der weiteren Darlegungen zu erleichtern. Erforderlich ist eine solche Skizze aus dem Grunde, weil das Eigenleben eines Volkes entscheidend von der Natur her, von der Umwelt beeinflußt wird, weil sich die Geschichte der Türkei wesentlich im Rahmen dieses Landes abgespielt hat und weil unsere Untersuchung auf eben dieses Gebiet sich erstrecken soll. Dies gilt um so mehr für ein Thema, das die Landwirtschaft vor allem in den Blickpunkt der Betrachtung stellt. Bei einer Betrachtung der Landwirtschaft, die sich hauptsächlich auf den Standpunkt der Volkswirtschaft stellt und im wesentlichen die wirtschaftlichen Verhältnisse behandeln will, ist eine Übersicht über die natürlichen Bedingungen auch deshalb notwendig, um gerade im Rahmen dieses Themas klar herauszustellen, inwieweit die herrschenden Zustände Folgen der natürlichen Bedingungen oder der wirtschaftlichen Verhältnisse sind.

a) Die geographische Lage.

Die Türkei liegt auf der nördlichen Halbkugel zwischen der Breitenposition 42° 10' 08" und 36° 05' 02" und der Längenposition 26° 04' 48" und 44° 48' 12". Sie bildet gleichsam eine Brücke zwischen Asien und Europa. Sie besteht im wesentlichen aus Anatolien, das sich vom Westen Asiens, von dem Landstrich zwischen dem Schwarzen und Mittelländischen Meer aus wie eine große Halbinsel nach Westen hin erstreckt, sowie aus einer Ecke der Balkanhalbinsel, der sogenannten europäischen Türkei. Die Türkei grenzt im Norden an Bulgarien und das Schwarze Meer, im Nordosten an die kaukasischen Sowjetrepubliken (Georgien, Armenien, Aserbeidschan), im Osten an Persien, im Süden an den Irak, an Syrien und das Mittelmeer, im Westen endlich an das Ägäische Meer und Griechenland.

Die Grenzen der Türkei sind nicht nur durch politische Umstände bedingt, sondern entsprechen durchaus auch den geschichtlichen, geographischen und natürlichen Gegebenheiten, so daß die Türkei nicht nur eine politische, sondern auch eine geographische unzertrennbare Einheit darstellt. Die geographische Einheit wird dadurch augenscheinlich, daß die politischen Grenzen der Türkei fast mit den geographischen Grenzen des kleinasiatischen Hochlandes zusammenfallen.

Wirtschaftlich betrachtet nimmt die Türkei eine vorteilhafte Mittelstellung ein. Umgeben von den verschiedenartigsten Ländern, bildet sie für diese zugleich ein Bindeglied und Durchgangsgebiet. Im Nordosten steht die Türkei in Verbindung mit Rußland und seinen einzelnen Teilrepubliken, im Osten mit Persien, im Süden mit dem Irak und mit Syrien, über das Mittelmeer hin mit Palästina und Ägypten, im Westen mit Griechenland, im Norden mit Bulgarien, über das Schwarze Meer mit Rumänien und durch die Donau endlich mit Mitteleuropa; zahlreiche Handelswege führen durch die Türkei nach Indien und Zentralasien. Schon in den ältesten Zeiten zogen Karawanen durch Anatolien und brachten ihre Kostbarkeiten aus Innerasien nach Alexandretta oder nach den Hafenstädten am Ägäischen Meer und nach Byzanz. Wenn auch diese alten Handelswege als Binnenlandstraßen durch den Suezkanal zum Teil an Bedeutung verloren haben, werden sie in den bestehenden Eisenbahnplänen (Europa—Bosporus—Syrien—Ägypten, Bagdadbahn, Osttürkei—Rußland—Persien) wieder aufleben.

Die Oberfläche der Türkei beträgt ungefähr 762.736 km^2, davon sind zirka 55% landwirtschaftlich nutzbar. Anatolien liegt durchschnittlich 1000—1500 m über dem Meeresspiegel. Von Osten aus fällt es allmählich nach Westen zu ab. Von Tiefebenen abgesehen, weist der westliche Teil eine mittlere Höhe von 800 m über dem Meeresspiegel auf, während es im Osten allmählich bis zu 1900 m ansteigt. Diese

Lage erklärt die Bedeutung der Viehzucht für die Türkei, weil das Hochland vorläufig im allgemeinen als Weideland benutzt werden kann.

b) Die Geologie des Landes.

Hinsichtlich der Geologie des Landes bestehen noch keine allzu umfangreichen, speziellen Forschungen. Nur aus einem einzigen Werke dieser Art: Asie Mineure von Tschihatcheff[1]) kann man einigermaßen Aufschlüsse erhalten.

Am Anfange des Paläozoikums befand sich ganz Anatolien unter Wasser, nur einige Gipfel des westanatolischen Gebirges und des Osttaurus überragten wie kleine Inseln die Meeresoberfläche. Mit der Zeit zog sich das Meer immer weiter nach dem Süden zurück und das erste zusammenhängende Land bildete sich in der Gegend der heutigen Schwarzmeerküste. Gegen Ende dieser geologischen Epoche nahm die Landmasse infolge von eintretenden Erhebungen sehr zu. Heute sind die Urgesteine dieser Periode in Anatolien verhältnismäßig selten, nur an der Meerenge von Stambul anzutreffen.

Während des Karbons wurde das Land von einem üppigen Wachstum überzogen und die heute an der Schwarzmeerküste vorkommenden produktiven Kohlenflötze stammen aus dieser Zeit.

Die Devonperiode verlief für Anatolien verhältnismäßig ruhig. Allmählich nahm das Meer wieder vom Lande Besitz. Die Folge war, daß sich umfangreiche Sedimentgesteine bildeten, die die Vegetation des Karbons bedeckten und zur Verkohlung der pflanzlichen Stoffe führten. Allerdings sind die Schichten des Trias und des Jura in Anatolien nur als vereinzelte Kerne noch zu finden. Häufiger sind schon die Vorkommen der Kreidezeit, die sich von Kocaeli bis Canik am Schwarzen Meer hin erstrecken. In großem Umfange sind sie im Süden um Urfa herum zu finden.

Das Tertiär brachte für das Land große Umwälzungen: Einstürze, Erhebungen, Dislokationen finden statt. Als Begleiterscheinung finden wir eine reiche vulkanische Tätigkeit, besonders im Osten, die heute noch an Hand von

[1]) Tschihatcheff: Kleinasien, Leipzig 1878.

Basaltvorkommen nachzuweisen ist (Ararat im Osten, Erdschias in Zentralanatolien, Keschisch im Marmarameergebiet, Brussa (Bursa) und an verschiedenen Stellen des Smyrnagebietes). In Zentral- und Westanatolien sind für diese Zeit umfangreiche Binnenmeere nachzuweisen, die heutigen Salzseen und die Salzwüste Zentralanatoliens sind Überbleibsel jener Periode. Während des Myozäns trocknen diese tieferliegenden Becken aus und zum Teil kommt es zur Bildung von Braunkohlen. Die Schichten des Tertiärs sind in Anatolien am verbreitetsten und überall nachweisbar, hauptsächlich als Kalkstein. Zwischen diesen Kalksteinschichten liegen Steinsalz, Gips, im Gebiet von Tschankiri, und Schwefel, Erdöl, Pandermit und Chrom eingestreut (Schwarzes-Meer-Gebiet) auch Meerschaum ist in dieser Verbindung an manchen Stellen zu finden.

Während des Tertiärs war Anatolien noch keine Halbinsel, sondern fest mit dem Balkan verbunden, die heutigen Meerengen bestanden noch nicht. Erst zu Beginn des Quartärs entstanden diese Meerengen durch Grabeneinbrüche aus alten Flußtälern und machten Anatolien zu einer Halbinsel. Das heutige geologische Aussehen bekommt Anatolien im wesentlichen durch die Ereignisse dieser Zeit. Die Ebenen an den Küsten, die Flußmündungen sind naturgemäß Produkte des Quartärs. Diese Anschwemmungen setzen sich durch das ganze Diluvium bis ins Alluvium hinein fort. Auch heute noch führt die Ablagerung des durch die Flüsse mitgeführten Gerölls zu immer neuem Landgewinn.

Die große Ausdehnung der quartären Ablagerungen bildet das Rückgrat der türkischen Landwirtschaft.

c) Die Morphologie des Landes.

Die Türkei ist ein ausgesprochen gebirgiges Land mit abwechslungsreicher und vielgestaltiger Landschaft. Anatolien wird im westlichen Teil von zwei fast parallelen Gebirgsketten eingesäumt; die eine, das sogenannte Schwarzmeergebirge (Pontisches Gebirge), erstreckt sich vom Osten aus parallel der Küste bis nach dem Marmarameergebiet zu, während die südliche Kette, der Taurus, in gleicher Richtung dem Mittelmeer parallel läuft. Die pontische Gebirgskette ist im Gegensatz zum Taurus stark bewaldet. Außerdem wird die Ostgrenze der Türkei durch den Kaukasus abgeschlossen. Die Gebirge Anatoliens tragen je nach dem Gebiete verschiedene Namen und entsenden zahlreiche Ausläufer in das Innere des Landes, wodurch sich von selbst Teilgebiete abgrenzen. An manchen Punkten erreichen sie beträchtliche Höhen, so z. B. im Osten der Ararat (5200 m), in Mittelanatolien der Erdschias (3830 m) u. a. m.; dazwischen befinden sich tiefe Täler und Ebenen. Der Kaukasus sendet ebenfalls zahlreiche Ausläufer nach Anatolien hinein.

Allgemein betrachtet, bildet Anatolien ein auf drei Seiten umsäumtes gebirgiges Hochland (layla genannt), das sich durch die verschiedenen Ausläufer der drei vorerwähnten Gebirge in drei große Teile zergliedert:

1. Das Hochland von Ostanatolien, im Süden vom Osttaurus abgegrenzt, stellt das höchstgelegene Gebiet Anatoliens dar (1700—1900 m), das zugleich am weitesten vom Meer entfernt ist. Innerhalb dieses Hochlandes befinden sich zahlreiche Berge, lange Täler und tief eingeschnittene Einbrüche.
2. Das kleinasiatische Hochland liegt verhältnismäßig tief eingebettet, muldenartig in der anatolischen Landesmitte, weshalb es auch das Hochland von Zentralanatolien genannt wird. Es ist im Norden und Süden von hohen Gebirgen eingefaßt und geschützt, einem flachen Kessel vergleichbar. Seine durchschnittliche Höhe beträgt 1000 m.
3. Westanatolien endlich weist reiche mannigfach gestaltete Gliederung auf. In diesem Teil des Landes befinden sich mehrere über 2000 m hohe Gebirgszüge, von denen manche senkrecht ins Meer abfallen. Breite, große Ebenen und Einsenkungen sind für das Land kennzeichnend.

Es ergibt sich aus dem Angeführten, daß Anatoliens Morphologie durchaus nicht homogen ist. Vor allem kennzeichnen das Land seine hohen und zahlreichen Gebirge, aus denen dem Verkehr, der Anlage von Landstraßen und Eisenbahnen große Schwierigkeiten erwachsen.

Die oben durchgeführte Dreiteilung ist eine mehr oder weniger schematische, da die von den Randgebirgen ausstrahlenden Seitenketten das Innere des Landes in ein wirres, zerrissenes, uneinheitliches Gebiet verwandeln. Wir finden deshalb im Inneren des Landes alle nur möglichen Bodenformationen bunt durcheinander gemischt. Diese Gebirge haben in bezug auf die Landwirtschaft vor allem klimatische Bedeutung und mittelbar insofern, als sie einen Einfluß auf den Güteraustausch nach den Hafenstädten haben und auf den Verkehr der verschiedenen Gebiete untereinander.

Die Türkei hat lange Küsten. Anatolien wird auf drei Seiten vom Meere umspült, im Norden vom Schwarzen Meer, im Nordwesten vom Marmarameer, im Westen vom Ägäischen Meer, im Süden endlich vom Mittelmeer. Diese Tatsache bedeutet zugleich einen außerordentlichen Vorzug hinsichtlich der Verkehrslage. Die Türkei ist auf diese Weise mit zahlreichen Ländern durch den Seeweg verknüpft und vermag, sofern es über Eisenbahnen nach den bestehenden Hafenstädten verfügt, die das Innere mit den Küsten verbinden, Erzeugnisse verhältnismäßig leicht nach allen Ländern zu senden. Anatolien besitzt von Batum am Schwarzen Meer bis Alexandretta am Mittelmeer eine ungefähr 3455 Seemeilen lange Küstenstrecke. Im Norden und Süden laufen die Gebirgsketten der Küste parallel und fallen steil zum Meer hin ab; infolgedessen sind die Uferstrecken arm an Buchten, von denen nur die Sinobhalbinsel am Schwarzen Meer und am Golfe von Adalia und Iskenderun (Alexandretta) am Mittelmeer zu erwähnen sind. Im Gegensatz dazu ist die Küste im Nordwesten (Marmarameer) und im Westen (Ägäisches Meer) reich gegliedert und weist zahlreiche Landzungen, Halbinseln, Inseln und Buchten auf, da in dieser Gegend die Gebirgszüge senkrecht auf die Küstenlinie stoßen. Es ergibt sich daraus, wie später ausgeführt wird, daß die Türkei gezwungen ist, besonders im Norden und Süden an der Küste liegende Städte mit großem Kapitalaufwand in Zukunft zu Hafenstädten auszubauen.

Die wichtigeren Hafenplätze an der Schwarzmeerküste sind Tırabzon (Trapezunt), Samsun und Zonguldak, Ereyli, weniger bedeutend sind Rize, Tirebolu, Kireson, Ordu, Fatsa, Unye, Sinob. Am Marmarameer sind vor allem wichtig Izmit und Istanbul, in zweiter Linie Ortewie, Bandirma (Panderma) und Mudanya. Am Ägäischen Meer ist vor allem Izmir (Smyrna) zu erwähnen, in zweiter Linie noch Ayvalik, Dikili. Am Mittelmeer endlich liegen Antalya (Adalia) und Merssina.

Die Türkei besitzt zahlreiche Flußläufe, aber sie sind nicht von besonderer Bedeutung, da sie nicht groß sind, starkes Gefälle haben und ihre Wassermenge so gut wie ganz von den augenblicklichen Niederschlagsmengen abhängig ist. Dies bedingt, daß im Sommer der Wasserstand äußerst niedrig ist, während im Winter die Flüsse zu reißenden Strömen werden. In Ostanatolien sind besonders der Euphrat und Tigris zu erwähnen, die ihr Wasser der Schneeschmelze im Hochgebirge verdanken, das sie nach Süden abführen.

Der längste Fluß Anatoliens ist der Kizilirmak (900 km), der in großem Bogen das Schwarze Meer erreicht, in welches auch der Jeschilirmak und die Sakarya münden. Nach dem Mittelmeer fließen Seyhan und Ceyhan, ins Ägäische Meer münden Kediz, Böyükmenderes und Kücükmenderes (die beiden Meander).

Die Flüsse bedeuten für die Landwirtschaft in erster Linie Bewässerungsmöglichkeiten. Im Smyrnagebiet sind in dieser Beziehung der Kediz und beide Meander von großer Bedeutung. Nach der Regulierung dieser Flüsse würde für die Bodennutzung jetziges Sumpfland als Ackererde gewonnen werden und durch eine systematische Bewässerung im allgemeinen die Produktion vervierfacht werden können. Dieselben Verhältnisse treffen wir auch im Adanagebiet für den Seyhan und den Ceyhan an.

Wir finden in Anatolien in drei bestimmten Gebieten nebeneinander mehrere Seen. Die eine Gruppe befindet sich im nordwestlichen Teil Anatoliens, im Marmarameerbecken, und sie setzt sich aus den Seen Iznik, Sabanca, Ulubad und Manyas zusammen. Die zweite Gruppe besteht aus den Seen Beyschehir, Egerdir, Akschehir und Tuzgölü. Das Wasser des letzten ist sehr salzhaltig. Im Osten Anatoliens endlich befindet sich der größte See der Türkei, der Vangölü (3700 km^2), welcher 1700 m über dem Meere liegt und bitteres Wasser hat. Die Süßwasserseen Anatoliens eignen sich lediglich zu Bewässerungs- und Fischereizwecken; schiffbar ist nur der Vangölü.

Hinsichtlich der Nutzbarkeit des Bodens kann man in Anatolien, wie überall, fünf verschiedene Nutzungsmöglichkeiten unterscheiden, deren Verteilung dem Lande sein spezifisches, wirtschaftliches Gepräge geben.

Im Hinblick auf das Unland nimmt die Türkei eine Mittelstellung zwischen Europa und den anderen asiatischen Ländern ein. Eine von europäischen Verhältnissen abweichende Unlandsform ist nur die Salzwüste, die sogenannte Tuzçölü, südlich von Ankara, nördlich von Konya, die prozentual den stärksten Anteil an der landwirtschaftlich nicht nutzbaren Bodenfläche stellt, ein kleinerer Anteil fällt auf die Seen und Sumpfländereien. Genaue geometrische Vermessungen für das Unland liegen noch nicht vor, so daß stichhaltige statistische Angaben darüber nicht gemacht werden können.

Im großen und ganzen sind die Gebirge abgeholzt, doch besteht durchaus die Möglichkeit, sie wieder aufzuforsten. Im Gegenteil, hier liegt eine große Zukunftsmöglichkeit für die Türkei. Die vorhandenen Waldbestände sind im wesentlichen in drei Gebieten der Türkei anzutreffen:

1. Die östliche und nördliche Waldzone des Schwarzen-Meer-Gebietes,
2. Kocaeli und Thrazien,
3. im südlichen Teil der Türkei, Adalia, Taurus und Antitaurus, Amanos.

Im Smyrnagebiet ist Wald in kleinerem Umfang anzutreffen. Im großen und ganzen hat der Waldbestand einen Umfang von rund 8.000.000 ha[1]), davon sind 6.200.000 ha[1]) regelmäßige, zusammenhängende Waldbestände, das heißt 8·5% der Gesamtbodenfläche. Diese Fläche könnte durch planmäßige Aufforstung leicht vervielfacht werden. Diese Aufforstung ist in klimatischer und wirtschaftlicher Hinsicht eine direkte Notwendigkeit. Die Forstwirtschaft ist im Lande ein vollkommen selbständiges Gebiet. Für die Aufforstungsarbeiten und die planmäßige Bewirtschaftung der vorhandenen Bestände liegt ein von der Regierung ausgearbeiteter Plan vor.

Eine etwas größere Ausdehnung hat das Steppenland und Weideland (auch hier liegen noch keine genauen Ver-

---

[1]) Anmerkung: Nach Hamit Sadi: Die Wirtschaftsgeographie. Bd. I, Türkei. Istanbul 1928.

messungen vor). Die zahlreichen Gebirge verursachen, daß man keine zusammenhängenden Steppengebiete findet. Die ganze Skala von der trockenen, graslosen Steppe bis zum guten Weideland ist zu finden. Während im Westen so gut wie gar kein Steppenland vorzufinden ist, entfällt der größte Teil dieser Art der Bodennutzung auf Zentralanatolien. Die Weideländereien, die hauptsächlich auf den Hochebenen anzutreffen sind, können, eine entsprechende Entwicklung vorausgesetzt, später das Rückgrat der türkischen Viehhaltung bilden. Eine systematische Pflege der Weideländereien besteht allerdings zur Zeit aus klimatischen Gründen noch nicht. Entsprechend der verschiedenartigen Weidemöglichkeiten ist auch eine entsprechende Viehhaltung anzutreffen. Von vereinzelten Ziegen und Schafen bis zu guten, nach Landessitten gezüchteten Gebrauchsherden.

Kultivierbar sind von der gesamten gegenwärtigen Bodenfläche zirka 30.000.000 ha[1]), die über 30%[1]) der gesamten Oberfläche der Türkei repräsentieren. Im Jahre 1927 wurden in der gesamten Türkei 4.363.772 ha[1]) unter Pflug genommen, davon waren 3.909.372 ha[1]) Getreideland, 174.040 ha[1]) für Hülsenfrüchte, 280.410 ha[1]) für Industriepflanzen vorbehalten. Garten- und Weideländereien umfassen rund 2.000.000 ha[1]), das sind 33% des gesamten in Kultur genommenen Bodens (rund 6.000.000 ha)[2]). Dazu ist noch zu bemerken, daß die sich unter dem Pflug befindliche Bodenfläche von Jahr zu Jahr ändert, da ungefähr $^1/_3$ zwei bis drei Jahre zur Erholung als Weideland liegen bleibt, so daß reichlich 30% des nutzbaren bzw. 10% der gesamten Bodenfläche in Benutzung genommen sind. Diese Zahlen zeigen, daß mit fortschreitender wirtschaftlicher Entwicklung für die Türkei noch reiche landwirtschaftliche Produktionsmöglichkeiten bestehen.

Im Hinblick auf die Bodenbeschaffenheit des Landes kann man also sagen, daß die Türkei die Bodennutzung im wesentlichen in drei Formen durchführen kann. Erstens durch

---

[1]) Anmerkung: Angaben nach der Aufstellung des Statistischen Amtes aus dem Jahre 1927.

[2]) Für Garten- und Weideland bestehen keine genauen statistischen Angaben. Die oben stehende Zahl konnte nur indirekt abgeleitet werden.

Waldwirtschaft, zweitens durch Weidewirtschaft, drittens durch Ackerbau bzw. Gartenbau.

Die erste Form ergibt sich aus dem Vorhandensein hoher Berge und aufforstbarer Hänge.

Das Hochland anderseits kann nur durch extensive, zweckmäßige Weidewirtschaft nutzbar gemacht werden, denn in diesen Gebieten ist der Boden mager und nicht sehr fruchtbar.

Trotz der großen Ausdehnung des Berg- und Hochlandes ist in der Türkei noch verhältnismäßig viel für den Ackerbau sich eignender Boden vorhanden. Der westliche Teil Anatoliens, der bezeichnend eine Einsenkung genannt werden kann, verfügt über sehr fruchtbare Erde. Es finden sich überall in der Türkei breite Täler, kesselartiges Tiefland und umfangreiche Ebenen.

Ein Teil Zentralanatoliens allerdings ist in jeder Hinsicht unverwertbar, die Salzwüste (Tuzçölü). Ferner kommen in diesem Teil manche Steppengebiete vor, die für den Ackerbau untauglich sind und nur kümmerliche Grasvegetation aufweisen oder mit Sträuchern bedeckt sind.

Diese allgemeine Einteilung der Bodennutzbarkeit kann allerdings auch für jedes andere Land zutreffen. Für die Türkei sind aber die einzelnen Zonen und die Aufteilung dieser Nutzungsarten naturgegeben und liegen eindeutig fest. Wenn auch im einzelnen in der Türkei sehr fruchtbare Ebenen zu finden sind, so ist das Land im großen und ganzen, wie man nicht allgemein meint, hinsichtlich der Fruchtbarkeit des Bodens nicht außergewöhnlich von der Natur begünstigt. Der Boden bedarf immerhin intensiver Bearbeitung um ertragreich zu sein.

d) Klima.

In klimatologischer Hinsicht ist die Türkei bis jetzt nur sehr dürftig studiert worden, so daß mangels eingehender Untersuchungen nur sehr allgemeine Angaben gemacht werden können. Der Wetterdienst ist aber nach dem Kriege gut durchorganisiert und zahlreiche neue Stationen wurden gegründet, so daß in den kommenden Jahren umfangreiches und wertvolles Material zur Verfügung gestellt werden kann. Die hier wiedergegebenen Zahlen stammen aus den bisherigen Veröffentlichungen des staatlichen Wetterdienstes.

Ihrer geographischen Lage nach fällt die Türkei in die wärmere gemäßigte Zone. Es herrscht innerhalb ihres Gebietes jedoch keineswegs irgendwelche Gleichartigkeit in klimatischer Beziehung, vielmehr weichen die einzelnen Gebiete darin sehr voneinander ab, wodurch mannigfaltige Klimazonen entstehen. Von entscheidender Bedeutung sind hierbei folgende Faktoren: Meer, Höhenlage und Verteilung der Gebirgszüge.

Die Temperatur der Türkei, die von der Küste nach dem Innern zu im allgemeinen abnimmt, beträgt im Jahresdurchschnitt 15° C, doch sind die Unterschiede in den verschiedenen Gebietsteilen sehr beträchtlich. Im östlichen Grenzland beträgt die durchschnittliche Jahrestemperatur 3·7° C (im Januar durchschnittlich — 16° C), während sie sich in Zentralanatolien auf 8·8° C, im Smyrnagebiet sogar auf 17° C beläuft. Die höchsten Temperaturen zeigt im Süden Adana. Temperaturen, die sogar die Ägyptens übertreffen.

Zur näheren Illustrierung gebe ich die folgende Tabelle über die Jahresdurchschnittstemperatur des Jahres 1928 von vier türkischen Wetterwarten, die die verschiedenen Zonen des Landes repräsentieren.

Tabelle 1.

Jahrestemperaturen von fünf Wetterwarten.

Ort		Jahresdurchschnitt °C	Max.-Temp. °C	Min.-Temp. °C
(europ. Teil)	1. Istanbul . . .	+ 13·5	+ 32·5	— 8·0
(Westanatolien)	2. Smyrna Bornova	+ 17·6	+ 39·4	— 5·0
	3. Kepsut Hintl. f. Smyrna . .	+ 14·8	+ 39·5	— 19·0
(europ. Teil)	4. Lüleburgaz .	+ 13·2	+ 41·8	— 14·0
(Zentralanatolien)	5. Ankara . . .	+ 11·63	+ 37·1	— 16·2

Diese Tabelle zeigt, daß mit großen Temperaturschwankungen zu rechnen ist. Nach den verschiedenen Temperaturverhältnissen richtet sich die typische landwirtschaftliche Produktion der einzelnen Gebiete. Im allgemeinen kann man in bezug auf Temperaturen sagen, daß die Türkei, ausgenommen das Istanbul- und Smyrnagebiet, kontinentales Klima hat. (Randgebirge!)

Dieses Klima wird durch die vorherrschenden Luftströmungen noch deutlicher erklärt, die im Winter — vorwiegend aus Zentralasien — nach der Türkei eindringen und sich dort in zwei Richtungen teilen, nach Süden und Westen. Eine andere Luftströmung kommt aus der Gegend des Balkans, von Nordwesten. Im Sommer dagegen strömt die Luft vom Süden her. Diese Luftströmungen verteilen sich nach mehreren Richtungen und bringen lebhafte Winde mit sich, ja Stürme, die oft großen Schaden anrichten. Die zentralasiatischen Luftströmungen bedingen das kontinentale Klima.

Auch in bezug auf Menge und Verteilung der Niederschläge weist die Türkei in ihren einzelnen Teilen beträchtliche Unterschiede auf, aus denen sich drei besondere Niederschlagsgebiete herausschälen:

1. Das Küstengebiet,
2. das Gebiet des Binnenlandes,
3. das Gebiet am Schwarzen Meer.

Die Niederschlagsmenge an der Schwarzen-Meer-Küste beträgt jährlich mehr als 700 bis 1800 mm, an der Marmarameerküste 600 bis 700 mm, in der Zone des Ägäischen Meeres 500 bis 600 mm, im Süden dagegen, längs der Mittelmeerküste, durchschnittlich 500 bis herab zu 450 mm. Im Binnenlande nimmt die Niederschlagsmenge ab. Zum regenärmsten Gebiet der Türkei gehören Konya (180 bis 200 mm) und Ankara (200 bis 240 mm), das heißt es handelt sich hierbei um den westlichen Teil des anatolischen Hochlandes. Nach Osten zu nimmt die Niederschlagsmenge allmählich zu und erreicht Beträge von 400 — 500 — 600 mm. Diese verschiedenartigen Verhältnisse erklären sich im wesentlichen daraus, daß Zentralanatolien im Regenschatten der es auf drei Seiten umfassenden hohen Gebirge liegt. Sowohl am Schwarzen wie am Mittelmeer wird der Regen von den den Küsten parallel laufenden Bergzügen abgehalten, so daß wir zwar bewaldete Küstenstrecken, im Innern aber kahles Steppenland vorfinden.

Tabelle 2.
Niederschlagsmengen von sieben Zonen.

Ort	Jahresmenge	Maximal-Monat	Minimal-Monat
1. Thrazien . . .	525 mm	Dez. 262·4 mm	Juni/Juli 0·0 mm
2. Zentralanatolien	333 mm	Dez. 118·4 mm	Juli/August 0·0 mm
3. Nordwestanatolien	536·9 mm	Dez. 174·3 mm	Juni 0·0 mm
4. Westanatolien .	551·4 mm	Nov. 399·6 mm	Juli/Sept. 0·0 mm
5. Südanatolien . .	712·4 mm	Nov. 326·0 mm	April, Mai, Juni, Juli, August 0·0 mm
6. Südostanatolien	483·7 mm	Feb. 110·0 mm	Juli 0·5 mm
7. Küstenstrecke des Schwarzen Meeres	1127·7 mm	Okt. 352.0 mm	September 10·4 mm

Die Verteilung der Niederschläge auf die einzelnen Jahreszeiten zeigt ein nicht minder verschiedenes Bild in den einzelnen Teilgebieten. Während die Nordküste eine günstige Verteilung — mit Frühjahrsregen und sommerlichen Niederschlägen — aufweist, hören die Niederschläge nach Westen zu im Frühjahr zeitiger auf und fallen im Sommer ganz aus. In Zentralanatolien setzen die Regenfälle von April bis Ende September aus, es hat eine ausgesprochene Dürreperiode.

Die westlichen und teilweise auch die südlichen Gebiete werden häufig von verheerenden Hagelschlägen getroffen, in manchen Gegenden beinahe Jahr für Jahr.

Schneefälle treten am häufigsten im Osten auf, wo sie im Winter kaum aussetzen, so daß der Verkehr nach diesen Gebieten monatelang still zu liegen pflegt. Im Binnenhochland Anatoliens herrscht gewöhnlich strenger und langandauernder Winter mit anhaltenden Schneefällen und Schneestürmen.

Infolge der niedrigen und schlecht verteilten Niederschlagsmengen und ausdörrenden Sonne ist die Türkei ein Land mit ausgesprochen trockenem Klima. Das bedeutet für die Landwirtschaft ein schweres Hemmnis; daraus erhellt ohne weiteres die Notwendigkeit einer entsprechenden landwirtschaftlichen Technik und Betriebsgestaltung, deren wichtigster Faktor in geeigneter Bewässerung und Bodennutzung besteht.

Zusammenfassend kann man sagen, daß die Türkei verschiedene Klimata aufweist, vom kalten Kontinentalklima bis fast zum Subtropenklima mit zahlreichen Zwischen- und Unterstufen.

Hamit Sa'di[1]) teilt die Türkei in drei Abschnitte ein:
1. das Schwarzmeerklima,
2. das Hochlandklima,
3. das Mittelmeerklima.

Ad 1. Unter das Schwarzmeerklima fällt ein von Osten nach Westen verlaufender Streifen des Landes, der den feuchtesten Teil der Türkei darstellt. Der Wärmeunterschied zwischen Tag und Nacht ist nicht groß. Auch im Sommer fällt dort Regen, im Winter dagegen viel Schnee; die durchschnittliche Jahrestemperatur beläuft sich auf + 13 bis 14° C.

Ad 2. Das hervorstechendste Kennzeichen des Hochlandklimas ist die Trockenheit. Im Gegensatz zum Schwarzen-Meer- und Mittelmeer-Klima finden sich bei ihm extreme Naturerscheinungen; so z. B. ist der Wärmeunterschied zwischen Tag und Nacht sehr beträchtlich. Der Temperaturunterschied zwischen den heißesten und kältesten Monaten beträgt 28 bis 30° C, während die durchschnittliche Jahrestemperatur sich auf 8 bis 10° C beläuft. Der großen Hitze des Sommers steht die große Kälte des Winters gegenüber. Die Niederschläge erfolgen unregelmäßig und mit Heftigkeit. Gegen Osten verschärft sich die Kälte noch, Stürme und Windhosen sind keine seltenen Erscheinungen.

Ad 3. Unter das Mittelmeerklima fällt der West- und Südteil der Türkei; gekennzeichnet wird es vor allem durch seine hohen Temperaturen. Die betreffenden Gebiete liegen alle verhältnismäßig tief; ihre durchschnittlichen Jahrestemperaturen bewegen sich um 17 bis 18° C herum. Ihr Sommer ist trocken, ihr Winter reich an Regenfällen. Nur selten fällt Schnee und dann bleibt er nicht liegen.

Diesen Klimazonen entsprechen Gebiete mit ihnen eigener landwirtschaftlicher Produktion. Das Schwarzmeerklima, dessen östlicher Teil ein sehr mildes Klima hat (geschützt

[1]) „Wirtschaftsgeographie" Bd. I, Türkei. Hamit Sâdi Istanbul Iktisadî Cografiya, brinci kitap Türkiye 1928.

durch das Kaukasusgebirge), schafft die Vorbedingungen für eine hohe Gartenkultur. Orangen und Zitronen werden hauptsächlich angebaut. Soweit Ackerbau betrieben wird, wird Mais angebaut. Nach Westen zu wird das Klima etwas rauher. Auch hier findet man Gartenkultur, die in erster Linie zur Haselnußproduktion verwendet wird. Im feldmäßigen Anbau gewinnt nach Westen zu der Tabakbau immer mehr an Bedeutung; seine Produkte sind hoch qualifiziert.

Soweit überhaupt innerhalb des Hochlandklimagebietes Ackerbau betrieben wird, findet man im Westen Getreidebau für den eigenen Bedarf. Die Hauptnutzungsrichtung besteht in Viehzucht (Schaf und Ziege). Im Osten gewinnt die Rinderzucht an Bedeutung.

Das Gebiet des Mittelmeeres ist landwirtschaftlich am weitesten entwickelt. Dort wird eine bunte Mannigfaltigkeit landwirtschaftlicher Produkte erzeugt. Um nur einige zu nennen: Tabak, Baumwolle, Getreide, Opium, Rosinen, Feigen usw.

Obgleich diese Einteilung ein ungefähres Bild der klimatischen Verhältnisse der Türkei zu geben versucht, ist es doch sehr ungenügend. Tatsächlich stoßen wir noch auf verschiedene, klimatisch ganz anders gestaltete Zonen, so z. B. hebt sich aus dem Schwarzmeerklima das Gebiet um Rize heraus, in dem sogar außer den oben erwähnten Früchten Wein und Tee gedeihen.

Im eigentlichen Mittelmeerklimagebiet, das heißt im Süden der Türkei, der fast subtropischen Charakter trägt, wachsen nicht nur die oben erwähnten Südfrüchte und Baumwolle, sondern sogar Zuckerrohr; vorzüglich im Gebiet von Adana, dessen Klima entschieden wärmer ist als das des Smyrnagebietes.

Bei dem Hochlandklima endlich ist der westliche Teil vom östlichen und südöstlichen zu trennen, denn er unterscheidet sich von den anderen Gebietsteilen durch seine verhältnismäßig geringere Höhenlage und durch seinen Salzwüsten- und Steppencharakter. Im Osten dagegen ist das Klima feuchter und strenger, im wesentlichen von kontinentalem Charakter, während sich der Südosten durch warme Trockenheit auszeichnet.

Die verschiedenen Meere, welche die Türkei umspülen, die unterschiedlichen Entfernungen der einzelnen Orte von der See, die verschiedene Höhenlage, das Vorhandensein hoher Bergzüge mit mannigfachen Richtungs-, Lage- und Neigungsunterschieden sind entscheidend an der Bildung zahlreicher Zonen mit klimatischer Eigenart beteiligt, so daß die Türkei über eine Verschiedenheit der Produktionsmöglichkeiten verfügt wie kaum ein anderes Land. Dieser Umstand verleiht der Türkei in mancher Hinsicht eine Monopolstellung, vor allem eben durch die Mannigfaltigkeit der landwirtschaftlichen Erzeugnisse. Er bietet zugleich die Gewähr für ein mögliches Gedeihen, für eine vielseitige Entwicklung eines wirtschaftlichen Lebens in allen seinen Phasen und Formen. Wirtschaftlich gesehen erwachsen der Türkei daraus entscheidende Vorteile, daß sie erstens durch eine allgemeine Weltkrise in einem Produkt nicht so schwer getroffen werden kann, da sie in der Lage ist, einen Ausgleich zu schaffen, zweitens besteht auch innerhalb des Landes selbst insofern eine Ausgleichsmöglichkeit, daß beim Versagen irgendeines Gebietes ein anderes dafür einspringen und die Produktion aufrecht erhalten kann, vorausgesetzt, daß die landwirtschaftliche Technik auf eine gewisse gleichmäßige Höhe gebracht wird.

III. Teil.

1. Die Gegebenheiten der Landwirtschaft.

a) Bevölkerung.

Da die Bevölkerung eines Landes Träger seines Wirtschaftslebens ist, unterziehe ich zuerst die Bevölkerungsverhältnisse der Türkei einer Erörterung. Wir werden sehen, daß die durch die Besonderheit der Bevölkerung bedingten Erscheinungen eine entscheidende Rolle bei der Gestaltung des Wirtschaftslebens gespielt haben und heute noch von großer Wichtigkeit sind. Größe, Art, Bewegung, Verteilung und geistiges Wesen der Bevölkerung haben die Landwirtschaft besonders beeinflußt, vor allem drücken sich diese Unterschiede in der verschiedenen Entwicklungshöhe der landwirtschaftlichen Technik aus.

Bei der Betrachtung dieser Verhältnisse fehlen mir leider verläßliche, zahlenmäßige Grundlagen. Besonders für einen Vergleich des heutigen Zustandes mit der Vergangenheit verfüge ich über nur sehr spärliches Material. In der Vergangenheit sind zwar wiederholt Zählungen vorgenommen worden, hat man doch erst in der zweiten Hälfte des letzten Jahrhunderts eine Zählung des Osmanenreiches durchgeführt. Dieses Material ist aber unzuverlässig und unvollkommen, vor allen Dingen werden für sie die Gesichtspunkte des Osmanenreiches ausschlaggebend. Diese Zählungen wurden rein nach militärischen Gesichtspunkten durchgeführt, soziale und wirtschaftliche Erhebungen haben damals nicht stattgefunden. Für mich ist die letzte nach langen Vorbereitungen und auf Grund richtiger Methoden im Jahre 1927 vorgenommene Volkszählung von großer Bedeutung. Allerdings sind die Ergebnisse dieser letzten Zählung noch nicht nach allen Richtungen hin verarbeitet worden[1]).

Die Bevölkerungszahl der heutigen Türkei beträgt nach der letzten Erhebung 13.649.945 Einwohner.

Die Dichte der Bevölkerung beläuft sich im Durchschnitt auf 18 Einwohner pro Quadratkilometer.

Die Verteilung der Bevölkerung auf die einzelnen Gebiete und ihre Dichte in den einzelnen Landesteilen sind ganz verschieden und durch die geschichtliche Entwicklung bedingt. Im europäischen Teil der Türkei beträgt die Einwohnerzahl 1.044.306, das heißt 7'65% der Gesamtbevölkerung der Türkei. Ihre Dichte beläuft sich auf 43 Personen pro Quadratkilometer. (Die Oberfläche des europäischen Teiles der Türkei beträgt 23.975 km^2.)

Das eigentliche Anatolien ist 738.761 km^2 groß, mit einer Bevölkerung von 12.615.969 Köpfen, das ergibt eine Dichte von 17 Menschen pro Quadratkilometer; somit stellt Anatolien 96'85% der Gesamtbevölkerung.

Weiter ist hinsichtlich der Verteilung der Bevölkerung zu bemerken, daß in Anatolien am dichtesten die Küstenstriche am Marmarameer und am Ägäischen Meer bewohnt sind. Die Bevölkerung dieser Gebiete macht 12'55% der Gesamtbevölkerung aus, bei einer Dichte von 29 Köpfen pro Quadratkilometer. Dann folgt die Küstenstrecke am Schwarzen Meer, die ebenfalls eine Dichte von 29 Köpfen pro Quadratkilometer aufweist und 9'96 % der Bevölkerung Anatoliens umfaßt. Dagegen weist die Küstenstrecke am Mittelmeer nur eine Dichte von 19 Menschen pro Quadratkilometer auf.

Das Binnenland Anatoliens trägt dem gegenüber ganz merkwürdige Züge. Der westliche Teil Inneranatoliens zeigt eine Bevölkerungsdichte von 18, Zentralanatolien von 15, der südwestliche Teil von 14, Ostanatolien endlich eine solche von nur 8 Personen pro Quadrakilometer.

---

[1]) Anmerkung: Alles in dieser Arbeit angeführte Zahlenmaterial stammt, soweit nicht anders angegeben, aus „Office Centrale de Statistique".

„Istatistik umum müdürlüğü" Ankara 1929.

Wenn man die Türkei nach der Dichte der Bevölkerung einteilen will, so ist zunächst der europäische Teil als der dichtbevölkertste zu nennen mit dem Zentralpunkt Istanbul. Ihm folgt die Küstenstrecke nach Osten zu, das heißt das Gebiet am Schwarzen, am Marmara- und am Ägäischen Meer, als dessen Brennpunkt Smyrna zu betrachten ist. Vom Inland sind in erster Linie die westlichen Provinzen in Betracht zu ziehen, ihnen folgen Zentralanatolien und der Südwesten, während der Osten weit zurück bleibt. Die Verteilung der Bevölkerung ist zugleich kennzeichnend für die Entwicklung der Kultur und der Landwirtschaft in den einzelnen Gebieten. In der Gegend von Istanbul wird die Landwirtschaft beinahe gartenmäßig betrieben, wie in Smyrna samt Hinterland. Am Mittelmeer dagegen weist das Gebiet um Adana die nach Maschinen- und Kapitalaufwand intensivste Landwirtschaft auf. Je weiter man nach dem Innern des Landes vorrückt, desto mehr nimmt die Intensität ab und im Osten nimmt der Ackerbau sogar bereits eine nebensächliche Stellung gegenüber der Viehzucht ein, das heißt extensive Weidewirtschaft ist dort die Form der Bodennutzung.

Die Gliederung der Bevölkerung nach dem Geschlecht: die weibliche Bevölkerung der Türkei beträgt 7.075.801 (51·8%), die männliche 6.584.474 (48·2%); es ergibt sich also ein Überschuß der weiblichen Bevölkerung von 491.327 Köpfen. Dieser Umstand ist im wesentlichen auf die letzten Kriege zurückzuführen. Als allgemeine Tendenz kann man feststellen, daß die Nachwirkungen der Kriege in dieser Beziehung sich besonders auf die Landbevölkerung ausgewirkt haben. Man findet bei ihr fast überall einen größeren Frauenüberschuß als in den Städten, denn sie stellte vor allem das Soldatenmaterial. Als Beispiel soll hier stichprobenartig die unterschiedliche Verteilung von Frauen und Männern in neun[1]) Provinzen in der Stadt und auf dem Lande angegeben werden. Im Durchschnitt dieser neun Provinzen ist die durchschnittliche Verteilung:

---

[1]) Adana, Afiyon-Karahissar, Aydin, Aksserei, Amassia, Ankara, Adalia, Artvin, Balikessir.

Tabelle 3.

Verteilung der männlichen und weiblichen Bevölkerung in Stadt und Land.

	Männer	Frauen
Stadt	55·9 %	44·1 %
Land	47·4 %	52·6 %

Auch bei der Gliederung der Bevölkerung nach dem Alter stoßen wir auf die Nachwirkungen der Kriege.

Tabelle 4.

Die Alterstufen.

Alter: 0—12	13—19	20—45	46—60	über 60	?
4.504.594	2.076.375	4.949.520	1.390.711	720.642	17.646
33·3 %	15·2 %	36·4 %		17·1 %	

Der größte Teil der Bevölkerung steht also im Alter zwischen 1 bis 19 Jahren, die junge Generation! Dann folgen die Personen im Alter zwischen 20 und 40 Jahren, während die Zahl der Vertreter der Altersstufe über 40 Jahre nur gering ist.

So schwere wirtschaftliche Folgen auch die Dezimierung des arbeitsfähigsten Teiles der Bevölkerung hat, hat die Jugend der Bevölkerung für die Zukunft den Vorteil, daß die Entwicklung mit der jungen Generation gegen eine verminderte Tradition vorgetragen werden kann.

In bezug auf die Berufstätigkeit der Bevölkerung gibt folgende Tabelle Auskunft, die insofern nicht ganz das wahre Bild widerspiegelt, da sie nur die Hauptberufstätigen erfaßt.

Tabelle 5.

Die Berufsaufteilung.

Landwirtschaft	Industrie	Handel	Freie Berufe	Beamte	Armee	Versch. Berufe
4.368.061	299.369	257.355	52.663	89.251	162.253	122.281
81·6 %	5·6 %	4·8 %	1·0 %	1·6 %	3·1 %	2·2 %

Für unbekannte Berufe werden 8.278.273 angegeben, diese Ziffer umfaßt alle Frauen, die im Eigenbetrieb beschäftigten Familienmitglieder und schließlich auch die Kinder. Eine Aufteilung dieser Summe würde die Prozentzahl kaum oder doch nur zugunsten der Landwirtschaft verändern. Die überragende Bedeutung der Landwirtschaft geht aus dieser Tabelle ganz einwandfrei hervor.

In bezug auf die Religion sind die Türken im allgemeinen Mohammedaner. Christen und Juden bilden nirgends eine Mehrheit und siedeln nur in bestimmten Städten der Türkei, sind also keine Landbevölkerung.

Nach der Nationalität hat man folgende Gruppen zu unterscheiden: Griechen, Armenier, Juden, Kurden, Tscherkessen, Albaner, Tataren, Georgier und Araber, die neben den eigentlichen Anatoliern die volksfremden Elemente darstellen. Es ist jedoch festzuhalten, daß diese, verschiedenen Nationen angehörenden Bewohner der Türkei in der Bevölkerung keine irgendwie bemerkenswerte Rolle spielen, da sie gegenüber den eigentlichen Anatoliern zahlenmäßig stark in den Hintergrund treten, doch sind sie durch die Besonderheit ihres Wesens von der Hauptbevölkerung zu unterscheiden.

Nach dem letzten anatolischen Kriege sind die in Anatolien seßhaften Griechen gegen die Türken in Griechenland ausgetauscht worden, so daß es in Anatolien keine eigentliche griechische Bevölkerung mehr gibt. In der heutigen Türkei sind sie hauptsächlich noch in Istanbul zu finden. In den Jahren 1921 bis 1927 wanderten 434.079 Türken in die Türkei ein, während dagegen über 1·5 Millionen Griechen das Land verließen.

Ebenso trifft man Armenier nur noch in Istanbul an, doch steht deren Zahl noch hinter der der Griechen zurück.

Ich möchte hier auf die wirtschaftliche Bedeutung dieser zwei Elemente kurz eingehen. Besonders wurde in dem Jahr nach Kriegsende anläßlich der Auswanderung der Armenier und Griechen viel darüber geschrieben und gesprochen. Man sah diese beiden Bevölkerungsgruppen als die einzigen Kulturträger in der Türkei an. Es besteht sogar noch die Meinung, die Entwicklung der Türkei gehe auf das Vorhandensein der Griechen und Armenier zurück. Die Armenier und Griechen sind im Laufe der Zeit wirtschaftlich hoch gekommen, während der Anatolier von einem Krieg in den anderen zog. So kam es, daß sich jene vor allem mit dem Zwischenhandel, teilweise auch mit Handwerk, zuletzt mit der Landwirtschaft, dort vor allem mit Gartenbau beschäftigten. Die Meinung der größeren Unternehmerinitiative der Griechen und Armenier erklärt sich aus dieser geschichtlichen Entwicklung, da diese, mit Handel beschäftigt, hauptsächlich mit dem Europäer in Berührung kamen.

Der äußere Unterschied, abgesehen von der Religion, gegenüber der eigentlichen Türkenbevölkerung war nicht sehr groß. Allerdings steht noch dahin — diese Frage bedarf noch einer wissenschaftlichen Untersuchung —, ob und wie weit die wirtschaftlichen Erfolge der Griechen und Armenier in der Türkei das Ergebnis ihrer wirtschaftlichen Befähigung oder der Verhältnisse waren.

Ich beurteile das Problem der Auswanderung folgendermaßen: rein wirtschaftlich betrachtet bedeutet der Abgang eines Teiles der Bevölkerung einen Verlust, denn er hat einen Mangel an Arbeitskräften zur Folge, aber dem gegenüber darf man nicht vergessen, wie tief die Gegensätze zwischen Türken einerseits und Armenier und Griechen anderseits waren. Von harmonischer Zusammenarbeit war keine Rede, dazu kam, daß sich diese Bevölkerungsgruppen nicht als Träger des bestehenden Staates betrachteten. Ich erinnere an das Wirtschaftsprinzip, daß wirtschaftliche Tätigkeit Sicherheit des Landes voraussetzt. Eine Volkswirtschaft kann nur dann gedeihen, wenn ihre Faktoren harmonisch zusammenarbeiten und ihre Ziele, ihre Interessen sich miteinander verbinden lassen. Wenn man auf diesem Standpunkt steht, wird man zugeben müssen, daß die Türkei durch die erwähnte Auswanderung zwar zahlenmäßige Verluste an Menschen erlitt, daß sie aber an Sicherheit und innerer Geschlossenheit viel gewonnen hat.

Juden sind in der Türkei hauptsächlich in Istanbul, Smyrna und in einigen Provinzen Westanatoliens zu finden. Sie befassen sich nie mit Landwirtschaft, sondern ausschließlich mit Handel und Zwischenhandel. Sie spielen insofern für die Landwirtschaft eine Rolle, als sie Kommissionäre der landwirtschaftlichen Produkte und Vermittler der Gebrauchsgüter für die Landwirtschaft sind.

Unter der mohammedanischen Bevölkerung sind die Kurden[1]) als besonderer Menschenschlag an Zahl von Bedeutung. Sie wohnen im Osten und Südosten Anatoliens (über 1 Million Seelen). In der Lebensführung sind sie zum großen Teil Nomaden, das heißt sie ernähren sich durch Viehzucht, nur im geringen Umfange betreiben sie auch Ackerbau, so daß aus diesen Gebieten der an sich mögliche Überschuß an landwirtschaftlichen Produkten für die Türkei verlorengeht. Ihr Nomadentum ist ein Hindernis für die wirtschaftliche Weiterentwicklung. Die allgemein erreichte Entwicklungsstufe schließt aber innerhalb des bestehenden Wirtschaftssystems Nomadentum aus.

Unter dem Osmanenreich waren die Kurden fast völlig unabhängig. Sie zahlten weder Steuern noch wurden sie zum Wehrdienst herangezogen. Trotzdem waren sie von jeher ein unruhiges Element und daher leicht als Werkzeuge für irgendwelche ausländische Interessenpolitik zu gebrauchen. Die Landwirtschaft und das ihr folgende Erwerbsleben konnte sich unter diesen Verhältnissen in dem von ihnen besiedelten Gebiet und selbst noch in dessen Umgebung nicht entwickeln.

Um dieses Gebiet wirtschaftlich erschließen zu können, muß die Türkei die Kurden vor allen Dingen seßhaft machen, eine Politik, die die jetzige Regierung in Angriff genommen hat.

Die übrigen noch zu erwähnenden fremden Elemente in Anatolien sind im Gegensatz zu den Kurden über das Land verstreut und scheinbar türkisiert. Ich hebe jedoch hervor, daß das Gemeinsamkeitsbewußtsein bei diesen zerstreut siedelnden mohammedanischen Fremdstämmigen infolge der ausschließlichen islamischen Politik des Osmanenreiches nur religiös bedingt und zudem äußerst lose ist. Sie unterscheiden sich hinsichtlich ihrer nationalen Einstellung deutlich von den Anatoliern und bewahren eifrig ihr völkisches Sonderbewußtsein. Zu dieser Kategorie gehören:

---

[1]) Die Abstammung der Kurden ist geschichtlich noch nicht vollkommen klargelegt. Auf alle Fälle gehören sie einer anderen Völkerfamilie als die Türken an. Man zählt sie zu der sogenannten arischen Völkerfamilie. In Anatolien sind sie mit den Türken stark vermischt.

1. Die Tscherkessen, die um dem russischen Druck zu entgehen aus dem Kaukasus nach Anatolien kamen und sich dort über verschiedene Gebiete verteilten. Heute trifft man sie allgemein in den Provinzen Ismit (Izmit), Balikessir (Balıkesir) und in der Gegend der Provinz Siwass (Sivas). Die Tscherkessen haben sich auf dem Gebiet der Wirtschaft nicht besonders bewährt. Sie wurden entweder Beamte, Offiziere, wenn sie irgendwie an Einfluß gewannen, oder Wächter, Schmuggler, teilweise Pferdezüchter und Pferdehändler.

2. Die Albanier findet man im westlichen Teil der Türkei überall, aber vollkommen zerstreut und nur vereinzelt. Sie betätigen sich als Offiziere, Leibgarde, Wächter, Gendarme, Tabak-, Waffen- und Sprengstoffschmuggler, als Gärtner und teilweise auch als Hirten.

3. Die Tataren sind im Laufe der Zeit und infolge der Kriege in die Türkei eingewandert; sie wurden besonders in dem Gebiet der Provinz Eskischehir (Eskişehir) angesiedelt. Merkwürdigerweise halten diese Leute unter sich eine enge Gemeinschaft und bilden dadurch eine fast abgeschlossene Gesellschaft. Die Tataren beschäftigen sich hauptsächlich mit Landwirtschaft und sind gute Getreidebauern.

4. Die Lasen (Laz) sind als ein besonderer Volksstamm und am Schwarzen Meer in der Provinz Rise (Rize) anzutreffen. Sie gehören eigentlich zu der kaukasischen Völkergruppe. Früher sind aus ihnen viele Geistliche hervorgegangen, da sie ein starker Fanatismus charakterisiert. Sie sind vorwiegend Seeleute und in zweiter Linie erst Landwirte. Der Überseeverkehr mit kleinen Segelbooten zwischen Rußland und der Türkei liegt in ihren Händen.

5. Georgier sind in der Türkei verschwindend wenig zu finden und allgemein nur im Schwarzen-Meer-Gebiet.

Um das Bild zu vervollständigen, muß ich noch zwei Menschengruppen erwähnen; zuerst die aus Kreta eingewanderten, die unter dem Namen „Kretaner" bekannt sind, und zweitens die von den Inseln des Ägäischen Meeres kommenden „Insulaner" (Adalı). Die volkstümlichen Unterschiede sind auch bei ihnen sehr groß. Sie sprechen vor allem Griechisch und haben den türkischen Charakter fast vollkommen verloren. Sie betätigen sich als Viehhändler, Schlächter, Handwerker und Arbeiter.

Andere Gruppen sind noch die Bosnianer, im Süden, die Fellachen im Adanagebiet und zuletzt die Einwanderer aus Griechenland, deren Zahl aber keine Bedeutung hat.

Der Zahl nach haben diese verschiedenen Gruppen keine Bedeutung und können deshalb nicht als Minderheiten im Sinne der europäischen Auffassung betrachtet werden, weil jede dieser Gruppen, ausgenommen die Kurden, nur aus einigen tausend Menschen bestehen, die dazu noch im allgemeinen nicht in geschlossenen Gebieten, sondern weit verstreut wohnen. Aber ihr Vorhandensein mit ihren streng bewahrten Eigenarten, ihre nicht besonders produktive, abenteuerliche Lebensführung hat vor allem die Landwirtschaft Anatoliens beeinflußt und ihr das bestehende, uneinheitliche Bild gegeben. Diese Unterschiedlichkeiten hängen weniger von der zahlmäßigen Stärke dieser Gruppen als von ihrem Einfluß auf die Umgebung ab, haben doch 85·5% der gesamten Bevölkerung Türkisch als Muttersprache.

Im Verwaltungsapparat des Osmanenreiches saßen zum großen Teil Vertreter vieler Völkergruppen, die natürlich ihre Stammesgenossen vor allem bevorzugt und geschützt haben, und so entstanden die großen Unterschiede und die gegensätzliche Einstellung der Anatolier und dieser Stämme. Da sich dieses Verhältnis naturgemäß umgekehrt hat, geht diese dadurch bedingte Neuorientierung zunächst nicht ohne Reibungen vor sich.

Diese verschiedenen Gruppen, die Kurden ausgenommen, sind später infolge von Kriegen in Anatolien eingewandert. Der Krieg vernichtete ihre Lebensbedingungen in ihrer ehemaligen Heimat, sie mußten auswandern, wurden heimatlos und entwurzelt. Sie konnten ihr Vermögen nicht retten und kamen verarmt nach Anatolien. Sie bedeuteten also keine wirtschaftliche Stärkung des Landes. Außerdem verabsäumte der Staat sie durch eine bewußte Siedlungspolitik für sich zu gewinnen, so daß sie naturgemäß ein unsicheres Element im Lande darstellten. Bei der überwiegenden Bauernbevölkerung hatte diese am meisten unter diesem Zustand zu leiden[1]. Diese Unsicherheit hat auf die landwirtschaftliche Entwicklung sehr destruktiv gewirkt.

---

[1]) Anmerkung: Siehe „Anatolische Ausflüge" von Feldmarschall von der Goltz. Berlin 1896—1897.

Außerdem verloren diese Menschen nicht die Hoffnung, in ihre Heimat zurückzukommen, da sie infolge der islamitischen Politik glaubten, der Kalif werde die verlorengegangenen Länder wieder zurückerobern. Diese Mentalität ließ sie in Anatolien völlig als Fremde leben und sie verwurzelten nicht mit ihrer neuen Heimat. Daher jene gesellschaftliche Getrenntheit dieser Gruppen.

Manchmal werden noch die im Hochland nomadisierenden Türkmenen[1]) („Y ö r ü k") als eigener Volksstamm angesehen. Sie sind aber die gleichen wie die seßhaften Anatolier, sie haben nur ihr Nomadentum beibehalten.

Eine allgemeine Bildung, die diese G e g e n s ä t z e kulturell ausgeglichen hätte, gab es nicht, weshalb diese Gruppen inmitten Anatoliens fremde Sprachen sprachen und fremde Gewohnheiten streng bewahrten. Dieses Fortbestehen eigenen Stammeslebens hat für den Anatolier die tiefsten Wirkungen gehabt. Eine Volkswirtschaft bei kulturell nicht weit entwickelten Nationen, bei werdenden Völkern kann nur dann vorwärts gehen, wenn die Bevölkerung möglichst gleichartig ist und Gemeinsamkeitsbewußtsein vorhanden ist, das die politischen Gegensätze ausgleicht und den Verschmelzungsprozeß fördert.

Die Türkei muß vor allem diese in mancher Hinsicht klaffenden Unterschiede unter und in der Bevölkerung beseitigen und nach einer einheitlichen Kultur streben, um ihrer Wirtschaft die erforderliche Grundlage: Frieden, Sicherheit und gemeinsamen Antrieb zu schaffen.

Die l a n d w i r t s c h a f t l i c h e B e v ö l k e r u n g der Türkei beträgt nach der landwirtschaftlichen Erhebung von 1927 9.145.008 Köpfe und besteht aus 1.751.239 Familien. Die landwirtschaftliche Bevölkerung in der Türkei stellt 67·7% der gesamten Bevölkerung dar. Dieses Verhältnis ändert sich jedoch je nach der Gegend, z. B. an der Küste vom Schwarzen Meer steigt dieser Prozentsatz bis 81·2%, dagegen sinkt er im Gebiete des Marmarameeres und im europäischen Teil der Türkei bis auf 50% herab. Hier wirkt sich

---

[1]) Man nennt heute in Anatolien diejenigen Türkmenen, die ihr Nomadentum im Gegensatze zu ihren Stammesgenossen beibehalten haben, „Yörük".

jedoch die Einwohnerzahl der Stadt Istanbul aus, während im Gebiete des Schwarzen Meeres durch die Anzahl der Haselnußgärtner dieser hohe Prozentsatz zu verstehen ist. In manchen Gebieten sinkt diese Zahl sogar unter 50%, z. B. in Smyrna (Izmir) 45·1%, in Merssina (Mersin) 34·1%, Urfa 45·9%. Es ist hier noch zu bemerken, daß der übrige Teil der Bevölkerung, der sich mit anderen Erwerbszweigen befaßt, zum Teil zugleich nebenberuflich Landwirtschaft treibt, denn die Türkei steht noch zum großen Teil auf der Stufe der Naturalwirtschaft, so daß man sagen kann, daß rund 80% der gesamten Bevölkerung mehr oder weniger eng mit der Landwirtschaft verbunden sind.

Da die Türkei durch die neuen Anregungen und Lebensbedingungen in einer starken Aufwärtsentwicklung begriffen ist, sind Schwankungen im Verhältnis der Agrarbevölkerung zu anderen Bevölkerungsschichten zu erwarten. Jedenfalls stellt die Türkei vorläufig und noch für unabsehbare Zeit auch aus diesem Grunde mit ihrer überwiegend landwirtschaftlichen Bevölkerung ein ausgesprochenes Agrarland dar. Die Interessengegensätze zwischen der landwirtschaftlichen Bevölkerung und anderen Teilen der Bevölkerung sind nicht vorhanden, denn die gesamte Volkswirtschaft basiert auf der Landwirtschaft und die Entwicklung der Volkswirtschaft setzt das Gedeihen der Landwirtschaft voraus.

Auf jede Agrarfamilie entfallen durchschnittlich fünf Menschen. Da die landwirtschaftlichen Betriebe in der Türkei allgemein Familienbetriebe sind, kann man die Familienzahl ungefähr als Betriebszahl betrachten.

Hinsichtlich der Besitzverhältnisse überwiegt das kleine Besitztum, so daß die Türkei ein typisches Bauernland darstellt. Die Betriebe sind allgemein Parzellenbetriebe mit 1 bis 2·5 ha und Kleinbauernbetriebe von 15 bis 20 ha. Das private Großeigentum ist beschränkt, dagegen tritt der Staat als hauptsächlichster Großgrundbesitzer auf, besonders nach der Verstaatlichung der Wakifgüter (Stiftungen). Um nicht auf unkontrollierbare Schätzungen einzugehen, habe ich vermieden in dieser Beziehung Zahlen anzugeben, da eine Betriebszählung nicht besteht.

Im Jahre 1927 schwankte die durchschnittlich von jeder Familie angebaute Fläche von 1 bis 5 ha.

Über die Bevölkerungsbewegung kann ich leider nicht ziffermäßige Daten angeben und den heutigen Zustand mit der Vergangenheit vergleichen, denn es fehlen mir alle statistischen Quellen aus der Zeit des Osmanenreiches. Es steht jedoch fest, daß die Bevölkerung Anatoliens im Laufe der Zeit nicht zugenommen hat, im Gegenteil zurückgegangen ist. Ich weiß aus eigenen Beobachtungen, daß in Anatolien aus jeder Ehe mindestens fünf Kinder hervorgehen, die Geburtenzahl beträgt pro Familie durchschnittlich sechs bis acht, aber die Kindersterblichkeit war so groß, daß jeder Familie von den Geborenen nur zirka zwei Kinder blieben. Bekannt ist, daß man mindestens drei Kinder pro Familie rechnen muß, soll sich der Bevölkerungsstand auf gleicher Höhe halten. Der Rückgang und die Nichtzunahme der Bevölkerung in der Türkei ist auf folgende Ursachen zurückzuführen:

1. Die aufeinanderfolgenden Kriege und die dauernden Aufstände sind die Hauptursachen dieser Bevölkerungsverminderung gewesen. Für die Söhne Anatoliens begann mit 19 Jahren der Militärdienst und dauerte je nach Umständen 10 bis 12 Jahre ununterbrochen. Weiterhin hatte sich der Anatolier von seinem 30. bis 46. Lebensjahr immer bereit zu halten, um im Falle der Not wieder einzurücken. In der letzten Zeit hat die Türkei fast ununterbrochen 30 Jahre lang Kriege geführt. Ich weiß persönlich, daß ich während des Weltkrieges unter meinen Mannschaften Soldaten gehabt habe, die zehn Jahre lang beim Militär gewesen sind und während dieses Jahrzehnts nicht ein einziges Mal ihre Familie gesehen haben. Die Kriege wirkten hinsichtlich der Bevölkerungsfrage dreifach furchtbar:

a) Diese Leute konnten während dieser Zeit keine Kinder erzeugen und die Unverheirateten überhaupt keine Familie gründen.
b) Während der verschiedenen Schlachten wurden sie schonungslos geopfert und gingen auf diese Weise dem Lande verloren.
c) Die Zurückgekehrten waren infolge der Strapazen und Miseren des Krieges zum großen Teil kränklich und gebrochen.

2. Die Krankheiten wirkten auf die Bevölkerung verheerend. Wiederholt ist infolge des Krieges eine Epidemie

ausgebrochen, z. B. Cholera, Typhus, Pest usw. Außer diesen Krankheiten siechten die Menschen in Anatolien an Malaria und Tuberkulose dahin, verschlimmert durch das Fehlen von jeglicher Krankenbehandlung und Heilmitteln. Nach den letzten Untersuchungen des Hygieneministeriums sind im Gegensatz zur allgemeinen Ansicht die Geschlechtskrankheiten nicht im wesentlichen Umfange verbreitet, sondern nur in eng begrenzten Bezirken anzutreffen: soweit sie festzustellen sind, sind sie wie überall unmittelbare Folgen der Kriege. Infolge der schlechten hygienischen Zustände waren die Auswirkungen in die Augen springend, obwohl die Zahl der Kranken nicht zu groß war. Im Gegenteil die allgemeinen religiösen Anschauungen verhinderten eine weite Verbreitung.

Unter diesen Umständen stieg die Sterblichkeit unglaublich an, so ging die Bevölkerung immer mehr zurück, und zwar vor allem in den ländlichen Bezirken. Seit dem letzten Kriege haben sich die Verhältnisse in dieser Hinsicht zum Teil gebessert. Durch den Frieden und die damit bedingte Ruhe hat schon eine Zunahme der Bevölkerung begonnen. Nach den Feststellungen des Wohlfahrts- und Hygieneministeriums ist die Geburtenzahl größer als die der Sterbefälle. Der Geburtenüberschuß gegenüber den Sterbefällen betrug im Jahre 1925 in der ganzen Türkei 45.000.

Ich bin davon überzeugt, daß, wenn die Türkei in keinen neuen Krieg verwickelt wird und die Gesundheitsmaßnahmen wirksam getroffen und durchgeführt werden, zuletzt die wirtschaftliche Lage verbessert wird, die Bevölkerung der Türkei sehr schnell zunehmen wird.

Es ist klar, daß die Türkei keinen Überschuß ihrer Bevölkerung nach dem Ausland abgeben kann, da sie selbst Siedlungsland hat. Wenn wir von dem in der letzten Zeit stattgefundenen Austausch mit Griechenland absehen, so können wir in der Türkei auch nicht von einer Auswanderung sprechen. Dagegen sind in der Vergangenheit und jüngsten Zeit Einwanderungen aus dem Kaukasus und den Balkanländern festzustellen. Auch für diese Einwanderer trifft zu, was über die Bevölkerungsbewegung bei der Besprechung der einzelnen Volksstämme gesagt wurde.

In der letzten Zeit hat die Regierung die Tendenz, aus dem Kaukasus und den Balkanländern Mohammedaner in Anatolien einwandern zu lassen, um die Bevölkerung zu vermehren. Ich betrachte ein solches Unternehmen als unwirtschaftlich und undurchführbar. Die neue Türkei hat noch lange nicht auf allen Gebieten ihre Organisation vervollkommnet. Diese steht überall in den Anfängen. Ferner fehlt ihr jede Technik, Organisation und Geld zur Ansiedlung von Masseneinwanderern. Wenn man besonders berücksichtigt, daß die einwandernden Elemente kulturell und wirtschaftlich nicht von hervorragender Bedeutung sind, so ist es klar, daß dieses Unternehmen der türkischen Volkswirtschaft mehr schaden als nützen wird. Solch ein Standpunkt würde nur vom bevölkerungspolitischen Gesichtspunkt aus vertretbar sein, kaum aber vom volkswirtschaftlichen und kulturellen, da die schon mehrfach angeführten Verhältnisse sich wieder erneuern würden.

Für die Türkei kämen rein wirtschaftlich betrachtet nur solche Menschen als Einwanderer in Frage, welche technisch und wirtschaftlich hochstehend sind und auch diese nicht in Massen. Zurzeit muß die Türkei statt von außen eine Anzahl von Menschen in Elend und Armut zu ziehen, die Lage ihrer Bevölkerung verbessern und ihre Lebensfähigkeit und Vermehrungsfähigkeit heben, das heißt einen langsamen Aufbau von innen heraus anstreben, der die Gleichmäßigkeit der Bevölkerung in der Zukunft sicherstellt.

Eine Zuwanderung vom Land in die Stadt ist in der Türkei noch nicht festzustellen. Obwohl jede Beobachtung und ziffermäßige Angabe in dieser Hinsicht fehlen, kann man sagen, daß von einer Landflucht keine Rede sein kann. Wenn schon manche Städte an Zahl zunehmen, bedeutet dies auf keinen Fall Landflucht, denn hierfür können keine wirtschaftlichen Gründe gefunden werden. Das Leben ist auf dem Lande jetzt entschieden leichter als in den Städten und eine sprunghafte industrielle Entwicklung nicht zu erwarten. Es ist vor allen Dingen für die Zukunft sogar mit einer Zunahme der ländlichen Bevölkerung zu rechnen. Sobald eine Besserung in den Bedingungen der Landwirtschaft eintritt, werden die Erwerbstätigen in diesem Wirtschaftszweige zunehmen. Ferner basiert der Geburtenzuwachs vor allem auf der ländlichen Bevölkerung. Jedenfalls wird später ein Ausgleich zwischen ländlicher und städtischer Bevölkerung mit der Entwicklung der Arbeitsteilung eintreten.

Der Anatolier ist im Grunde ein gutmütiger, opferwilliger C h a r a k t e r. Er besitzt eine große Widerstandskraft gegen die Strapazen des Lebens. Er ist nicht nur seiner Entwicklungsstufe gemäß, sondern von Natur aus und auf Grund der Religion genügsam. Kurz und gut die irrationale, gefühlsmäßige Seite ist im Anatolier stärker betont als die rationale, ein Grund für die Entwicklung des bisherigen wirtschaftlichen Denkens und der Einstellung zu wirtschaftlichen Dingen.

Trotz aller Katastrophen und Schicksalsschlägen hat er seine Lebenskraft und körperlichen Anlagen nicht verloren; nur ist er unterernährt, verarmt und verelendet. Sobald er unter günstigeren Verhältnissen steht, werden sich seine Kräfte entfalten.

Es ergibt sich aus dem Gesagten, daß die Bevölkerungsverhältnisse in der Türkei sehr ungünstig sind. Auf großer Bodenfläche sehen wir eine ganz geringe Bevölkerungsdichte. Diese Tatsache hängt eindeutig zum großen Teil mit der wirtschaftlichen Rückständigkeit der Türkei zusammen.

Aus diesen Gründen stehen noch verschiedene Gebiete auf der n a t u r a l w i r t s c h a f t l i c h e n E n t w i c k l u n g s s t u f e und diese Wirtschaften sind nur auf die eigene Bedarfsdeckung eingestellt. Nur die Küstenstrecken und der westliche Teil der Türkei weist eine typische Erwerbswirtschaft auf. Den Verhältnissen entsprechend ist der Gesichtskreis des Menschen eng, die Bedürfnisse sind beschränkt, die Kaufkraft der Bevölkerung gering. Man darf sich nicht einbilden, daß eine Intensivierung der Landwirtschaft in diesen Gebieten sofort durchführbar und von Nutzen sein könnte. Die Türkei muß zum großen Teil ihre Agrarerzeugnisse im eigenen Lande verwenden. Ihre Landwirtschaft muß bei vielen Produkten auf den einheimischen Abnehmer rechnen. Der Bevölkerungszuwachs wird eine Konsumsteigerung mit sich bringen. Diese wiederum eine Produktionsmöglichkeit. Einseitige technische Bestrebungen sind, solange diese Verhältnisse bestehen, eine Kraft-, Zeit- und Mittelverschwendung.

Die Türkei bedarf einer straffen B e v ö l k e r u n g s p o l i t i k, die das Ziel haben muß, eine gesunde und kräftige Bauernschicht zu schaffen. Die Gesundheit und Kraft dieser Schicht wird der Türkei eine unversiegbare Quelle für die

Bevölkerungszunahme sein und ihre Wohlhabenheit und ihr kulturelles Niveau die Gewähr gegen jede soziale Zersetzung und Dekadenz bedeuten. Die Zukunft der Türkei kann nur auf einem solchen starken Bauerntum fundiert werden. Dazu benötigt sie eine Politik der planmäßigen Verbesserung der gesundheitlichen Lage und einer Befreiung des Bauern von den schweren Lasten in ausreichendem Umfang. Dann werden Freude am Leben und überhaupt Möglichkeiten zum Leben geschaffen. Dies alles setzt einen absoluten Frieden und Ruhe im Lande voraus. Das ist eine zielbewußte und starke Bevölkerungspolitik, die die Qualität nicht zugunsten der Quantität vernachlässigt.

Sowohl die zahlenmäßige als auch die allgemeine kulturelle Betrachtung zeigt auch in diesem Zusammenhang, daß für die Türkei in der Gegenwart Volkswirtschaft Landwirtschaft ist.

b) Stand der Bildung.

Wirtschaft und kultureller Fortschritt stehen in Wechselbeziehung zueinander, bedingen einander und eines ist des anderen Wegbereiter. Der Hebel, der dieses System weiterentwickelt, ist die Bildung. Wie sie einerseits Träger der Kultur ist, ist sie auf der anderen Seite Vorbedingung für eine Weiterentwicklung der Wirtschaft. Wenn hier im folgenden fast ausschließlich von der Bildung des landwirtschaftlichen Nachwuchses gesprochen werden wird, so ist dies keine Verengung des anfangs herausgestellten Prinzips, ich erinnere an die statistische Feststellung, daß 81 % der Berufstätigen Landwirte sind.

Es ist hier im Rahmen dieser Betrachtung nicht die Frage nach der spezifischen Organisation der landwirtschaftlichen Bildung aufzuwerfen, sondern nach der Sinnerfülltheit und der Wirkung der notwendigen organisatorischen Maßnahmen schlechthin. Anders ausgedrückt, welche Qualität an Menschen die Bildungsmaßnahme der Wirtschaft zur Verfügung zu stellen vermag.

Ausgangspunkt muß die Feststellung des allgemeinen Bildungsniveaus sein, da es der Untergrund ist, auf dem sich eine spezifisch berufliche Weiterbildung erst aufbauen kann. Die Problemstellung ist: Grundlagen und

Notwendigkeiten sowohl der allgemeinen als auch der beruflichen Bildung nachzuweisen und ihren unmittelbaren Zusammenhang mit den wirtschaftlichen Tendenzen herauszuschälen.

Der Mensch lernt gewiß nicht alles in der Schule. Erst die tätige Beschäftigung lehrt ihn die notwendigen Einzelheiten. Schulen heißt vor allem in der Landwirtschaft dem Menschen die Möglichkeit zu geben, ihn zu erziehen, planend und vergleichend die im einzelnen Falle gegebenen Mittel zu erkennen und anwenden zu können. Solche Schule darf nicht Selbstzweck, sondern muß Mittel zum Zweck sein. Sie ist die Vorbereitung für die Bildungsmöglichkeiten des praktischen Lebens.

Hiermit ist schon der Begriff der Schule eingeführt. In diesem Zusammenhang ist die Schule das organisatorische Machtmittel des Staates, das er bewußt für seine Aufgabe als Kulturförderer einsetzen muß.

Die Erziehung baut sich auf den zwei Faktoren, Anregung und Lehren auf. Für die Landwirtschaft ist der erste vielleicht noch wichtiger als der zweite. Als Verwirklichung sind sie eine richtig geleitete praktische und eine berufliche Bildung. Diese Ausführung will den Gegensatz zu der alten Schule der früheren Türkei betonen, die infolge der unten zu erörternden Tatsachen jede Bindung mit dem praktischen Leben verloren hatte. Dadurch wurde sie zum reinen Selbstzweck. Ihre Besucher erhielten durch diese Schulen nicht die Ausbildung, die sie befähigt hätte, sich mit Hilfe der auf der Schule erworbenen Kenntnisse in das Wirtschaftsleben einzureihen. Besonders für die Landwirtschaft kann eine wertvolle Schulung nur dadurch erreicht werden, wenn die theoretische Ausbildung mit der Praxis parallel läuft.

Das Osmanenreich und seine politische Zielsetzung hatte die Religion zum Postulat jeglicher Bildung erklärt, das heißt alle Interessen, die über das nächstliegendste Alltägliche hinausgingen, waren auf das Jenseits abgestellt und hatten keinen Zusammenhang mit dem tatsächlichen Leben. Der Gesichtskreis des anatolischen Bauern war eng begrenzt und eintönig. Die Wirtschaft, im wesentlichen auf den Eigenbedarf abgestellt, hatte keinerlei Verkehr entwickelt und so kam der Mensch nur immer mit derselben Umgebung, mit denselben Menschen unter denselben Voraussetzungen zusammen. Abgesehen davon, daß die Natur selbst verkehrsfeindlich war, wurden die gleichen Erfahrungen von Generation zu Generation weitergegeben. Das Bildungsstreben mußte verkümmern. Natürliche Bedingungen und religiöse Anschauung mußten einengend wirken und keine politisch weitsichtigen Maßnahmen durchbrachen diesen engen Kreis. Die dadurch aufrecht erhaltene Unwissenheit, Abgeschlossenheit und der mangelnde Verkehr verhinderten, daß sich aus der Bevölkerung heraus Tendenzen zur Weiterbildung bemerkbar machten.

Die Abgeschlossenheit des Landes verhinderte den lebendigen Austausch mit der Außenwelt. Der Anatolier selbst reiste nicht, er starb an derselben Stelle, an der er geboren war. Daß aber ein Sehnen, eine Bereitwilligkeit zur Anerkennung fremder Werte auch in der Landbevölkerung schlummerte, zeigt, daß die zurückgekehrten Soldaten, die doch da draußen gewesen waren, für die Dorfbewohner einen besonderen Wert darstellten. Daß sich auf dieser Grundlage auch das praktische Leben nicht entwickeln konnte, liegt auf der Hand. Die praktischen Kenntnisse bezogen sich nur auf die nächste Umgebung. Bewiesen wird diese Behauptung durch die Beobachtung in der heutigen Türkei, daß adäquat der Entwicklung des Verkehrs die Bildung sich stufenmäßig und wellenartig über das Land verteilt, das heißt mit anderen Worten, daß das Vorhandene innerhalb seines Kreises eine Vollendung erreicht hatte, daß aber darüber hinaus ein Fortschritt zum neuen nicht eintreten konnte.

In der Vergangenheit lag dem Anatolier die militärische Ausbildung am nächsten. Lesen und Schreiben war das Privileg einer bestimmten Schicht. Im Laufe der Entwicklung erreichte zwar die Bildung eine gewisse Blüte. Überall entstanden Schulen und die Medresses[1]) (Universitäten). Diese Organisation der Bildung drang bis in die Dörfer vor, doch war sie im wesentlichen auf die Religion aufgebaut und brachte Werke von dauerndem Werte hervor. Die Reste dieser Bildungsorganisationen haben in ihrer alten Form bis zu den heutigen Reformen bestanden. Mit dem Niedergang des

---

[1]) Medresse sind scholastische Hochschulen gewesen.

Osmanenreiches verfiel auch diese Institution und blieb immer mehr hinter dem Fortschritt zurück.

In der zweiten Hälfte des vergangenen Jahrhunderts besaß zwar die Türkei überall Gemeindeschulen, die eine allgemeine Grundbildung verankern sollten. Aber ihr Unterrichtsziel war allein elementare religiöse Bildung. Es wurde das Lesen im Koran (lies: auswendig lernen), die Verrichtung der Gebete und das Ritual gelehrt. Wenn auch der Besuch dieser Schulen groß war, so konnte doch nicht mit Hilfe des arabischen Korans und der ganz einseitigen Betonung der Religion auch nur eine ganz primitive Allgemeinbildung erreicht werden, die doch für das eigentliche Wirtschaftsleben und die Berufsbildung das praktische Fundament ist; die Landwirtschaft z. B. basiert heute mehr denn je auf den Naturwissenschaften und der Betriebswissenschaft.

Die Notwendigkeit der Systemänderung war auch schon vom alten Staate erkannt worden und er hat während des letzten Jahrhunderts es auch nicht an Reformversuchen fehlen lassen. Diesen standen aber große Schwierigkeiten entgegen. Der Widerstand der religiös orientierten Kreise gegen Volksschulen, die weltliches Wissen verbreiteten, war groß. Die Bemühungen des Osmanenstaates, hier einen Ausgleich anzubahnen, scheiterten zum größten Teil, denn die damalige Zeit war für durchgreifende Reformen noch nicht reif. Wenn man auch die Durchführung dieses Gedankens von der Hauptstadt aus versuchte, scheiterte eine allgemeine Ausbreitung an den Finanznöten des Staates. Die Jungtürken hatten zwar den obligatorischen Schulunterricht eingeführt, doch stand dieses Gesetz so ziemlich auf dem Papier. Die alten Schulen blieben bestehen und man war gezwungen allerhand Kompromisse zu schließen.

Dies ist der Grund, daß der prozentuale Anteil der Analphabeten an der Gesamtbevölkerung in der Türkei auch heute noch erschreckend groß ist. Erst die heranwachsende Generation wird darin manches schaffen. Dazu kommt noch, daß die Bildung der Frauen gemäß der herrschenden religiösen Anschauungen vollkommen vernachlässigt wurde. Diese Entwicklung prägt sich in der Landbevölkerung am konsequentesten aus. Unsere Bauern sind schlechtweg Analphabeten.

Nach der im Jahre 1927 durchgeführten Zählung können 1.111.496 Menschen lesen und schreiben, während man 12.517.992 Analphabeten zählte, das sind 91·86% der gesamten Bevölkerung. Auf die verschiedene Verteilung der Analphabeten hat, wie schon gesagt, der Verkehr Einfluß, ihre Zahl wächst vom Westen nach dem Osten. Dazu einige Beispiele:

Tabelle 6.
Alphabeten und Analphabeten.

Provinz	Alphabeten	Analphabeten	%
Istanbul	313.200	481.244	60·3
Smyrna (Westanatolien)	91.206	434.799	82·6
Mardin (S.-O. Anatolien)	3.906	176.550	97·8
Wan (Van) (Pers. Grenze)	985	74.344	98·5

Innerhalb der letzten vier Jahre haben sich die Analphabeten infolge der weiter unten angeführten Maßnahmen schätzungsweise um 5% verringert. Daß diese Zahlen ein Hindernis für eine überschnelle Wirtschaftsentwicklung sind, ist wohl einzusehen.

Man kann in den weitesten Volksschichten auch unter den Bauern ein allgemeines Bildungsstreben feststellen. Das ganze Land verlangt nach Schulen und Lehrkräften. Aber die vorhandenen Mittel reichen noch nicht aus. Dieses Bildungsstreben des Anatoliers findet seine psychologische Erklärung darin, daß er zum Schriftkundigen aufblickt und für seinen Sohn diese Würde erstrebt. Die vorhandenen Schulen sind überfüllt.

In der Nachkriegszeit war das Bildungsproblem eine der ernstesten Aufgaben der Regierung. Diese Erkenntnis ließ die Regierung dieses Problem in den Vordergrund rücken und führte zu einer ganz bewußten und zielstrebigen Bildungspolitik. In diesem Zusammenhang führte man die lateinischen Buchstaben ein, die schreiben und lesen lernen wesentlich erleichtern. Um den Weg zu moderner, wirtschaftlicher Auffassung freizugeben, wurde der Einfluß der Religion zurückgedrängt. Der Form und dem Inhalte nach wurde das Unterrichtswesen vereinheitlicht und die Koedukation teilweise eingeführt. Planmäßig wurden neue Schulen errichtet und die Ausbildung der Lehrkräfte in die Hand genommen. Die Stufenfolge der einzelnen Schularten ist streng aufeinander aufgebaut. Nebenbei wurden überall Kurse für Erwachsene eingerichtet. Durch mittelbare Maßnahmen versucht man bei allen bis zu 40 Jahren den Gebrauch der Schrift durchzusetzen. Eine weiter wichtige Umwälzung war, daß man den Wertfaktor der geschulten Frau erkannte und sie als selbständiges Element in den Wirtschaftsprozeß einzureihen begann.

In der letzten Zeit hat die Regierung sich besonders des Grundunterrichtes in den Schulen angenommen und einheitliche Lehrpläne ausgearbeitet.

Ein Bild der Entwicklung des Schulwesens in der modernen Türkei geben folgende Zahlen:

Tabelle 7.
Schulen und Lehrkräfte.

	1923 24	1924/25	1925/26	1926/27	1927/28
Volksschulen .	4.870	5.697	5.746	5.891	6.113
Lehrkräfte m.	8.754	8.889	9.145	10.412	9.981
Lehrkräfte w. .	903	2.287	2.613	2.716	3 248
Knaben . . .	261.870	278.909	300.468	346.529	308.532
Mädchen . .	61.171	72.689	73.616	75.492	122.647
Mittelschulen .	91	80	86	70	81
Lyceen . . .	12	8	6	19	14

Der Rückgang von Lehrern und Schülern von 1927 auf 1928 ist wahrscheinlich dadurch zu erklären, daß in diesem Jahre eine Organisationsumstellung erfolgte. Die Schwankungen bei den Mittelschulen sind auf dieselben Ursachen zurückzuführen, die weiter unten bei den landwirtschaftlichen Mittelschulen besprochen werden sollen. In den Mittelschulen unterrichteten 1928 116 Lehrer und 144 Lehrerinnen mit zusammen 2996 Schülern. Außerdem bestanden in demselben Jahre außer den aufgeführten staatlichen Mittelschulen 27 Berufsschulen. Dazu kommen noch mehrere Privat- und ausländische Schulen (unter anderem französische, amerikanische).

Eine eingehende Betrachtung des Hochschulwesens erübrigt sich, da es aus dem Rahmen dieser Abhandlung herausfällt. Es kann sich hier nur darum handeln, das Fundament der beruflichen Bildung darzustellen. Von grundlegendster Bedeutung für die wirtschaftliche Weiterentwicklung der Türkei sind in erster Linie die Grundschulen. Viel Arbeit ist auf diesem Gebiet geleistet worden und noch viel ist zu leisten, aber die Arbeit schreitet immer weiter voran, so daß man mit Grund annehmen kann, daß in verhältnismäßig kurzer Zeit die übergroße Zahl der Analphabeten herabgedrückt sein wird (siehe auch Bevölkerungsbewegung).

In bezug auf die Landwirtschaft ist die Bildungsstufe der Landbevölkerung, ist das Bildungsniveau insofern ausschlaggebend, als ein Mindestmaß von Allgemeinbildung für einen gewissen Intensitätsgrad unbedingte Voraussetzung ist. Dies ist der Grund, wenn ich immer wieder betone, daß ohne diesen Untergrund eine plötzliche Intensivierung der türkischen Landwirtschaft ein Aufbau ohne Fundament ist, denn die einfachsten technischen und betriebswirtschaftlichen Voraussetzungen können ohne sie nicht erfüllt werden.

Wenn nun die Berufsbildung des Landwirtes im besonderen behandelt werden wird, so ist dies aus den schon mehrfach erwähnten Gründen keine Abweichung von der grundlegenden Betrachtungsweise dieser Untersuchung.

Die Zusammenhänge zwischen Grundschulung und Intensivierung der Landwirtschaft wurden schon erwähnt. Eine Beeinflussung des Betriebsgebahrens der landwirtschaftlichen Unternehmungen ist bei Analphabeten natürlich eine ganz andere: Aufklärung durch Wort und Bild, aber vor allem praktische Demonstration und überzeugendes Beispiel.

Die Berufsausbildung des Bauern in der Türkei ist bis jetzt rein traditionell gebunden. Der junge Landwirt wächst im väterlichen Betrieb auf und nimmt von Jugend an an allen Arbeiten teil. Die Vervollkommnung und Abrundung seiner Ausbildung geschieht lediglich durch Sehen, Hören und Mitmachen. Mit ungefähr 20 Jahren übernimmt der junge Bauer den technischen Betrieb fast vollkommen. Die ältere Generation ist dann ausschließlich der Organisator. Innerhalb der Dorfgemeinschaft spielen besonders hervorragende Landwirte eine gehobene Rolle, sie sind die Kritiker, das Vorbild, bei ihnen holt man sich Rat. Nie aber wird die junge Generation in einem anderen als dem väterlichen Betrieb ausgebildet. Dieses und der beschränkte Verkehr bringen es mit sich, daß eine Anregung über den in der Gemeinde erreichten Betriebszustand hinaus nicht erfolgt. Dieses engste Verwurzeltsein mit der heimatlichen Scholle bringt es mit sich, daß innerhalb des gegebenen Rahmens der anatolische Bauer der beste Kenner der natürlichen Gegebenheiten und in dieser Beziehung der beste Fachmann ist. Das Vorhandene lehrt er, das Mögliche tut er.

Die erste befruchtende Auflockerung dieses enggebundenen Daseins brachten die schweren Ereignisse der letzten zwei Jahrzehnte mit sich. Der Weltkrieg mit seinen Massenverschiebungen, der türkisch-griechische Krieg, die Erschütterungen durch die Reformen durchbrachen den Lebensbezirk des anatolischen Bauern und erweiterten seinen Gesichtskreis. So konnte ich persönlich an Ort und Stelle die Wirkungen der Anregungen, die Verschiedenheit der Auffassung, das fortgeschrittene, technische Verständnis feststellen, das die Soldaten mit nach Hause gebracht hatten, deren Divisionen an den entferntesten Kriegsschauplätzen (z. B. Galizien, Ukraine usw.) gekämpft hatten.

Solche unmittelbaren Einwirkungen, die Notwendigkeit neu gestellte Aufgaben lösen zu müssen, am Beispiel zu lernen und nachahmen ist der schnellste Weg, um ein Volk von Analphabeten weiter zu entwickeln. Wort und Schrift sind Abstrakta und die Bindung zum eigenen Tun setzt schon eine gewisse Schulung voraus. Die Naturgebundenheit der Landwirtschaft bedingt ihre Objektivität und Sachlichkeit. Abstrakte Begriffe spielen in ihr eine verhältnismäßig geringe Rolle. In ihr wird die Praxis immer ausschlaggebend bleiben und eine landwirtschaftliche Schule darf nie die enge Bindung mit dem Boden verlieren, dem sie dienen soll. Schule um der Schule willen ist hier noch mehr ein Unding als auf anderen Gebieten.

Während der letzten Jahrzehnte des vergangenen Jahrhunderts interessierte sich der Osmanenstaat zum ersten Male für landwirtschaftlichen Unterricht. Es wurde ein Plan zur Errichtung von landwirtschaftlichen Schulen aufgestellt. In Brussa (Bursa) wurde 1891 die erste landwirtschaftliche Mittelschule gegründet. Ihr folgte die landwirtschaftliche

Hochschule zu Halkali (Istanbul 1892). Zwanzig Jahre später wurde die landwirtschaftliche Mittelschule in Ankara und eine dritte in Adana gegründet. Später versuchte man noch weitere, niedere landwirtschaftliche Schulen zu errichten.

Das landwirtschaftliche Schulwesen war in der Türkei ein Versuchsfeld, Planlosigkeit und verfehlte Spekulationen hatten viel gekostet und wenig erreicht. Änderungen, sich aufhebende Verfügungen stellten von vornherein den praktischen Erfolg in Frage. Schulen wurden errichtet, geschlossen, umgewandelt u. ä. m. Diese von den einzelnen Führern bestimmte Entwicklung war von den blendenden Beispielen und Spitzenleistungen wirtschaftlich hoch entwickelter Staaten beeinflußt worden, Leistungen, die auf einer ganz anderen Grundlage gewachsen waren als sie die Türkei bieten konnte.

Dieser zwar erklärliche aber doch falsche Gesichtspunkt beherrschte zunächst auch noch die Maßnahmen der Republik. So wurden auf einmal elf Mittelschulen gegründet, unabhängig von der Entwicklungsstufe der sie umgebenden Landschaft. Form und Organisation wurden zum Teil umgeändert, von Ländern mit entwickelter Landwirtschaft übernommen und man versuchte das einmal beschlossene Programm ohne Rücksicht auf die vorhandenen Verhältnisse durchzuführen. Mangelnde Lehrkräfte, finanzielle Schwierigkeiten und schematisch übernommenes Anschauungsmaterial ließen den Plan scheitern. Trotz der Gutachten und Berichte einheimischer und ausländischer Sachverständiger war die Wirkung bis zu den letzten Reformbestrebungen gering.

Die Anregung, die die Kenntnis wirtschaftlich entwickelter Staaten gab, wirkte sich dahin aus, daß man von oben nach unten zu reformieren trachtete. Deshalb fanden Hoch- und Mittelschulen zunächst Interesse, und so wurde eine Schule um der Schule willen geschaffen; da das Fundament der Allgemeinbildung nicht fähig war, einen solchen Oberbau zu tragen, mußte die Zielsetzung dieser Schulen verfehlt sein. Man wollte in diesen Schulen zugleich praktische Landwirte und landwirtschaftliche Beamte ausbilden, ein Ziel, das sich unter diesen Voraussetzungen nicht vereinen läßt, besonders wenn man sich den Unterschied zwischen dem freien, selbständigen Beruf eines Bauern und eines Bürokraten vor Augen hält. So schob sich unmerklich Beamtenerziehung in den Vordergrund. Verstärkt wurde diese Richtung dadurch, daß sich die Schülerschaft zum geringsten Teil aus Bauernsöhnen rekrutierte. Die Bauernjugend hatte einfach nicht die Voraussetzungen für diese Schulen und konnte somit nicht das Ziel der Schule erreichen. Der Lehrplan entsprach ungefähr dem der deutschen höheren Landwirtschaftslehranstalten. Die Schüler waren zum größten Teil Beamtensöhne, die sich hier ausbilden konnten, da der Schulbesuch frei war.

Da für diese nach der Absolvierung der Schule keine Möglichkeit bestand, sich beruflich in der Landwirtschaft zu betätigen, mußten sie die Ausbildung nicht als Berufsausbildung, sondern als Ausbildung schlechthin betrachten. Auch der Bauer, der seinen Sohn auf diese Schule schickte, sah darin nicht die Vorbereitung zu seinem Berufe. Der Beamte war auch für ihn das Ziel seiner Wünsche, der Beamte war ja eine höhere Kaste, und dieses Ziel sollte sein Sohn erreichen. Merkte er aber, daß sein Sohn wieder in den Betrieb zurückkehren sollte, so hielt er den ganzen Schulbetrieb für zwecklos. Weder die Schule selbst noch die Schüler brachten die Voraussetzung mit sich, ein freies gebildetes Bauerntum zu entwickeln.

Der Lehrplan der Schulen war so aufgebaut, daß keinerlei praktische Vorkenntnisse vorausgesetzt wurden. Der Unterricht war dementsprechend einen halben Tag Theorie, einen halben Tag Praxis. Der Erfolg war, daß die Beamtensöhne nicht zu Praktikern herangebildet wurden. Der Lehrplan war stark mit vielerlei theoretischen Vorlesungen belastet, für die die Voraussetzungen fehlten. So war die ganze Ausbildung vorwiegend theoretisch. Es kamen aus diesen Schulen weniger kräftige, lebensnahe Landwirte als vielwissende, nach einem bestimmten Ideal strebende landwirtschaftliche Virtuosen. Sie besaßen zwar ein großes Wissen, konnten es aber nicht praktisch verwerten. Wenn auch sehr wenige praktische Landwirte aus diesen Schulen hervorgegangen sind, so haben sie doch ihren Teil an der Hebung der allgemeinen Bildung beigetragen.

Dieselben Betrachtungen treffen auch für das landwirtschaftliche Hochschulwesen zu. Auch lehnte es sich zu stark an ausländische Vorbilder an und übernahm den

Lehrstoff ausländischer Universitäten ohne das Fremde mit Beispielen aus dem eigenen Lande zu ergänzen und die Theorie im Sinne der gegebenen Voraussetzungen des Vaterlandes abzuwandeln. Ausgangspunkt war auch hier das Ideal einer plötzlichen, nicht stufenweisen Intensivierung der türkischen Landwirtschaft. Mit dem Eindringen der jungen Lehrkräfte beginnt sich auch hier eine neue Entwicklung anzubahnen.

Ganz von dem Ideal einer technisierten Landwirtschaft beherrscht, kamen die an den Mittel- und Hochschulen ausgebildeten Landwirtschaftslehrer in die Praxis, voll des guten Willens, ihre Ideale zu verwirklichen. Aber sie fanden nicht den Kompromiß mit den natürlichen Gegebenheiten. Bauer und Landwirtschaftslehrer lebten in zwei verschiedenen Welten, der eine verstand den anderen nicht. Der junge begeisterte Lehrer zog auch manchmal Schlüsse aus den bestehenden Bedingungen, die der bodenständige Landwirt auf Grund seiner Erfahrungen nicht anerkennen konnte. So schwand auch das Vertrauen und es blieb nur das autoritative Verhältnis zwischen Beamten und Untergebenen und es konnte sich nicht das notwendige Vertrauensverhältnis zwischen Berufsgenossen entwickeln. So wurden auch diese Lehrer zu Beamten, die letzten Endes nur Verwaltungsformalitäten zu erledigen hatten.

Wenn auch einige tüchtige Landwirte aus diesen Instituten hervorgegangen waren, die es verstanden hatten, sich den allgemeinen Verhältnissen anzupassen, so blieb doch die erwartete, allgemeine Befruchtung der gesamten Landwirtschaft aus.

In der letzten Zeit erkannte die jetzige Regierung die Wichtigkeit des landwirtschaftlichen Bildungsproblems immer mehr, man sah ein, daß die vorhandene Schul- und Lehrerorganisation dem dringenden und drängenden Bedarf nicht gerecht werden konnte und man arbeitete einen neuen Plan aus.

Diese Reformpläne werden durch drei bestimmte Richtlinien charakterisiert, die die Regierung zur Reformierung des landwirtschaftlichen Bildungswesens aufstellte:

1. Zum Teil die jungen Diplomlandwirte zur Ausbildung ins Ausland zu schicken,

2. vom Ausland Sachverständige und Wissenschaftler nach der Türkei zu ziehen, und
3. auf dieser Grundlage die Schulen zu reorganisieren.

Schon vorher waren einige Landwirte im Ausland gewesen. Um aber die neu gefaßten Ziele vollkommen zu erreichen, schloß die Regierung die Schulen wieder und schickte 1927 fast sämtliche Lehrkräfte auf Staatskosten nach Deutschland. Dadurch mußte natürlich zunächst wieder eine Unterbrechung im landwirtschaftlichen Bildungswesen eintreten. Sicher ist es für die Türkei notwendig, für ihre aufstrebende Wissenschaft, die wissenschaftlichen Arbeitsmethoden sich anzueignen, die technische Einrichtung von Forschungsinstituten kennenzulernen und sich mit der Zielsetzung wissenschaftlicher Arbeit bekanntzumachen, nur liegt die Gefahr nahe, daß technische Einzelheiten übernommen werden und verabsäumt wird, das System auf die gegebenen Verhältnisse zuzuschneiden.

Nur der Sachverständige wird sich in der Türkei durchsetzen können, der seine Aufgabe nicht rein mechanisch auffaßt, der es versteht, sich der Mentalität des Anatoliers anzupassen und trotz mangelnder technischer Voraussetzungen erfolgreich mit seiner Arbeit zu beginnen, kurz, der ein wenig Liebe für das Volk mitbringt, der von echtem Pioniergeist beseelt, den Mut zur Tat findet. Versucht er mitzuempfinden, mitzuerleben, so wird er im Türken einen opferwilligen, gefügigen Mitarbeiter finden, der, von schnellem Auffassungsvermögen, sich gern seiner Führung anvertraut.

1927 berief die Regierung eine deutsche Sachverständigen-Delegation, die aus Spezialisten der verschiedenen Landwirtschaftsgebiete bestand. Zu gleicher Zeit wurde beschlossen, nach deutschem Muster eine landwirtschaftliche und tierärztliche Hochschule in Angora zu errichten. Die Delegation sollte vor allem die Regierung unterstützen, die wissenschaftlichen Institute einzurichten und zu organisieren und mit Rat zu helfen. So steht die Türkei unmittelbar vor einer Reformierung des landwirtschaftlichen Bildungswesens.

In der letzten Zeit hat sich die Türkei immer mehr zu dieser Beziehung nach Deutschland orientiert. Einmal weil man seine wissenschaftlichen Leistungen anerkennt, ferner weil Deutschland am wenigsten politisch an der Türkei interessiert ist. Diese Entwicklung entstand aus der Waffen- und Schicksalsgemeinschaft während des Weltkrieges und der Schwerpunkt des türkischen Auslandsstudiums verschob sich von Frankreich nach Deutschland. Vor allem hoffen wir auf eine Befruchtung durch die deutsche Unternehmerinitiative, die infolge der geschichtlichen Entwicklung in der Türkei erst in den Anfängen begriffen ist.

Ein Teil der nach Deutschland geschickten Lehrer ist bereits zurückgekehrt, und man hofft, daß sie die Träger deutscher wissenschaftlicher Methodik sein werden, die gerade für die Türkei deshalb so wichtig ist, weil in ihr noch ein großer Teil wissenschaftlicher Vorarbeit zu leisten ist und das Material nur durch streng systematische Arbeit zu bewältigen sein wird.

Die vier Mittelschulen in Istanbul, Brussa (Bursa), Smyrna (Izmir), Adana sind 1930 neu eröffnet worden, in denen in Deutschland ausgebildete Lehrkräfte tätig sind. Die Verminderung der Zahl dieser Schulen kommt aus der richtigen Erkenntnis, daß sie nur wertvolle Arbeit zu leisten vermögen, wenn sie auf eine entsprechend entwickelte Umgebung aufbauen können. Man könnte vielleicht sogar noch die Meinung vertreten, daß im Augenblick auch diese Zahl noch zu hoch ist. Mehr als diese Zahl wirksam zu unterhalten ist die Türkei schon aus rein finanziellen Gründen nicht in der Lage. Diese Schulen sollen Kernpunkte sein, von denen aus der Fortschritt langsam das ganze Land durchdringt.

Betrachtet man zusammenfassend diese ganze Entwicklung, so kann man feststellen, daß die Landwirtschaft die Beachtung gefunden hat, die ihr im Rahmen der türkischen Volkswirtschaft zukommt, daß man bereit ist, den Hebel der Entwicklung im Bildungswesen zu sehen und daß bis zu einem gewissen Grade das landwirtschaftliche Bildungswesen das Bildungsproblem überhaupt ist. Unter Zugrundelegung der angeführten Zustände erhellt sich, welche Bedeutung der Organisation des landwirtschaftlichen Bildungswesens zukommt.

Über die Tatsache an sich ist es kaum noch notwendig zu diskutieren. Die Problemstellung hat sich dahin eingeengt: Soll die Organisation des Bildungswesens von oben nach unten oder von unten nach oben fortschreiten?

Wie überall kann dieses Problem nicht einseitig gelöst werden, da auch hier enge Wechselbeziehungen bestehen. Soll eine erfolgreiche Arbeit überhaupt einsetzen, müssen natürlich auch die Mittel, das heißt die Träger bereitgestellt werden. In diesem Zusammenhange also müssen die notwendigen Lehrkräfte vorhanden sein. Es kommt aber darauf an, die gegenseitigen Werte richtig in die Kalkulation einzusetzen und mit dem Fortschritt dieses Verhältnis sorgfältig auszubalancieren. Es soll von Anfang an festgehalten werden, daß rein wissenschaftliche Arbeit für die Türkei durchaus notwendig ist, da, wie schon betont, das wissenschaftliche Material aus dem Lande selbst entwickelt werden muß. Aber im ganzen gesehen liegt der Schwerpunkt der Bildungsarbeit auf der Massenbildung, da nur sie allein einerseits das wissenschaftliche Fundament eines weiteren Ausbaues schaffen kann und anderseits die kulturellen Voraussetzungen für eine erfolgreiche Weiterbildung ist. Aus diesen Erwägungen heraus glaube ich die Einseitigkeit der folgenden Betrachtung verantworten zu können, da sie die dringendsten Notwendigkeiten aufweisen soll.

Die Landwirtschaft ist ihrem ganzen Wesen nach an den Gegenstand, an den Boden gebunden. Wie die gesamte Wirtschaft ist auch die landwirtschaftliche Praxis in der Türkei noch nicht ganzheitlich und hat noch nicht die Voraussetzungen für ein wissenschaftliches Spezialistentum. Hält man sich die verschiedenartige kulturelle Entwicklung der Türkei vor Augen, so muß man feststellen, daß es darauf ankommt, die an einzelnen Punkten bis zu einem gewissen Grade entwickelte Betriebsorganisation und Technik in allen Landesteilen zu verankern und von diesen Punkten ausgehend ein allgemeines, gleich hohes Niveau zu schaffen. Jede Entwicklungsstufe setzt die Vollendung der vorangegangenen voraus.

Mit anderen Worten bedeutet das, daß die Türkei auf die Ausbildung des Bauern das größte Gewicht legen muß und diese tragende Schicht zu fördern hat. Sie wird der Unterbau des Fortschrittes werden. Was nutzt dem Bauern die Kenntnis von Dieselmotoren, wenn im väterlichen Betrieb der eiserne Pflug noch nicht eingeführt ist? Der türkische Bauer braucht Kenntnisse, die er unmittelbar in die Tat umwandeln kann. Für ihn ist es wertvoller, wenn sein Sohn richtig füttern und Tiere pflegen kann, als wenn er fähig ist, komplizierte Züchtungsprobleme zu lösen. Was kann ein junger Landmann mit seinen Kenntnissen in Saatzucht beginnen, wenn er noch nicht in der Lage ist, seinen Boden besser zu bearbeiten?

Die Untersuchungen dieses Kapitels sind also in folgender Richtung zusammenzufassen:

1. Die Bevölkerung der Türkei besteht zum überwiegendsten Teil aus einer analphabetischen, bäuerlichen Bevölkerung; dieser Voraussetzung hat die ganze Bildungsarbeit zu dienen.
2. Es kommt also in erster Linie um des schnelleren Fortschrittes willen darauf an, durch Demonstration, Aufklärung und praktisches Beispiel die gesamte bäuerliche Bevölkerung planmäßig in bezug auf Betriebsorganisation und Betriebstechnik von Stufe zu Stufe zu heben.
3. Das Analphabetentum ist zu beseitigen. In diesem Zusammenhange muß ausgesprochen werden, daß die Volksschulen nicht die Aufgabe haben, städtischen Geist auf das Land zu übertragen. Sie müssen vielmehr ganz bewußt mit bäuerlicher Mentalität und Tradition rechnen. Nur so werden sie ein untrennbarer Bestandteil der Gemeinde werden.

Erst dann sind die Voraussetzungen geschaffen, daß der Landwirt in den landwirtschaftlichen Schulen nicht eine Möglichkeit des Berufswechsels sieht, sondern daß er von sich aus den Nutzen einer beruflichen Schulung erkennt und somit auch gefühlsmäßig Träger der Entwicklung wird.

4. Darauf bauen sich dann die niederen landwirtschaftlichen Schulen auf, die die praktischen Kenntnisse zu erweitern und zu vertiefen haben, die dann auch Vermittler der Kenntnisse anderer Betriebsmethoden sind, um durch den Vergleich die Entwicklung weiter zu befruchten.
5. Erst dann ist das Fundament geschaffen, auf dem sich eine nutzbringende Tätigkeit der höheren landwirtschaftlichen Schulen im erweiterten Umfange im Sinne einer bodenständigen Entwicklung aufbauen kann.

c) Stand der Technik.

In der Türkei ist seit langem die Mechanisierung der Landwirtschaft ein viel umstrittenes und oft erörtertes Problem. Der Reformwillen des neuen Reiches hat naturgemäß auch diese Frage in den Vordergrund geschoben. Von gebildeten Landwirten, von Laien und Politikern wird dieses Problem heute lebhaft diskutiert. Unmittelbarer Anlaß und Blickpunkt aller Betrachtungen sind die augenscheinlichen Fortschritte, die andere Länder erzielt haben. Wirtschaftlich gesehen, konzentrieren sich alle diese Erwägungen in dem Leitsatz: Verdoppelung der Produktion mit Hilfe der Mechanisierung der Landwirtschaft, so wie es in ganz großzügigem Maßstabe die Sowjetunion durchführt.

Ehe ich nun auf das eigentliche Problem und die es bestimmenden Faktoren eingehe, möchte ich noch eine allgemeine volkswirtschaftliche Bemerkung einschalten. Die amerikanische Auffassung der Wirtschaft, der Fortschritt hänge allein von der Intensivierung der Produktion ab, ist, kann man sagen, beinahe Allgemeingut der wirtschaftlich denkenden Menschen geworden. Diese einseitige Betonung des einen Faktors der Gesamtwirtschaft hat mit zu der augenblicklichen Weltkrise geführt, man hat vergessen, daß die Produktion an der Absatzmöglichkeit seine natürlichen Grenzen findet. Zugleich oder vielleicht sogar vorausgehend mit der Rationalisierung der Produktion muß auch eine Rationalisierung des Absatzes erfolgen. Ich habe in der Besprechung der natürlichen Gegebenheiten der Türkei und bei der Schilderung der Bevölkerungsverhältnisse angedeutet, daß ein Ausbau des Absatzmarktes innerhalb der Türkei durchaus möglich ist. Ich möchte daher aussprechen, daß abgesehen von der Entwicklung der Faktoren, die in unmittelbarem Zusammenhange mit dem Problem der Mechanisierung der Landwirtschaft stehen, die bewußte Entwicklung der Absatzverhältnisse der Schrittmacher der Technisierung der türkischen Landwirtschaft sein muß.

Gerade infolge der eben erwähnten amerikanischen Wirtschaftsauffassung sieht man in der Maschine den einzigen Weg zur Produktionssteigerung und die Einführung der Maschine in die Landwirtschaft ist für viele gleichbedeutend mit dem Fortschritt in ihr. Fußend auf der Tatsache, daß der

Türkei noch unendlich viel kulturfähiger Boden zur Verfügung steht, glaubt man, daß ihre Landwirtschaft durch die Einführung hochwertiger landwirtschaftlicher Maschinen eine sprunghafte Aufwärtsentwicklung erleben wird. Das Ideal dieser Leute und ihr Sinnbild ist der Motorpflug.

Diese in der Türkei weit verbreitete Auffassung ist nicht das Ergebnis einer logischen Betrachtung der gegebenen Verhältnisse. Diese reden eine andere Sprache. Anlaß zu dieser Einseitigkeit war die wirtschaftliche Notlage der Türkei und die bereitwillige Anerkennung des in anderen Ländern Geleisteten und der Wille, dieses auch für das eigene Land nutzbar zu machen. So wurde das Problem von den bestehenden Verhältnissen losgelöst und abstrahiert. Man stellt sich auf den Standpunkt des Vollkommenen und sieht in ihm nur die technischen Möglichkeiten der Landwirtschaft, daß die moderne Technik die Landwirtschaft befruchtet und manche Hindernisse überwunden hat. Darüber hat man aber die bestehenden Verhältnisse und die Voraussetzungen für eine solche Technik aus den Augen verloren.

Man durfte nicht vergessen, daß die fortgeschrittene Technik in den anderen Ländern das Produkt einer langen Entwicklung ist und daß sich dieser ganze Prozeß in kontinuierlicher Folge abwickelte und daß diese Entwicklung seine Ursachen in den jeweiligen Verhältnissen und Bedürfnissen gehabt hat, daß ihr somit eine Eigengesetzlichkeit zugrunde liegt.

Der heutige Stand der Technik ist die Arbeit und Erfahrung von vielen Generationen, von Entwicklung zu Entwicklung haben sich die Erfahrungen gehäuft. Langsam hat sich Stufe auf Stufe aufgebaut. Zuerst sammelte der primitive Mensch seine Nahrungsmittel und seine Rohstoffe, später begann er mit Stock und Hacke primitiven Ackerbau. Die Haustiere wurden gezähmt und man lernte nach der Zähmung ihre Dienste für sich in Anspruch zu nehmen. Weidewirtschaft und Ackerbau waren das Ergebnis einer Umweltänderung. Die Entstehung der Kulturpflanzen hat Jahrhunderte in Anspruch genommen. Eine lange Entwicklung liegt auf dem Wege von der unmittelbaren Verwendung der landwirtschaftlichen Produkte bis zu ihrer Verwendung in umgeänderter, veredelter Form.

Erfahrung und Erfindung gingen Hand in Hand, eines bedingte das andere. Die Arbeitskraft der Tiere z. B. konnte ohne Pflug nicht ausgiebig in den Dienst des Unternehmens gestellt werden, wie die Erfindung des Pfluges ohne die Zähmung der Haustiere nicht diese Erweiterungsmöglichkeit des Ackerbaues mit sich gebracht hätte. Diese Erweiterung der Anbaufläche mußte die Erfindung der Sichel nachsichziehen, da mit den primitiven Raufen die Ernte nicht hätte geborgen werden können[1]). Die heutige Technik der Landwirtschaft in der Produktion, Aufbewahrung, Verwendung, Verwaltung und Verarbeitung entstand, und das ist immer wieder festzuhalten, im Laufe einer langen Zeit als Ergebnis eines organischen Wachstums.

Aber die Entwicklung der landwirtschaftlichen Technik ist nicht nur Folge eines lebendigen Wechselspieles innerhalb dieses Gebietes selbst, sondern sie ist auch eingebettet in den Entwicklungsprozeß der gesamten Wirtschaft überhaupt. Sobald eine Arbeitsteilung insofern eintrat, daß ein bestimmter Teil die Herstellung der Produktionsmittel übernahm, von dem Augenblick an war auch der Fortschritt der landwirtschaftlichen Technik von der Entwicklung dieser Industrie mit abhängig. Gerade in unserem technischen Zeitalter kann man davon sprechen, daß von der Initiative, die die Industrie aus sich heraus aufbrachte, starke Impulse auf die Landwirtschaft übergesprungen sind und die heutige Entwicklungshöhe und das Gesicht der landwirtschaftlichen Technik viele industrielle Züge trägt, das heißt mit anderen Worten, daß die Landwirtschaft selbst organisch und organisatorisch durchgebildet sein muß, ehe sie fähig ist, die Mittel, die die heutige Industrie zur Verfügung stellt, zu verwenden.

Die Betrachtung der Entwicklung läßt also folgende Grundsätze für den Fortschritt in der Landwirtschaft erkennen:

1. Der heutige Stand der Technik ist das Ergebnis einer organischen Entwicklung, der Mensch mußte die Erfahrungen verschiedener Entwicklungsstufen machen, ehe er fähig war, das Heutige zu erstellen.

---

[1]) Anmerkung: Aereboe, Allgemeine landwirtschaftliche Betriebslehre. Berlin 1923, S. 517.

2. Jede Entwicklungsstufe baut auf der Vollendung der vorangegangenen auf und war Ergebnis der Notwendigkeiten der umgebenden Verhältnisse. Die eine Stufe trägt den Keim der kommenden in sich, die folgende überwindet die vorangehende.
3. Die Aufeinanderfolge der einzelnen Stufen ist eine kontinuierliche Kette ohne Bruch, ist ein Wachstum auf Grund der organischen Gesetzmäßigkeiten.
4. Die Entwicklung der Landwirtschaft steht nicht isoliert im Wirtschaftsganzen, sondern in steter Wechselbeziehung zu den Fortschritten der Industrie und setzt ein Mindestmaß an Industriealisierung voraus.
5. Voraussetzung für eine einseitige Mechanisierung der Landwirtschaft an diesem Punkt ist dann der Eintritt einer Arbeitsteilung und der Ausbau einer Wirtschaftsorganisation, in der die einzelnen Teilgebiete rationell aufeinander abgestimmt sind.
6. Die Technik der Landwirtschaft kann aus diesem Verflochtensein, aus der Gesamtheit heraus nicht einseitig über ein bestimmtes Maß gesteigert werden, wenn nicht die allgemeine Technik, der Verkehr Schritt hält.

So setzt die Anwendung der Drillmaschine einerseits eine sorgfältige Bodenbearbeitung durch Pflug, Egge und Walze voraus, wie sie anderseits nicht rentabel ausgenutzt werden kann, wenn nicht leistungsfähige Reparaturanstalten in erreichbarer Nähe sind und die Mehrproduktion wirtschaftlich verwertet werden kann.

Diese allgemeinen Betrachtungen führen zu der Frage, ob dort, wo die Verhältnisse der Landwirtschaft noch auf primitiver Stufe stehen und auf die technische Vollendung anderer wirtschaftlicher weiter entwickelter Staaten gebracht werden soll, das natürliche Tempo ausschlaggebend ist oder ob durch eine Übertragung modernster Mittel die Überspringung von Zwischenstufen möglich ist.

Im Rahmen meiner Arbeit soll nun die Frage für die Türkei gelöst werden, das heißt ich will nicht eine allgemein gültige Lösung finden, sondern in diesem Zusammenhange nur die spezifischen Verhältnisse meines Landes in Betracht ziehen.

Handel und Handwerk waren, wie schon angedeutet, für die Bewohner der Türkei kein selbständiger und vor allem an Quantität keine ausschlaggebende Berufszweige. Der Anatolier war in der Vergangenheit Soldat oder Bauer. Allerdings muß ich hier ergänzen, daß sich auf bestimmten Gebieten eine handwerkliche Tradition herausgebildet hatte, doch betreffen alle diese Einzelerscheinungen mehr das Gebiet des Kunstgewerbes. Es handelt sich hier lediglich um das Verhältnis zwischen Handwerk und Landwirtschaft, das auch für die heutige Türkei noch sehr weit ist. Die Statistik im Kapitel Bevölkerungsverhältnisse hat diese Behauptung auch zahlenmäßig belegt. Besonders ist hier noch hervorzuheben, daß die technische Handfertigkeit von den Türken sehr vernachlässigt worden ist, dieser Mangel zeigt sich heute deutlicher denn je, da die Mechanisierung in gewissen Grenzen Fortschritte im Lande gemacht hat. Das zeigt aber auch auf der anderen Seite, daß die Arbeitsteilung innerhalb der Gesamtwirtschaft noch sehr wenig weit fortgeschritten ist.

Aus diesen Gründen ist der allgemeine Stand der Technik noch sehr niedrig. Das Handwerk bedarf noch einer umfangreichen Entwicklung, ehe es die gesamte Wirtschaft maßgebend anregen kann. Der Türkei fehlen in erster Linie sachkundige Handwerker.

Die bestehenden Gewerbezweige (Gewerbe hier im engeren Sinne des Wortes gebraucht) sind nicht sehr umfangreich und nur in einem kleinen Teile der Türkei zu finden. Die bescheidene Industrie der heutigen Türkei ist lediglich auf die Weiterverarbeitung von Agrarprodukten zugeschnitten. Die Eisen- und Maschinenindustrie fehlt ganz, da für sie noch nicht die Voraussetzungen, Bergbau u. a. m. geschaffen worden sind. Die Technik der Landwirtschaft entspricht vollkommen dem Stande der allgemeintechnischen Entwicklung. Die Werkzeuge und die primitiven Maschinen für die Landwirtschaft werden im allgemeinen im Betriebe selbst hergestellt und sind dementsprechend in Form und Ausführung unvollkommen und ungenügend, meistens aus Holz. Eisen bekam der Bauer nur als Beschläge für seinen Holzpflug und für noch einige wenige andere Geräte in die Hand.

Diese und die davon mittelbar abhängigen Gründe haben eine selbständige Weiterentwicklung der Technik hintangehalten und so steht im besonderen die landwirtschaftliche

Technik noch in den Anfängen ihrer Entwicklung. Diese Tatsache hat die Landwirtschaft stark beeinflußt und ihr ein spezifisches Gepräge aufgedrückt.

Die Reformfreudigkeit und der Fortschrittwille der jetzigen Generation ließ unter Außerachtlassung dieser Begebenheiten in der letzten Zeit den Gedanken an eine Mechanisierung der Landwirtschaft immer mehr an Boden gewinnen und man hat dieses Problem übersteigert. Man möchte zum großen Teil die tierische Kraft in der Landwirtschaft vollkommen ausschalten und durch die Maschine ersetzen.

An diesem Punkte ist gut nachzuweisen, daß eine organische Entwicklungsstufe nicht einfach übersprungen werden kann. Eine Intensivierung der Landwirtschaft ist z. B. ohne eine planmäßige intensive Düngung nur unter den seltensten Voraussetzungen möglich und auch dann bedeutet sie mit der Zeit einen Raubbau am Boden. Der Anfang einer düngungsintensiven Betriebsform ist immer die wirtschaftliche Ausnutzung des natürlichen Mistes, die dann erst die Voraussetzung zu einer rentablen Maschinenintensität schafft. An eine Weiterentwicklung kann nur dann gedacht werden, wenn die allgemeine Organisation soweit fortgeschritten ist und der natürliche Dünger durch künstlichen ersetzt werden kann. Diese kurze Betrachtung soll nicht so verstanden werden, als ob ich allein die Düngungsintensität als Voraussetzung für eine Mechanisierung der Landwirtschaft betrachte, das Beispiel hätte ebensogut an Organisations-, Kapital-, Vieh- oder menschlicher Arbeitskraft und Intensität durchgeführt werden können. Es soll hier nur zum Ausdruck gebracht werden, daß für die Türkei eine harmonische Entwicklung aller Betriebsfaktoren für eine gesunde Weiterentwicklung Voraussetzung ist.

Der Anlaß zur Einführung von Maschinen war das Streben nach Produktionssteigerung, der Wunsch, den brachliegenden kulturfähigen Boden auszunutzen. Die Anregung gaben die großen Leistungen der modernen landwirtschaftlichen Maschinen. Der Bedarf an solchen Maschinen in denjenigen Gebieten, in denen die Wirtschaft am weitesten fortgeschritten ist, bestärkte diesen Gedanken. Schon vor dem Kriege schlug man den Weg ein, möglichst viel Maschinen zu importieren. Nach dem Kriege wurde diese Bewegung in verstärktem Maße wieder aufgenommen und symbolisierte die Idee der Mechanisierung. Die landwirtschaftlichen Maschinen wurden vom Zoll befreit. So zogen die verschiedensten Typen an landwirtschaftlichen Maschinen in die Türkei ein. Der Staat kaufte selbst Maschinen und Motorpflüge und verteilte sie an die Landwirte. Diese etwas überstürzten und voreiligen Maßnahmen rächten sich, da dabei der Boden der Wirklichkeit verloren wurde.

Geblendet von den Ergebnissen einer landwirtschaftlichen Hochkultur stellte der Gedanke an die technischen Möglichkeiten den Grundsatz der Zweckmäßigkeit und Wirtschaftlichkeit in den Hintergrund. Vor allem hatte man aber keineswegs die Voraussetzung vor Augen, die bei jedem Übergang eine entscheidende Rolle spielen.

Unter den gegebenen Verhältnissen stößt die Durchführung der Mechanisierung der Landwirtschaft in der Türkei auf folgende Schwierigkeiten:

1. Bei der Beschaffung von Maschinen ist die Türkei auf das Ausland angewiesen, da sie selbst keine Industrie besitzt. So erhält der Maschinenpark, der aus den verschiedensten Ländern stammt, ein buntes Aussehen. Dazu kommt noch, daß diese Maschinen nicht für das Land konstruiert sind, also anderen Verhältnissen entsprechen. Die so erzwungenen Kompromisse führen oft dazu, daß sich die eingeführten Maschinen nicht bewähren.

2. Diese Maschinen entsprechen im allgemeinen nicht der Kapitalskraft eines türkischen bäuerlichen Betriebes. Die Anschaffung einer teuren Maschine beraubt ihn der Möglichkeit, sein einfaches Handwerkzeug zu ergänzen und zu modernisieren.

3. Die Handhabung und Behandlung dieser Maschinen entspricht nicht dem technischen Verständnis und den Kenntnissen ihres Besitzers. Die oberflächliche Anlernung kann nicht eine technische Tradition ersetzen und in einer ungeschickten Hand geht eine solche Maschine schnell zugrunde und hat eine unternormal kurze Lebensdauer.

4. Die Ausnutzung des in einer solchen Maschine investierten Kapitals setzt wenigstens einige grundsätzliche betriebswirtschaftliche Kenntnisse voraus, die man von einem anatolischen Bauern im allgemeinen noch nicht verlangen kann.

5. Der Zustand der vorhandenen Wege steht einem weiteren Transport, ohne daß die Maschine beschädigt würde, in das Innere des Landes entgegen.

6. Die vorhandenen Zugtiere sind nicht kräftig genug, die etwa vorhandenen Maschinen zu ziehen. Ich selbst weiß aus eigener Erfahrung, daß z. B. schwere Dreschmaschinen und Lokomobilen auf den Landstraßen einfach stecken blieben.

7. Da diese Maschinen vom Ausland geliefert werden müssen, sind Ersatzteile, die unter den gegebenen Verhältnissen oft benötigt werden, nicht erhältlich oder fehlen gerade zu den Zeiten, in denen die Maschinen gebraucht werden. Ich selbst habe in den Schuppen verschiedener Betriebe unbrauchbare Mähmaschinen stehen sehen, während die Ernte nach Altväterweise mit der Sichel geschnitten werden mußte.

8. Reparaturwerkstätten sind nur wenige und an bestimmten Teilen der Türkei zu finden. Die vorhandenen sind so unvollkommen eingerichtet, daß sie nicht alle Reparaturen übernehmen können. Ich erinnere mich, daß in der Schule, in der ich studierte, ein verhältnismäßig einfacher Teil an einem Dreschsatz zerbrach und dieser Teil zur Ausbesserung in die ausländische Fabrik geschickt werden mußte. Diese Reparatur dauerte Monate!

Diese Aufstellung und meine persönlichen Erfahrungen illustrieren genügend, mit welchen unüberwindlichen Schwierigkeiten eine plötzliche Mechanisierung der Landwirtschaft zu kämpfen hat. Eine vervollkommnete Technik der Landwirtschaft setzt auch eine Vervollkommnung derjenigen Industrien voraus, die die Hilfsstellung übernehmen müssen. Die Allgemeinentwicklung in der Türkei ist noch nicht soweit fortgeschritten, daß sie einen einseitigen Fortschritt tragen könnte. Die allgemeine und landwirtschaftliche Technik steht im Lande auf einer niederen Stufe. Diese im ganzen Lande, auf allen Gebieten mit einem Male zur höchsten Entwicklung zu treiben ist unmöglich, für die Türkei bestimmt unmöglich.

Abgesehen von der organischen Ungeheuerlichkeit eines solchen Schrittes, muß man sich nur einmal den dazu notwendigen Kapitalbedarf vor Augen halten und sich die

Gesetze der Kapitalbildung vergegenwärtigen. Dadurch würde die Gesetzmäßigkeit der Wechselbeziehungen zwischen Entwicklung und Kapitalbildung einfach verleugnet werden.

Geben sie einem Analphabeten ein wissenschaftliches Buch in die Hand und verlangen sie von ihm, daß er sogleich beim Buchstabieren auch den Inhalt verstehen solle. Die ganze Landwirtschaft in der Türkei überall mechanisieren zu wollen, bedeutet eben nichts anderes. Gewiß gibt es einige wenige Gebiete, in denen schon die Voraussetzungen für eine Intensivierung der Landwirtschaft auf diesem Wege gegeben sind, aber sie sind eben nur ein kleiner Teil des ganzen Landes, tatsächlich ist der Holzhackpflug im Lande noch weit verbreitet.

Ich sehe das Problem nicht in der Fragestellung: „Wie kann die türkische Landwirtschaft mechanisiert werden," sondern „wie ist es unter den gegebenen Verhältnissen möglich, die gesamte Landwirtschaft überhaupt so rentabel wie nur möglich zu gestalten, wie weit erlauben die bestehenden Voraussetzungen eine Verbesserung der Betriebsmittel und der Betriebstechnik und welche Wege sind für einen planmäßigen Fortschritt einzuschlagen?"

Die allgemeine Notlage kann auf keinen Fall durch eine künstlerische, spielerische oder auch virtuos eingestellte Landwirtschaft behoben werden. Eine wirtschaftlich rentabel arbeitende Betriebsgestaltung ist vor allem der Grund, auf dem sich eine planvolle Entwicklung aufbauen kann. Wenn es sich eben herausstellt, daß in einer Gegend ein Betrieb mit einfachen Betriebsmitteln rentabler arbeitet als mit modernen Maschinen, dann hat er eben dadurch seine Existenzberechtigung erwiesen und es bedeutet zu gleicher Zeit, daß die allgemeinen Voraussetzungen für die Einführung der Maschine noch nicht gegeben sind.

In diesem Zusammenhange ist auch nicht außer acht zu lassen, daß auch innerhalb der landwirtschaftlichen Betriebsführung die einseitige Frage nach der Maschine eine unorganische Beschränkung ist. Wenn man von einer landwirtschaftlichen Technik spricht, sind darunter nicht nur die Maschinen zu verstehen; Betriebsorganisation, Saatpflege, Tierzucht und die Angliederung von Nebengewerben umfassen erst den ganzen Umfang der Betriebsgestaltung. Erst die Abstimmung aller dieser Faktoren auf den Rahmen der gegebenen Betriebsverhältnisse führt zur vervollkommneten Betriebsgestaltung. Die einzelnen Teilgebiete bedingen sich und beeinflussen sich gegenseitig und es gibt ein Optimum in dem Verhältnis zueinander. Es ist nichts anderes als das bekannte Gesetz vom Minimum. Gegen dieses Gesetz hat man in der Türkei insofern verstoßen, als man sich einseitig auf die Mechanisierung der technischen Mittel festlegte. Wurde oben schon ausgesprochen, daß es unmöglich ist, den Stand der Technik in der gesamten Landwirtschaft mit einem Schlag zu heben, um so unmöglicher ist es, in demselben Maße auch die anderen Faktoren im Sinne des Gesetzes vom Minimum beeinflussen zu wollen. Das organische Ziel der Betriebsgestaltung kann nur erreicht werden, wenn alle Maßnahmen vom Standpunkt der strengsten Wirtschaftlichkeit aus gesehen werden. Es ist schon öfter bemerkt worden, daß gerade dieses wirtschaftliche Denken dem Türken abgeht; so lange die Betriebsorganisation nicht ganz von dieser Art zu denken durchdrungen ist, so lange werden viele Maßnahmen teure Kunststücke bleiben.

Eine hochentwickelte Technik setzt eine ganz bestimmte Mentalität der sie bedienenden Menschen voraus und es ist ein langer Weg vom einfachen, naiven Menschen zum technisch eingestellten Menschen. Für die bäuerliche Bevölkerung der Türkei ist die moderne Technik eine vollkommene Neuheit und es ist klar, daß sie dieses Instrument noch nicht ohne weiteres zu handhaben versteht.

Wie schon erwähnt, beruht die Zukunft der Türkei im wesentlichen auf dem Klein- und Gartenbetrieb. Eine Mechanisierung der Betriebsweise ist für Großbetriebe eher wirtschaftlicher als für den Kleinbetrieb, da die Möglichkeit der technischen Hilfsmittel für die Großbetriebe eher gegeben ist, während der Kleinbetrieb mit einem beträchtlich größeren Leerlauf rechnen muß.

Untersuchungen im Institut für Betriebslehre an der Universität Leipzig haben ergeben, daß infolge vermehrter notwendiger Abschreibungen und Betriebsaufwand überhaupt der stark mechanisierte Kleinbetrieb einen geringeren Reinertrag pro Hektar abwirft als der gleichwertige Großbetrieb[1]).

Eine forcierte Mechanisierung der türkischen Landwirtschaft würde zudem einen großen Kapitalaufwand bedingen, einen Kapitalaufwand, den zu leisten die türkische Volkswirtschaft nicht imstande ist.

Aus allen diesen Gründen ist es notwendig, daß die Entwicklung der türkischen Landwirtschaft zunächst auf dem Wege der Arbeitsintensivierung und nicht auf dem Wege der Kapitalintensivierung vorwärts getrieben werden wird. Soweit moderne, technische Hilfsmittel angewendet werden, haben sie vor allen Dingen den Zweck, die Arbeit zu erleichtern.

Zusammenfassend soll eindeutig festgestellt werden, daß eine willkürliche Überspringung von bestimmten Entwicklungsstufen nicht möglich ist, da sonst alle zu treffenden Maßnahmen unwirksam sein müssen, weil für sie das notwendige Fundament fehlt. Von diesen Überlegungen ausgehend, muß man sagen, daß die Türkei bei der Hebung der landwirtschaftlichen Technik (hier im erweiterten Sinne gebraucht) nur auf das vorhandene Fundament aufbauen kann. Man kann den Holzhackpflug als Symbol der erreichten Entwicklungsstufe ansehen. Der erste Schritt für eine Weiterentwicklung kann nur die Einführung des eisernen Pfluges sein. Dieses bedeutet nicht nur eine Einführung eines technischen Fortschrittes, sondern den ersten Schritt zu einer anderen Einstellung der Produktion gegenüber. Der Hackpflug ist an sich Symbol der Erzeugung für den Eigenbedarf, der eiserne Pflug der erste Schritt im Sinne einer Erwerbswirtschaft. Darauf werden sich dann organisch alle weiteren Maßnahmen aufbauen.

Damit soll natürlich nicht gesagt werden, daß die Türkei überhaupt keine modernen Maschinen einführen dürfte, im Gegenteil, wo die allgemeinen Bedingungen die Wirtschaftlichkeit und Zweckmäßigkeit beweisen, dort muß es geschehen, um im Lande selbst Punkte zu schaffen, von denen aus der

---

[1]) Untersuchung des Instituts für Betriebslehre an der Universität Leipzig über die Durchschnittsergebnisse pro ha mechanisierter Klein- und Großbetriebe der Zone C aus dem Jahre 1928/29.

	20 Kleinbetriebe	9 größere Betriebe
Rohertrag	868·32	761·03
Betriebsaufwand	810·89	656·00
	57·43	105·03

Fortschritt verallgemeinert werden kann, die das Beispiel sind und an denen vor allem bodenständige Erfahrungen gesammelt werden können, um die vorhandenen Maschinen den Bedürfnissen des Landes anzupassen. Kurz, sie haben die Aufgabe einer Forschungs- und Schulungsstätte. Vorläufig werden aber diese Möglichkeiten noch Ausnahmen sein und dürfen nicht Anlaß zu einer schematischen Verallgemeinerung werden.

Ein entscheidender Vorteil erwächst den jungen Ländern, die sich wirtschaftlich vollkommen neu orientieren, wie die Türkei, daraus, daß sie die Möglichkeit zu einem raschen Aufstieg haben, ohne kostspielige Experimente anstellen zu müssen. Sie können die Erfahrungen der fortgeschritteneren Länder sich zunutze machen, die sie seinerzeit auf dieser oder jener Entwicklungsstufe gemacht haben, sie können aus dem Vorhandenen wählen und den Hebel am richtigen Punkt einsetzen. Sie können zwar eine organische Entwicklung nicht negieren, aber sie haben das Tempo für sich.

d) Arbeitsverhältnisse.

Die Türkei braucht, um ihre Wirtschaft vorwärts zu bringen, nicht nur die Quantität der Arbeitskräfte, sondern auch qualifizierte Arbeitskräfte. Wenn man an die verhältnismäßig ungünstigen natürlichen Verhältnisse, an die allgemeinen wirtschaftlichen Zustände der Türkei denkt, so tritt das Problem der Arbeitskräfte mit aller Schärfe in Erscheinung. In der Tat ist die Arbeit der Bevölkerung der wichtigste Faktor im Wirtschaftsaufbau dieses Landes. Ihm fehlen das Kapital und die technischen Mittel, die nur durch tätige Arbeit geschaffen werden können. Wie oben dargelegt, hat die Türkei infolge der dünnen Besiedlung Mangel an Arbeitskräften. Um diese Lücke auszufüllen, muß sie ihre vorhandene Arbeitskraft entwickeln, organisieren und mit dem größtmöglichen Nutzeffekt einsetzen.

Allgemein besteht in Europa die Meinung, daß die Türken kein arbeitsames Volk wären, daß sie nicht fähig wären, irgendetwas bedeutendes zu leisten. Diese Ansicht wird damit begründet, daß die Natur und das warme Klima keine rege körperliche Tätigkeit erlaubten. Diese Beurteilung halte ich zunächst für sehr oberflächlich und einseitig (siehe Klima). Weiter weise ich darauf hin, daß man dem Türken gegenüber oft falsche Maßstäbe gebraucht, einerseits vernachlässigt man die gesamte Entwicklung, anderseits identifiziert man den Türken ohne weiteres mit dem gesamten Morgenland. Man vergleicht die Ergebnisse der Arbeit wirtschaftlich unentwickelter Länder mit den hochentwickelten Gebieten Europas und schließt aus den naturgemäß sehr unterschiedlichen Resultaten auf die Arbeitsfähigkeit der Türken. Meines Erachtens müssen bei der Behandlung dieses Problems alle beeinflussenden Momente in Betracht gezogen werden, um zu einem richtigen Resultat zu kommen. Bei einem Vergleich müssen erst die Wirkungen der gegebenen spezifischen Faktoren herausgenommen werden, ehe ein absoluter Leistungsvergleich durchgeführt werden kann.

Es ist evident, daß zunächst die umgebende Natur die Leistungsfähigkeit eines Volkes in weitgehendstem Maße beeinflußt und das ihm seine geschichtliche kulturelle Entwicklung die Leistungsmöglichkeiten erst schafft. Ändert sich die Umwelt, so bleiben gewiß noch Reminiszensen übrig, so daß man aus einer Periode, in der die Entwicklung eines Volkes in ganz andere Bahnen gelenkt wird, schwer Schlüsse auf seine eigene Leistungsfähigkeit ziehen kann.

Man ist im Gegenteil im Irrtum, wenn man nur die Wirkungen der klimatischen Verhältnisse als ausschlaggebend ansieht. Ich habe ja bei der Schilderung der natürlichen Verhältnisse gezeigt, daß die Türkei im allgemeinen kein subtropisches Klima, sondern in dieser Beziehung eine bunte Mannigfaltigkeit aufweist und in mancher Hinsicht sogar ein sehr rauhes Klima hat. Wenn die heutigen Arbeitszustände der Türkei nur auf das Klima zurückzuführen wären, müßte der harte Kampf gegen die ungünstige Natur zu reger wirtschaftlicher Betätigung angereizt haben. Die Bevölkerung arbeitet ja auch heute, besonders in der Landwirtschaft, länger und härter als in anderen Ländern. Ebenso falsch ist es, nur die Leute als Beispiel heranzuziehen, die in den Städten leben und ihre Behaglichkeit lieben, die Masse der Bevölkerung sind Bauern (siehe Statistik). Bei der Entstehung der heutigen Arbeitsverhältnisse haben viele Faktoren mitgewirkt.

Im Grunde ist der Anatolier begeisterungsfähig, aber nicht zäh. In der Begeisterung erreicht er eine große Leistungsfähigkeit, aber nicht über das Stadium der Erregbarkeit hinaus. Er ist seiner Entwicklung gemäß kein kühler Rechner, sondern durchaus gefühlsmäßig eingestellt. In der Begeisterung setzt er sich mit seiner ganzen Persönlichkeit ein. Gelingt das Werk im ersten Schwung, so führt er es auch zu Ende, bei einsetzenden Schwierigkeiten nimmt seine Widerstandskraft ab. Daraus ist abzuleiten, daß ihm trotz klarer Zielsetzung die Berechnung der Schwierigkeiten und der Ausführungsmöglichkeiten, der wirksame und rationelle Kraftansatz und eine zweckmäßige Kräfteverwendung fehlt. Auf dem Weg zum Ziel hält ihn seine künstlerische Phantasie von der strengen Folgerichtigkeit ab. Bei irgendeinem Unternehmen, bei irgendeiner Arbeit verschwendet der Anatolier deshalb seine Kräfte. Er muß vor allem Berechnung und Zähigkeit in der Verfolgung seiner Ziele und seiner Arbeit lernen. Er besitzt Arbeitslust und Arbeitswilligkeit, aber im allgemeinen weniger um des materiellen Erfolges als um der persönlichen Anerkennung seiner Leistung willen. Weniger nüchterne, rechnerische Zweckmäßigkeit als eine stark betonte Romantik und Illusionsfähigkeit charakterisiert den Anatolier bei und in der Arbeit.

Diese Charakterzüge und Eigenschaften des Anatoliers wurden durch seine geschichtliche Entwicklung fundiert und sind aus diesem Punkte heraus erklärbar. Vor allem aber ist die einseitige und in ganz bestimmte Bahnen gehende Auslegung der Religion von großem Einfluß auf seine Einstellung zur Arbeit und zum Erfolg geworden. In der Tat predigten die Priester und Religionslehrer, besonders im Laufe des letzten Jahrhunderts, in dem die Religion Mittelpunkt jeglicher politischen Betätigung war, gegen die irdischen Güter. Das natürliche wirtschaftliche Machtstreben fand deshalb keine Entwicklungsmöglichkeit. Die wirtschaftsfremde Einstellung dieser Religionsauslegung wurde auch nicht durch einen anderen Anreiz zur wirtschaftlichen Betätigung paralysiert. „Ein Mohammedaner soll bescheiden und genügsam sein. Ein großes Vermögen ist weltlich, dagegen schließt Armut die Tore des Himmels auf.“ Diese Lehre fand in der Seele der Anatolier willig Aufnahme, so daß, hatte er einen bescheidenen Wohlstand erreicht, er mit dem Streben nach Vermögensvergrößerung aufhörte.

Der Fatalismus wirkte noch lähmender: „Alles ist vorherbestimmt. Es wird geschehen, was das Schicksal vorschreibt.“ Dieses Dogma lehrte der Bevölkerung für den wirtschaftlichen Kampf nicht Hartnäckigkeit und Zähigkeit.

Diese geistigen Strömungen wurden noch durch die Kriege mit ihren Zerstörungen, mit ihrem langen Militärdienst unterstützt. Die jungen Kräfte wurden jahrelang der Wirtschaft entzogen, die von ihnen begonnenen Arbeiten blieben liegen oder gingen ganz verloren.

Zuletzt sei auf die allgemeinen wirtschaftlichen Verhältnisse hingewiesen. Der wirtschaftlichen Entwicklungsstufe gemäß waren die Bedürfnisse der Bevölkerung beschränkt und das Leben verlief in seinen alten, einfachen, vorbestimmten Formen, so daß auch der Arbeitsanreiz, der von dem Zwang zur Befriedigung eines steigenden Bedürfnisses ausgeht, wegfiel.

Als wirtschaftsfördernde, positive Faktoren sind besonders hervorzuheben: der Anatolier begreift sehr leicht irgendeinen Arbeitsprozeß, die Art, eine Arbeit zu verrichten. Er läßt nicht lange reden, das Beispiel genügt ihm, sofort das Ganze aufzufassen. Er ist sehr anstellig, er setzt irgendeiner Arbeitsanweisung keinen inneren Widerstand entgegen. Ich verweise in diesem Zusammenhange auf die Berichte der Deutschen, die während des Krieges in der Türkei gewesen sind und die Anatolier bei und in der Arbeit kennengelernt haben und auf die in ihnen wiedergegebenen Charakterzüge. Ferner läßt sich der Anatolier leicht organisieren. Diese Eigenschaft wurde ihm im Laufe der Geschichte anerzogen (Militärdienst). Endlich zeigt der Anatolier auch eine große Anpassungsfähigkeit an jede Art von Arbeit. Man kann diesen wirtschaftsfördernden Zügen des Anatoliers noch seine Genügsamkeit und Anspruchslosigkeit hinzufügen, die gerade unter den Verhältnissen, wie sie augenblicklich in der Türkei herrschen, für eine Aufbauarbeit große Bedeutung haben.

Bewertet man die erreichten Leistungen des Anatoliers, so muß zugegeben werden, daß sie gering sind. Im Vergleich zu der aufgewendeten Kraft, Anstrengung und Zeit steht der erzielte Effekt in keinem Verhältnis. Und dies hat folgende Ursachen:

Der Anatolier ist nicht zur Arbeit geschult und erzogen. Beim einzelnen Arbeitsvorgang fehlt ihm die Methodik. Einer Planmäßigkeit und Zweckmäßigkeit ist er sich noch nicht bewußt, Voraussetzungen, die mit der Zeit und durch Schulung sicher erreicht werden können.

Weiterhin kann in der Türkei von einer Arbeitsteilung im Sinne einer hochentwickelten Wirtschaft nicht gesprochen werden. Spezialisten gibt es noch wenige. Ein Türke muß innerhalb seines Berufes mit der Zeit alle Arbeiten verrichten.

Dazu kommt noch, daß man in der Türkei gezwungen ist, mit unvollkommenen Geräten zu arbeiten. Die Geräte und Werkzeuge der Bauern sind im allgemeinen selbst hergestellt und natürlich nicht dazu geeignet, die Arbeit zu fördern. Bei einem Vergleich mit den technischen Möglichkeiten und Erleichterungen in den fortgeschritteneren Ländern wird augenscheinlich, wie stark die Arbeitsausbeute in der Türkei von der Geringfügigkeit der Geräte abhängig ist.

Die Ernährung ist in diesem Zusammenhange auch ein wichtiger Faktor, von dem das Sinken und Steigen der Leistung beeinflußt wird. Die Lebensführung der Anatolier ist sehr einfach und karg. Hauptnahrung ist Brot, das aus gemischtem Mehl hergestellt wird (allgemein Gersten- und Maismehl, weniger Weizenmehl). Die Bauern Anatoliens genießen sehr selten — man möchte sagen — ausschließlich nur an den Festtagen Fleisch. Abgesehen von der Art der Nahrungsmittel decken die aufgenommenen Kalorien nicht den Bedarf eines arbeitenden Menschen. Diese spärliche Ernährung ist kaum die Grundlage für außerordentliche Leistungen. Das erklärt, daß diese Bauern unter diesen Umständen sehr frühzeitig ihre Arbeitskraft verbraucht haben. Die ganze Freudlosigkeit der Arbeits- und Lebensbedingungen beeinflußt ausschlaggebend die Arbeitswilligkeit.

Wie oben erwähnt, sind die landwirtschaftlichen Betriebe in der Türkei hauptsächlich Bauernbetriebe. Ihnen folgen größere Güter in Privatbesitz, an letzter Stelle die Staatsgüter. Bei den Kleinbetrieben wird die Arbeit von allen Mitgliedern der Familie geleistet. Der Mann, die Frau und die Kinder nehmen ausnahmslos daran teil. Die Bauersfrauen haben bei der Verrichtung der ländlichen Arbeit eine besondere Bedeutung. Grund dafür ist, daß die Familie infolge des Militärdienstes lange Zeit den Vater und die jungen Söhne entbehren mußte. In der Heimat blieben fast nur die älteren Männer und die Kinder zurück. Dieser Zustand stellte die Landfrau vor schwere Aufgaben. Sie war gezwungen, zum großen Teil auch die harte Mannesarbeit auf dem Felde auf sich zu nehmen. Im Laufe der Zeit steigerten diese Verhältnisse die Arbeitsfähigkeit der Bauersfrau. Vielleicht entstand hieraus die Meinung der Ausländer, die immer wieder betonen, daß in der Türkei der Mann seine Zeit müßig verbrächte und nur die Frau arbeitete. Man darf nicht vergessen, daß die im Lande zurückgebliebenen Männer alt und arbeitsuntauglich waren. Infolgedessen lag alle schwere Arbeit auf den Schultern der Frau.

In Kleinbetrieben genügt die Familie, um die Feldarbeit zu bewältigen. Ist Not am Mann, so kommen die Nachbarfamilien zu Hilfe, man ist auf gegenseitige Hilfeleistung eingestellt.

Auch in den größeren Bauernbetrieben wird die Arbeit hauptsächlich von den Familienmitgliedern geleistet. In arbeitsreichen Zeiten werden Leute aus anderen Gegenden zur Hilfeleistung herangezogen, die Parzellenbetriebe besitzen und deren Arbeitskraft im eigenen Betrieb nicht vollkommen ausgenutzt wird.

Nur im ganz beschränkten Maße werden bei größeren Bauern K n e c h t e eingestellt. Bei Betrieben von zwanzig bis dreißig Hektar werden ein bis zwei Knechte monatlich, saisonweise oder jährlich vertraglich verpflichtet. Diese Betriebe brauchen noch Arbeitskräfte aus kleineren Betrieben, soweit es sich um arbeitsintensive Kulturen (Tabak) des Westens handelt. Die Angestelltenfrage zeigt, daß es sich in der Türkei hauptsächlich um verhältnismäßig arbeitsextensive Bewirtschaftung handelt.

Auf den G r o ß g ü t e r n ist schon eine gewisse Arbeitsorganisation vorhanden. Sie haben ihre Leute monatlich oder jährlich verpflichtet. Hier ist auch der Anfang einer Arbeitsteilung festzustellen. Bemerkenswert ist der häufige Wechsel der Arbeitskräfte auf diesen Gütern, wodurch die Ausbildung und die Betriebsführung stark in Mitleidenschaft gezogen wird. Grund dafür ist, daß in der Türkei eine Landarbeiterklasse im Sinne der europäischen Wirtschaft noch nicht besteht; teilweise rekrutieren sich diese Kräfte aus verschuldeten Bauern, die natürlich das Bestreben haben, so bald als möglich auf ihre eigene Scholle zurückzukehren, anderseits finden sie auch später im Gewerbe Unterkunft. Der innere Teil und der Osten Anatoliens sind noch nicht so weit fortgeschritten, daß hier außer den Familienmitgliedern Fremde zur Arbeit herangezogen würden. In diesen Gebieten tritt die Familienarbeit mit allen ihren Folgeerscheinungen zutage. Wenn man überhaupt die Landarbeiter einteilen will, so hat man folgende Arten zu unterscheiden:

1. monatlich gebundene Arbeiter,
2. jährlich gebundene Arbeiter,
3. Taglöhner.

Die Arbeiter der ersten Kategorie sind allgemein junge, unverheiratete Leute; sie sind größtenteils auf größeren Bauernbetrieben zu finden. Sie erhalten vom Bauern Unterkunft und Verpflegung, außerdem einen nach Landessitte festgesetzten Lohn. Sie werden allgemein nur in arbeitsreichen Perioden eingestellt.

Die zweite Art Landarbeiter trifft man auf den großen Gütern. Sie sind verheiratet oder unverheiratet. Die unverheirateten Leute sind allgemein ortsfremd. Die Frauen der Verheirateten sind im allgemeinen nicht verpflichtet in dem betreffenden Betriebe mitzuarbeiten. Irgendwelche gewohnheitsrechtliche traditionelle Bedingungen, wie z. B. zwischen Bauern und Kätnern in Deutschland gibt es nirgends. Auch auf Siedlung und Landverteilung haben diese Arbeitsverhältnisse keinerlei Einfluß. Der Arbeiter, der auf einer eigenen Existenz fußt und seine überschüssige Kraft einem anderen Betrieb zur Verfügung stellt, ist der Idealtyp des Landarbeiters, den heranzuziehen die Aufgabe einer gesunden Landarbeiterpolitik sein sollte.

Da die größeren Güter in der Türkei noch reichlich freien Boden besitzen, besteht sehr leicht die Möglichkeit, daß sie ihre Arbeiter durch Pacht oder nach Art des Heuerlingssystems an sich fesseln und ihnen die Möglichkeit geben, durch eigenen Fleiß Besitz zu erwerben. Hierin liegt auch die Möglichkeit, eine besitzlose Arbeiterakkumulation durch die entstehende Industrie hintanzuhalten.

Die dritte Gruppe muß ich in zwei Unterarten einteilen:

a) seßhafte Taglöhner,

b) Wanderarbeiter.

Die ersteren wohnen in der Nähe der Betriebe, auf denen sie tätig sind. Sie stammen wiederum aus denjenigen Familien, die Parzellenbetriebe haben.

Die zweite Art stammt aus anderen Gegenden, die noch nicht sehr entwickelt sind, meist aus Inneranatolien. Es sind Bauern, die ihre Güter den Frauen und Kindern überlassen und, um bares Geld zu verdienen, im Frühjahr gruppenweise nach den arbeitsreichen Gegenden wandern, um dort bis in den Herbst hinein zu arbeiten. Dann kehren sie wieder in ihre Heimat zurück. Vor allem sind dies Schnitter, Tabak-, Baumwoll- und Rosinenarbeiter. Schnitter sind im westlichen Teil Anatoliens und im europäischen Teil anzutreffen. Es sind hauptsächlich Zigeuner, die die Regierung in der letzten Zeit auch zwangsweise angesiedelt hat. Ihre Arbeit beginnt mit der Getreideernte und dauert bis zu deren Ende.

Ein Hauptkontingent der landwirtschaftlichen Arbeiter stellen die Tabakarbeiter hauptsächlich in der Gegend von Smyrna (Izmir) wie natürlich auch in den anderen Tabakanbaugebieten. Der Anbau des Tabaks verursacht fast ununterbrochen vom Verziehen bis zur Trocknung eine sorgfältige und intensive Handarbeit. Verziehen und Verpflanzen, Hacken, Pflegearbeiten, Ernte und Trocknen sind ausschließlich Handarbeiten.

Weiter kann man die Wanderarbeiter bei den Baumwollkulturen, vor allen Dingen bei der Ernte der Baumwolle feststellen. In dieser Hinsicht ist das Adanagebiet bekannt. Während der Ernte strömen die Wanderarbeiter sogar aus den ferneren Teilen Inneranatoliens in das Gebiet von Adana.

Zuletzt findet man die Wanderarbeiter auch bei der Weinlese. Es ist hier zu bemerken, daß die Weinlese in der Türkei, im Gebiet um Smyrna, eine andere Bedeutung hat als in Europa. Es handelt sich hier um die Ernte und Trocknung der Sultaninen, nicht etwa um Ernte und Vorbereitung zur Weingärung.

Die Entlohnung der Arbeiter geschieht je nach der Gegend, nach den Landesgebräuchen, letztlich nach den Entwicklungsstufen der betreffenden Orte, ist also sehr verschieden. Allgemein erfolgt die Entlohnung in großem Umfang mit Leistung gegen Leistung. Dabei liegt diesem Tauschgeschäft aber keine genaue Berechnung und Bemessung der Leistungen weder nach Güte noch nach Menge zugrunde, es ist vielmehr eine gegenseitige Unterstützung auf Grund gleicher Lebenslage. Diese Art des Arbeitsaustausches finden wir besonders im Osten und in Mittelanatolien. Die zweite Art Entlohnung ist die Vergütung in Naturalien. Sie ist auch heute noch die verbreitetste Form. Besonders die Arbeiter von kleinen landwirtschaftlichen Familien und die Schnitter werden auf diese Weise abgegolten. Die nach mündlichem Vertrag für Monate und für ein ganzes Jahr gebundenen Arbeiter erhalten vom Arbeitgeber die volle Beköstigung und Unterkunft und einen Barlohn, der monatlich zwanzig bis fünfunddreißig Mark beträgt. Der Betrag schwankt jedoch in den einzelnen Gegenden sehr.

Die seßhaften Taglöhner bekommen entweder einen reinen Geldlohn oder Geldlohn und Verpflegung oder auch Geldlohn mit Naturallohn zusammen.

Die Wanderarbeiter erhalten im allgemeinen Geldlohn, jedoch findet man auch noch Entlohnung in Naturalien in manchen Gegenden. Im großen und ganzen wird Zeitlohn bezahlt; für bestimmte Arbeiten in bestimmten Gegenden kennt man auch den Akkord, besonders in Form des Pauschallohnes.

Eine gleichmäßige Lohnhöhe gibt es in der Türkei nicht, sie ist von dem Kulturstand des Ortes, von den Gebräuchen und der Art der Arbeit abhängig und schwankt im Verlauf des Jahres je nach Angebot und Nachfrage. Die Tendenz einer Steigerung der Löhne ist im großen und ganzen festzustellen. In Inneranatolien und im Osten wird die Arbeit schlecht bezahlt, dagegen im westlichen Teile verhältnismäßig hoch. Im Jahre 1925 betrug der Taglohn im Gebiet von Smyrna im Frühjahr und Sommer für Männer 0'5, 1'5, 2 türkische Pfund (1, 3, 4 Mark), für die Frauen ungefähr 0'5, 0'8, 1 türkische Pfund (1, 1'60, 2 Mark).

Bei manchen Arbeiten steigt der Lohn zuweilen bis 6 Mark für Männer und 3 Mark für Frauen. An den Lebenshaltungskosten gemessen ist der Kaufwert dieser Löhne etwas höher, allerdings wird dieser Vorteil durch den augenblicklichen Tiefstand der türkischen Valuta zum Teil wieder ausgeglichen (importierte Industriewaren!). Im allgemeinen kann man sagen, daß soweit überhaupt geldliche Entlohnung in der Türkei anzutreffen ist, diese nicht gering genannt werden kann.

Die Regelung des Lohnes ist in der Landwirtschaft der Türkei der freien Vereinbarung überlassen. In dieser Hinsicht bestehen keine gesetzlichen Bestimmungen. Dieser Zustand wirkt in den Gegenden mit intensiver Landwirtschaft sich nachteilig aus, denn er trägt nicht zur Stetigkeit der Arbeitsverhältnisse bei, so z. B. im Smyrnagebiet und im Gebiet von Adana.

Nach dem Kriege hat sich die Landarbeiterfrage, das heißt ein Unterangebot an Arbeitskräften während der arbeitsreichen Monate in diesen beiden Gebieten bemerkbar gemacht. Bis dahin konnte von einer solchen noch nicht gesprochen werden. Anstoß war die Erweiterung der Anbaufläche von Tabak um Smyrna, von Baumwolle um Adana und die Einführung des Zuckerrübenbaues und ganz allgemein gesprochen, die Steigerung der Lebensbedürfnisse. Jetzt kann man von einer Landarbeiterfrage der Türkei in ihren westlichen Teilen sprechen. Wie es leicht erklärlich ist, war bis zum Kriege in der gesamten Türkei und heute noch in Zentral- und Ostanatolien kein ausgeprägter Landarbeiterstand vorhanden. In der gesamten Türkei, abgesehen vom westlichen Teil, sind die Arbeiter ebenso unter Landarbeiter als unter Gewerbearbeiter einzureihen. Eine Zeitlang arbeitet ein junger Mann in der Landwirtschaft, um wieder einen anderen Beruf zu ergreifen, wenn sich die Gelegenheit bietet. Das hat dann natürlich seine Nachteile, denn die Landwirtschaft verliert immer die mit ihren Gepflogenheiten vertrauten und eingearbeiteten Leute; eine praktische Ausbildung und eine Leistungssteigerung auf Grund eigener Erfahrungen ist unmöglich.

Jetzt bildet sich im Westen der Türkei allmählich ein besonderer Stamm von Landarbeitern heraus. Der Rübenbau, der Tabakbau verlangen nach Leuten mit besonderen Erfahrungen und Handfertigkeiten.

Im Zusammenhang mit der Landarbeiterfrage entsteht eine zweite, juristische. Das Verhältnis von Arbeitgeber zum

Arbeitnehmer ist noch in keiner Weise gesetzlich festgelegt. Die Verträge werden oft unklar und mündlich abgeschlossen, was zu schweren Mißverständnissen und Mißhelligkeiten führt. Der Arbeiter ist gegenüber dem Arbeitgeber in keiner Weise gesichert, seine Interessen sind nicht gewahrt. Hingegen leidet der Landwirt als Arbeitgeber ebenso unter den ungesicherten arbeitsvertraglichen Verhältnissen. Der Arbeiter kann ihn gerade in einer schwierigen Zeit im Stich lassen. Da sich diese Tendenz schon ganz deutlich fühlbar macht, ist die Türkei gezwungen, diese Beziehungen auf rechtliche Basis zu stellen und die Arbeitsverhältnisse arbeitsrechtlich zu regeln. Obwohl in der Türkei ein Klassengegensatz im europäischen Sinne zwischen Arbeitnehmer und Arbeitgeber nicht besteht, ist die Kodifizierung insofern notwendig, als eine geregelte Geschäftsabwicklung einer klaren, eindeutigen Festlegung bedarf.

Wenn man über die ganzen Arbeitsverhältnisse in der Landwirtschaft der Türkei eine Übersicht haben will, die wieder rein landschaftlich bedingt ist, kann man folgendes Bild entwerfen:

1. Ostanatolien mit seinem südöstlichen Teile weist eine Arbeitsextensität auf. Wenig Menschen auf großer Oberfläche. Hier findet man reinen Naturallohn, soweit überhaupt Lohnarbeit in Frage kommt.

2. Zentralanatolien, große Oberfläche, spärliche Bevölkerung. Auch hier noch Arbeitsextensität mit vorwiegend ähnlichen Verhältnissen wie unter 1.

3. Der Westen von Zentralanatolien besitzt verhältnismäßig mehr Menschen, die Arbeitsintensität nimmt zu, der Lohn steigt, der Geldlohn hat hier größere Bedeutung für die hauptsächlich seßhaften Arbeitskräfte.

4. Die nördliche Küstenstrecke mit ihren gartenmäßigen Parzellenbetrieben hat für die Landwirtschaft große menschliche Arbeitsaufwendungen notwendig. Die Arbeitskräfte stellt, ausgenommen im Tabakbau, die Familie.

5. Im Marmarameergebiet einschließlich der europäischen Gebiete findet man den Anbau der verschiedensten Kulturpflanzen in gartenmäßigen Betrieben, also starke Arbeitsintensität. (Lohn- und Arbeitsverhältnisse wie bei 4.)

6. Im **Süden**, im Gebiet von Adana ist die Intensität der Arbeit stark gestiegen. Hier finden wir ein Unterangebot von Arbeitskräften, die von Wanderarbeitern gestellt werden und hohe Barlöhne.

7. Der **westliche Teil** von Anatolien, besonders die Küstenstrecke am Ägäischen Meer mit ihrem Anbau von verschiedenen Industriepflanzen und Hülsenfrüchten, Wein, Tabak und Obst erfordert die intensivste Arbeit der Landwirtschaft in der Türkei und diese Intensität erreicht ihren Höhepunkt in der Umgebung von Smyrna. Hier kann von einer Zuspitzung der Arbeiterfrage gesprochen werden. Deshalb finden wir hier auch die höchsten Löhne. Innerhalb des Baumwollanbaues finden wir die schwierigsten Arbeitsverhältnisse aber im Adanagebiet.

Es ergibt sich aus den dargelegten Verhältnissen, daß die Entwicklung der türkischen Landwirtschaft stark von der Anpassungsfähigkeit der Bevölkerung an zweckmäßige Arbeitsmethoden abhängt. Je wirksamer die Arbeit an- und aufgewendet wird, desto mehr steigt auch die Rentabilität der Landwirtschaft. Nur die rationelle und qualifizierte Arbeit wird die türkische Landwirtschaft wirtschaftlich vorwärts bringen, denn diese Produktionsquelle hat die Türkei von vornherein fest in der Hand, während der dritte Faktor der Produktion, das Kapital nämlich, eben erst durch wirtschaftliche Arbeit geschaffen werden muß. Durch Schulung muß die Arbeit zur Zweckmäßigkeit, Planmäßigkeit und Stetigkeit geformt und dadurch ihre Wirksamkeit, Geschicklichkeit und Leistungsfähigkeit gesteigert werden.

2. Die organisierenden Faktoren der Landwirtschaft.

In dem vorhergehenden Abschnitt wurde die Schilderung derjenigen Gegebenheiten versucht, die der Türkei infolge der bisherigen Entwicklung ein so uneinheitliches Aussehen gegeben haben. Den im folgenden zu behandelnden Faktoren liegen zwar auch nicht einheitliche Gegebenheiten zugrunde, doch sind sie vielmehr abstrakte, wirtschaftliche Bedingungen, die in der Hand einer zielbewußten Politik die Ansatzpunkte sind, von denen aus das gesamte wirtschaftliche und kulturelle Bild der Türkei zu einer in sich geschlossenen und sinnvoll verzahnten Einheit zusammengeschweißt werden kann. Wenn ich daher die Abschnitte Kapital und Kredit, Verkehrsprobleme und Absatz und Bezug unter dem Gesichtspunkt „organisierende Faktoren" gestellt habe, möchte ich eben dadurch ausdrücken, daß für ihre Betrachtung und Gestaltung ein besonderes Maß von Verantwortlichkeit notwendig ist, daß sie vor allem den Aufstieg des Landes richtunggebend bestimmen werden. Alle weiteren Maßnahmen, mögen sie die Bildung, mögen sie den Ausbau der Technik betreffen, werden durch die wirtschaftlichen Möglichkeiten bestimmt, die eben diese drei Faktoren erst zu schaffen haben.

a) Kapital und Kredit.

Die Wirtschaft beruht auf den Wirtschaftsmöglichkeiten und auf den Wirtschaftskräften. Immer und überall ist die Natur der Untergrund, auf dem sich der wirtschaftliche Oberbau gründet. Sie liefert die Rohstoffe für die wirtschaftlichen Güter. Die wirtschaftlichen Kräfte, Arbeit und Kapital, formen den Rohstoff um, produzieren die Güter, um die Bedürfnisse der Menschen zu befriedigen, es müssen die Mittel erstellt werden, um weiter wirtschaften zu können. Letzten Endes ist der Sinn dieses Kräftespiels die Bedarfsdeckung der wirtschaftenden Gemeinschaft, abgesehen von den Machttendenzen, die dann über dieses engere Ziel hinausgehen. Bei jeder menschlichen Gemeinschaft sehen wir das Zusammenwirken dieser drei Wirtschaftsfaktoren. Seitdem es menschliche Wirtschaft gibt, besteht auch das Wechselspiel zwischen diesen drei Elementen. Das Fehlen eines dieser drei Faktoren macht eine menschliche Wirtschaft, wie sie jetzt dasteht, undenkbar. Auf jeden Fall sind dann die Entwicklungsmöglichkeiten sehr bald erschöpft.

Menschliche Arbeit mit Kapital ausgestattet, kämpft gegen die Natur, macht sie sich dienstbar, gewinnt die Rohstoffe aus ihr und verarbeitet sie, wandelt sie in wirtschaftliche Güter um. In diesem Prozeß sichert das Kapital dem Menschen die Erweiterung der wirtschaftlichen Betätigung, die Urproduktion, die Weiterverarbeitung und Wahrung der produzierten Stoffe. Das Kapital ist in der Wirtschaft schon von früh an ein wichtiges Element gewesen. Aber die Wertigkeit der drei Faktoren zueinander verschob sich mit der Zeit immer mehr zugunsten des Kapitals. Heute gibt es der gesamten wirtschaftlichen Organisation das Gepräge, macht die Arbeit von sich abhängig, so daß die Wirtschaft und die Produktion in erster Linie von ihm abhängig sind. Je mehr die einzelnen Länder wirtschaftlich entwickelt sind, um so einseitiger hat sich die Macht des Kapitals ausgewirkt, so daß zwischen ihm und den anderen Wirtschaftsfaktoren ein Mißverhältnis entsteht. Das Kapital kauft die Arbeit, ermöglicht die Technik, macht sich die Natur dienstbar und ist das Wirtschaftsinstrument in der Hand der organisierenden und leitenden Energie.

Auch in der Landwirtschaft hat das Kapital in der letzten Zeit besondere Bedeutung gewonnen. Da für die Landwirtschaft das unmittelbare Arbeitsfeld die Natur mit allen ihren Hemmungen und Widerspenstigkeiten ist, bedarf die menschliche Arbeit in diesem Falle besonders der Unterstützung durch technische Mittel, um den Kampf gegen die Natur erfolgreich aufnehmen zu können.

Erst mit Erstellung dieser technischen Möglichkeiten gelingt dem Menschen innerhalb des landwirtschaftlichen Betätigungsfeldes die leichtere Überwindung der natürlichen Hindernisse und ihre verhältnismäßige Unterwerfung und Nutzbarmachung im Sinne einer geregelten, vorplanenden Wirtschaft, erst durch das Kapital werden die nötigen Hilfsmittel erstellt.

Die Form der landwirtschaftlichen Betriebe, die Art ihrer Bewirtschaftung und die Intensität der Produktion der fortgeschrittenen Agrarländer der Gegenwart sind im Zuge der Entwicklung das Ergebnis von Kapitalaufwendungen. In der Landwirtschaft dieser Länder spielt das Kapital eine ausschlaggebende Rolle und bestimmt ihr Gepräge und lockert mehr und mehr ihre Abhängigkeit von der Natur. Diese Entwicklung der Landwirtschaft läuft natürlich mit dem Fortschritt der gesamten Wirtschaft parallel und ist in diesem Sinne mit ihr zu einem Ganzen verschmolzen.

Wenn wir uns nach diesen Ausführungen den Kapitalverhältnissen in der Landwirtschaft der Türkei zuwenden, so fällt vor allem eine Diskrepanz gegenüber diesen allgemeinen Betrachtungen ins Auge. D i e   K a p i t a l v e r h ä l t n i s s e   i n   d e r   L a n d w i r t s c h a f t   d e r   T ü r k e i zeigen ein ihrer Entwicklungsstufe entsprechendes Gesicht. Hier ist noch die Natur bei der Produktion fast uneingeschränkt der ausschlaggebende Faktor. Allgemein betrachtet, ist die türkische Landwirtschaft den wechselnden Wirkungen der Natur stark unterworfen. Die menschliche Arbeit kann zwar hier bis zu einem gewissen Grade ihre ungünstigen Wirkungen abschwächen, indem sie sich den jeweiligen Gegebenheiten nach Möglichkeit anpaßt, soweit es ohne vervollkommnende technische Hilfsmittel möglich ist. Aber die unmittelbaren Maßnahmen richten sich in viel stärkerem Maße nach den nicht vorher bestimmbaren Zufällen der Naturereignisse, so daß von einer vorplanenden Wirtschaft in unvergleichbar geringerem Umfang innerhalb der türkischen Landwirtschaft die Rede ist als in den technisch entwickelteren Ländern. Man kann hier noch nicht von einer Unterwerfung und Bezwingung der Natur sprechen. Die einschneidende Wirkung des Kapitals ist innerhalb der landwirtschaftlichen Produktion noch nicht so spürbar; infolgedessen muß die Landwirtschaft sich vor der Natur beugen und unterliegt ihr in mancher Hinsicht völlig. Dies gilt für die türkische Landwirtschaft insgesamt. Die Landwirtschaft muß sich in diesem Lande im großen und ganzen der Natur anpassen. Ihr Erfolg beruht darauf, daß sie die Naturkräfte einspannt und sich dienstbar macht. Das Ergebnis der wirtschaftlichen Bemühungen und der Ausnutzung der gegebenen Naturkräfte wird zum Teil zur Vervollkommnung und Erweiterung der Betriebsmittel aufgewendet, die bis zu einem gewissen Grade Überwindung der Hindernisse der Natur ermöglichen.

Zusammenfassend kann man in diesem Zusammenhange die Lage der türkischen Landwirtschaft wie folgt charakterisieren. Ihr ganzer Erfolg hängt von den Gaben, der Gunst oder Kargheit und Ungunst der Natur ab. In zweiter Linie ist es die menschliche Arbeit, die zielsetzend eingreift, jedoch schwach und unvollkommen ausgerüstet ist, so daß ihr Ziel mehr auf die oben angedeutete Anpassung an die Natur als auf ihre Unterwerfung gerichtet ist. Das Kapital tritt bei der landwirtschaftlichen Produktion weit zurück. Seine Wirkung ist im Vergleich mit der Natur und der Arbeit nur gering. Diese Lage entspricht jedoch dem Niveau der gesamten Volkswirtschaft der Türkei. Sie ist durch die allgemeinen Verhältnisse und den Grad der Entwicklung bedingt.

Durch die unten noch zu erklärenden Ursachen ist die Türkei im Laufe der Zeit wirtschaftlich gesunken, das Land verarmt. Die Gesamtbevölkerung konnte mit der Zeit nicht Schritt halten und infolgedessen vermochte sie ein reges, fortschrittliches Erwerbsleben nicht zu entwickeln. Es kam daher zu keiner Bildung von Volksvermögen; Kapitalmangel wurde dann zu einem neuen Hindernis in der Aufwärtsentwicklung. Die Folge davon war natürlich Armut. Die Bewohner des Landes konnten es nicht zu einer Wohlhabenheit bringen und ansehnliche Vermögen erwerben. Es erklärt sich daraus, daß das Erwerbskapital, insbesondere das Produktionskapital auch heute noch in der Türkei recht gering ist.

Die schweren Lasten (Zehnt) lagen vor allen Dingen auf den Schultern der Bauern und jede Katastrophe traf sie am stärksten und unmittelbarsten. So war und ist die Lage hinsichtlich des Kapitals innerhalb der türkischen Landwirtschaft recht bedenklich.

Da es innerhalb der türkischen Volkswirtschaft außer der Landwirtschaft keinen entwickelten Erwerbszweig gibt, ist das landwirtschaftliche Kapital für sie viel mehr als in einem anderen Lande ausschlaggebend für die Entwicklung der allernächsten Zeit. Bisher verlief das Leben in seinen alten, eintönigen Bahnen, so daß der tatsächliche Kapitalmangel nicht in diesem Maße bewußt wurde. In dem Augenblick aber, in dem die Notwendigkeit und auch die Möglichkeit einer verhältnismäßig schnellen Entwicklung gegeben ist, wird die Enge des inländischen Kapitalmarktes zu einer Lebensfrage für das ganze Volk.

Wenn also im folgenden die Kapitalverhältnisse der Landwirtschaft erörtert werden, wird damit zugleich ein allgemeines volkswirtschaftliches Problem in den Mittelpunkt der Betrachtung gestellt.

Boden:

In diesem Zusammenhang ist von ausschlaggebender Bedeutung, daß innerhalb der Türkei noch fast unbegrenzt kultivierbarer Boden zur Verfügung steht. Der nicht in Kultur genommene Boden ist zum großen Teil im Besitz der öffentlichen Hand und wird kostenlos oder gegen ganz geringes Entgelt abgegeben. Infolgedessen verursacht der Bodenerwerb keine großen Kapitalinvestierungen.

Hinsichtlich des Wertes, den der kultivierte Boden darstellt, ist, wie auf allen Gebieten, so auch hier, eine große Mannigfaltigkeit festzustellen. Sein Wert wird von der allgemeinen Entwicklung der betreffenden Gegend und von der Bodenklasse her bestimmt. Der Bodenwert nimmt von Osten nach Westen hin zu. So kostet z. B. ein Hektar im Gebiet von Smyrna (Izmir) je nach der Bodenklasse 250—1500 türkische Pfund (500—3000 Mk.), während in unentwickelten Gegenden, z. B. im Osten, der Bodenpreis pro Hektar bis auf 30 türkische Pfund (60 Mk.) sinkt. Nach dem Kriege haben die Bodenpreise naturgemäß eine Steigerung erfahren, eine Entwicklung, die in stetem Vorwärtsschreiten begriffen ist. Dabei ist zu berücksichtigen, daß auch in den entwickeltsten Gegenden noch unkultivierter Boden vorhanden ist, der auch dort kostenlos nach Regierungsgesetz in Besitz genommen werden kann, wenn er eingezäunt wird und eine zeitlang bebaut worden ist, ohne daß eine dritte Person das betreffende Grundstück für sich reklamiert.

Die teuersten Böden sind Tabak-, Baumwoll- und Gartenland (Wein, Feigen usw.), während Getreideland verhältnismäßig wohlfeil ist. Auch innerhalb der entwickelten Gebiete wird der Bodenpreis wesentlich durch die Verkehrslage mitbestimmt.

Vor dem Kriege konnte man mit einer Verzinsung des Bodenkapitals in der Höhe von 2—3% rechnen. Mit zunehmender Entwicklung kann aber eine höhere Rendite erwirtschaftet werden. Immerhin ist für den Bauern der Boden sein wertvollster Besitz. Da die Türkei einer gesunden, wohlhabenden und auf eigener Scholle lebenden Bauernschicht bedarf, darf der Boden nicht zu einem Spekulationsobjekt werden.

Gebäude und Anlagen:

Wie gelegentlich einmal erwähnt, sind die landwirtschaftlichen Betriebe der Türkei allgemein kleine Bauernbetriebe. Die Zahl der vollkommen ausgebauten Güter ist in der Türkei sehr beschränkt, abgesehen von den westlichen Teilen. Der private Grundbesitz größeren Umfanges besteht namentlich aus Ländereien, die an den kleinen Bauern parzelliert verpachtet werden, so daß zusammenhängende Großgüter wenig zu finden sind.

Die Bauernbetriebe haben eigentlich kein großes Kapital in Gebäuden investiert. Zum großen Teil liegen die Dörfer von den Feldern entfernt, die Grundstücke, die einem Besitzer gehören, liegen verstreut, weit auseinander, so daß man oft von einem ausgesprochenen Bauernhof, im Sinne z. B. der deutschen Landwirtschaft, nicht sprechen darf.

Die Gebäude einer Bauernfamilie bestehen aus einem einfachen Wohnhaus mit Stall und Speicher. Diese Gebäude sind sehr bescheiden und in vieler Hinsicht unzulänglich. Sie sind allgemein selbst, und zwar teils aus Lehm, teils aus Holz gebaut. Natürlich spielt bei der Errichtung der Gebäude die Billigkeit die ausschlaggebende Rolle, weshalb sie auch weder dauerhaft noch von erheblichem Werte sind.

Man findet wohl bei manchen Gütern einen ausgestalteten Hof, der aus Wohnhäusern, Stallungen und Scheunen besteht. Derartige Höfe sind jedoch an Zahl beschränkt. In der letzten Zeit sind im westlichen und südwestlichen Teile der Türkei Gutshöfe in zweckmäßigen Formen entstanden, deren Gebäudekapital von größerer Bedeutung ist. Ich möchte in diesem Zusammenhang aber feststellen, daß ein Bauernbetrieb nicht mit Gebäudekapital überlastet werden darf, sondern die baulichen Anlagen dürfen sich nur im Rahmen des Notwendigen bewegen.

Hinsichtlich der anderen baulichen Anlagen liegen die Verhältnisse ebenso wie bei den Gebäuden. In den rein Ackerbau betreibenden Gegenden sind maschinelle Anlagen wenig anzutreffen. Die Wege und Schutzvorkehrungen auf den Feldern sind nicht von großer Bedeutung, dagegen haben in den Gegenden, in denen die Landwirtschaft gartenmäßig betrieben wird, die Wasseranlagen, die Schutz- und Einfriedungsvorrichtungen und teils auch die Feldwege eine größere Bedeutung.

Diese Lage der türkischen Landwirtschaft hinsichtlich der Gebäude ist aus folgenden Gründen zu erklären: Erstens ist die Produktion beschränkt und im großen und ganzen auf eigene Bedarfsdeckung eingestellt, die Bewirtschaftung ist recht extensiv. Der landwirtschaftliche Betrieb bringt nur Bodenerzeugnisse hervor, der den eigenen Bedarf überschreitende Teil wird sofort verkauft, das heißt diese Bodenprodukte werden keinem Verarbeitungs- oder Veredlungsverfahren unterworfen. Bei der Viehhaltung spielt die Stallfütterung eine sehr geringe Rolle, die Tiere verbringen den größten Teil des Jahres draußen auf der Weide.

Die extensive Wirtschaftsform drückt in allem den Gebäudebedarf. So sind Leutewohnungen, Düngerschuppen, Remisen und ähnliches nicht notwendig. In der Gegenwart beginnt jedoch mit der Entwicklung der Landwirtschaft sich der Bedarf an Gebäuden stärker bemerkbar zu machen. Zahlenmäßige Angaben können leider für Gebäude- und Anlagekapital nicht gegeben werden, da keine statistischen Unterlagen vorhanden sind.

Für Meliorationen in der Landwirtschaft hat die Türkei bisher kein großes Kapital aufgewendet. Im allgemeinen betrachtet, ist das Meliorationskapital sehr minimal. In den Gebieten von Smyrna und am Marmarameer trifft man manche Meliorationen im Anfangsstadium. In zweiter Linie kommen das Adana Gebiet und das Gebiet am Schwarzen Meer in Betracht, in denen die Landwirtschaft einen gewissen Grad von Intensität erreicht hat. Meliorationen kleineren Umfanges trifft man meistens innerhalb des Gartenbaues und bei den Anbauflächen von Tabak und Baumwolle an, nur wo der zu diesen wertvollen Kulturpflanzen geeignete Boden knapp zu werden beginnt.

Umfangreiche Entwässerungs- und Bewässerungsanlagen findet man — abgesehen von den einzigen Bewässerungsanlagen im Konya in der Tschomreebene (Çomra) — nicht. Man trifft Meliorationen meistens in der Form von Wassergruben und Beseitigung der großen Steine an, wie in gewissem Umfange Wegebauten, Einzäunungen und Terrassierung. Dieser Zustand erklärt sich aus der gesamten Wirtschaft der Landwirtschaft. Ihr Intensitätsgrad ist sehr gering. Außerdem hatte die Türkei natürlich keinen Anlaß z. B. das Sumpfland zu entwässern und zu kultivieren. Es ist ja unendliches Land vorhanden. Die Bevölkerung ist sehr spärlich. Man nimmt einfach erst diejenigen Flächen in Kultur, die am leichtesten zu bewirtschaften sind.

Die schon in Kultur genommenen Böden, bei deren Urbarmachung eine Menge Arbeit aufgewendet war, verlieren zum Teil ihre Eigenschaft als Kulturböden durch die Art der Wirtschaftsführung wieder. Man benutzt nämlich die Äcker nur eine Zeit lang, um sie dann für mehrere Jahre umzulegen. Während dieser Ruhezeit verunkrautet das Land und Sträucher und Bäume siedeln sich wieder an, so daß beinahe wieder die gleiche Arbeit aufgewendet werden muß, um sie von neuem als Ackerland herzurichten. Auf dem Felde liegen noch Steine, die die Bearbeitung des Bodens erschweren und die Anwendung von Maschinen für manche Gegenden unmöglich machen. Der Arbeitsaufwand bei der Urbarmachung eines Bodens ist im allgemeinen in der Türkei nicht allzu groß, da umfangreiche Rodearbeiten sich nicht notwendig machen und der Pflug sehr bald über das Land gehen kann.

Wenn man den Bedarf und den Umfang der türkischen Bevölkerung zugrunde legt, hat die Türkei auch nicht notwendig, viel Kapital aufzuwenden, um Sumpfland oder Ödland zu kultivieren. Denn es ist, wie wiederholt gesagt, genug Bodenfläche vorhanden, die ohne große Meliorationsanlagen in Kultur genommen werden kann. Jedoch braucht die türkische Landwirtschaft infolge der klimatischen Verhältnisse in manchen Zonen Bewässerungsanlagen, infolge der Größe der Objekte kommt hier nur ein Eingreifen von Staats wegen in Frage. Die landwirtschaftliche Produktion würde dadurch in erster Linie vor Kapitalverlusten durch Dürreperioden bewahrt werden. Wie oft mußte die Regierung freies Kapital zur Bekämpfung von Hungersnöten ausgeben und notwendige, produktive, geplante Anlagen zurückstellen. Darüber hinaus könnte auf derselben Fläche in den betreffenden Gebieten das Drei- bis Vierfache an landwirtschaftlichen Produkten erstellt werden. Weiter muß man allmählich, um moderne landwirtschaftliche Maschinen mit der Zeit erfolgreich einführen zu können, Feldwege anlegen und die Ackerfläche von Steinen befreien. Gerade diese Maßnahmen haben sich in den letzten zwei Jahrzehnten im westlichen Teil der Türkei besonders dringend bemerkbar gemacht und die Notwendigkeit wächst von Tag zu Tag.

G e r ä t e u n d M a s c h i n e n:

Wenn man sich die allgemeine Rückständigkeit der Technik in der Türkei vor Augen stellt (siehe Stand der Technik, S. 95), ist leicht einzusehen, daß die Türkei an M a s c h i n e n recht arm ist. Je weiter man nach Osten kommt, desto einfacher werden auch die landwirtschaftlichen Geräte. Das tote Inventar eines Bauern besteht in der Hauptsache aus einigen Handgeräten, Holzhackpflug, Schleppe, Holzegge, einem Wagen und einem Dreschschlitten. Das ist so im großen und ganzen das gesamte Werkzeug eines türkischen Bauern. Der Eisenpflug ist noch nicht im ganzen Lande verbreitet. Der Holzhackpflug hat noch immer seine Bedeutung, geschweige denn, daß andere komplizierte landwirtschaftliche Maschinen allgemeine Verbreitung gefunden hätten. Allerdings entspricht der Holzhackpflug dem augenblicklichen Stand der türkischen Landwirtschaft, weil im besonderen das trockene Klima eine ausgedehnte Hackarbeit verlangt.

Die Verteilung von landwirtschaftlichen Maschinen ist in der Türkei durchaus uneinheitlich. Der Südosten und der östliche Teil von Zentralanatolien besitzen am wenigsten landwirtschaftliche Maschinen, ihnen folgen die nordöstlichen und östlichen Teile. Die größte Maschinenintensität weist das Gebiet von Adana auf.

Um ein breites Bild über die Verteilung von landwirtschaftlichen Maschinen und Geräten zu geben, entnehme ich aus den Angaben der im Jahre 1927 durchgeführten Agrarzählung folgende Zahlen:

In der gesamten Türkei sind 15.711 landwirtschaftliche Maschinen vorhanden (als solche sind nur Motorpflüge, Grasmähmaschinen, Mähmaschinen, Binder, Dreschmaschinen, Reinigungsmaschinen, Drillmaschinen und eiserne Eggen gezählt worden). Da in der Türkei 1.751.293 Bauernfamilien vorhanden sind, so entfällt auf zirka 1115 Bauernfamilien eine landwirtschaftliche Maschine. Auch dieses Bild ist noch zu günstig, wenn man daran denkt, daß ein verhältnismäßig großer Teil der vorhandenen Maschinen auf landwirtschaftliche Schulen und die wenigen vorhandenen Großgüter entfällt.

In demselben Jahre vorhandene landwirtschaftliche G e r ä t e, das sind einfache landwirtschaftliche Ackergeräte, ausgenommen die primitiven Holzpflüge, Holzeggen und Schleppen, betragen 1,413.509, so daß zusammen an landwirtschaftlichen Maschinen und Geräten auf die im Jahre 1927 bebaute Fläche pro Hektar 3 Stück entfallen.

Es bedarf hier allerdings der Bemerkung, daß diese Agrarzählung nicht einwandfrei durchgeführt worden ist. Ich vermute, daß vor allem der Bestand an Geräten nicht einwandfrei erfaßt ist. Jedenfalls veranschaulichen diese Zahlen aber doch ungefähr die Höhe der in der Türkei vorhandenen Geräte und Maschinen. Man muß bedenken, daß dieser Bestand zumal an Geräten keinen großen Kapitalwert darstellt, denn diese sind im allgemeinen unvollkommen und geringwertig.

Zusammenfassend ist also festzustellen, daß in der türkischen Landwirtschaft keine nennenswerten Kapitalien in Geräten und Maschinen investiert sind. Im Gegenteil leidet die ganze Produktion an diesem Mangel.

Diese Lage erklärt sich aus dem gesamten Entwicklungsniveau. Allerdings spielen bei der Einführung und Verbreitung der modernen Maschinen folgende Gründe eine beachtenswerte Rolle:

1. Die Zugtiere in Anatolien sind nicht kräftig genug, schwere Maschinen zu ziehen.
2. Die Felder sind nicht überall eben, im Gegenteil wellig, hügelig und noch nicht von großen Steinen gereinigt.
3. Die Reparaturmöglichkeiten sind noch nicht in allen Landesteilen gegeben.
4. Die Anschaffung dieser Maschinen bedeutet für den Bauern einen Kapitalaufwand, den er sich nicht ohne weiteres leisten kann.

Allerdings ist in der letzten Zeit eine schnellere Verbreitung der zweckmäßigen landwirtschaftlichen Geräte und Maschinen festzustellen. So setzt sich z. B. der eiserne Pflug in immer schnellerem Tempo und größerem Umfange durch.

Zugtiere:

Die Zugtiere der türkischen Landwirtschaft sind weder zahlreich noch besonders leistungsfähig. In dieser Hinsicht liegen die Verhältnisse ebenso ungünstig wie auf allen anderen Gebieten. Allgemein ist durch Unterernährung und durch die mangelnde Pflege und Wartung ihre Leistungsfähigkeit allmählich herabgedrückt worden, sie sind stark degeneriert. Sie sind von kleinem Wuchs und schwächlicher Konstitution.

Als Zugtier kommt in erster Linie der Ochse in Betracht, der in manchen Gegenden durch den Büffel ersetzt wird, während das Pferd als Zugtier für Feldarbeiten stark zurücktritt. Das Pferd wird vielmehr als Trag- und Reittier benutzt. Das Maultier kommt ebenfalls für die Bodenbearbeitung kaum in Frage.

Die Ochsen sind wohl in der Türkei geeignet, den Holzpflug zu ziehen, aber sie sind für die schweren eisernen Pflüge nicht kräftig genug. In dieser Beziehung ist ihnen der Büffel überlegen. Das Pferd ist in der Türkei für die Feldarbeiten zu kostbar. Ferner ist es körperlich nicht fähig, in der Landwirtschaft zur Bodenbearbeitung herangezogen zu werden. Die in Anatolien vorhandenen Pferde sind Warmblüter mit starkem arabischen Einschlag und schon als solche die geborenen Reittiere. Kaltblüter sind überhaupt nicht zu finden.

Nach der im Jahre 1927 durchgeführten Agrarzählung sind in der Türkei insgesamt 3.314.525 Stück Zugtiere im Werte von 227.000.750 türkischen Pfund vorhanden. Danach entfielen auf ein Hektar in Kultur genommener Bodenfläche 0·7 Stück Zugtier.

Meiner Meinung nach belegt diese Zahl aber keineswegs die tatsächlichen Verhältnisse. Nach Angaben der Statistik sind in dieser Zahl alle Zugtiere des Landes inbegriffen, also auch die der Armee, der städtischen Fuhrunternehmen usw. Weiter vermute ich, daß keine scharfe Trennung zwischen Zug- und Reittieren durchgeführt worden ist, außerdem auch Reit- und Zugtiere der typischen Viehhaltungsgegenden ebenfalls in diese Zahlenangabe miteinbezogen worden sind, Gegenden also, die anderseits keine in Kultur genommenen Ackerflächen haben. Dazu kommt noch, daß im Jahre 1926 Dürre geherrscht hatte. Der anatolische Bauer pflegt nach Rückschlägen, die zur Erholung liegengelassene Bodenfläche zu vergrößern, so daß es sehr wahrscheinlich ist, daß gerade im Jahre 1927 die kultivierte Ackerfläche stark zurückgegangen ist. Ich weiß aus eigener Beobachtung, daß im Smyrnagebiet, in der Gegend mit intensiverer Landwirtschaft, auf 4—5 ha 1 Zugtier entfällt, so daß der wirkliche Landesdurchschnitt wesentlich unter dieser Zahl liegen müßte.

Auf jede Bauernfamilie entfallen nach der Statistik durchschnittlich 2 Zugtiere. Auch diese Zahl ist nach den eben ausgeführten Gesichtspunkten zu bewerten. Diese Betrachtung zugrunde gelegt, ist die Behauptung begründet, daß nicht jede Agrarfamilie in der Türkei Zugvieh besitzt. In manchen Gegenden werden besonders Parzellenbetriebe ohne Zugvieh nur durch menschliche Arbeitskraft bewirtschaftet. So sinkt z. B. das angegebene Verhältnis in der Gegend von Rise (Rize) am Schwarzen Meer bis auf 0·21, in Trapezunt (Tırabzon) auf 0·23 und in Hakari (Ostanatolien) auf 0·92. Diese Werte sind aber unter demselben Vorbehalt zu betrachten.

Nutzvieh:

Das Nutzvieh hat in der Landwirtschaft der Türkei als Betriebsmittel zur Produktion veredelter Agrarprodukte eine wirtschaftliche Bedeutung noch nicht erlangt. Wird in der Türkei irgendeine Frage bezüglich der landwirtschaftlichen Produktion diskutiert, denkt man fast ausschließlich dabei an Bodenerzeugnisse, an die pflanzlichen Produkte. Bei solchen Erörterungen ist man sich noch nicht vollkommen der Wichtigkeit der Stellung des Nutzviehs innerhalb eines landwirtschaftlichen Betriebes als Erwerbszweig bewußt. Zum großen Teil rührt es daher, daß der Futterbau in der Landwirtschaft der Türkei fast unbekannt ist. Ebenso sind die modernen Methoden und die Planmäßigkeit in Züchtung und Fütterung, Wartung und Pflege unbekannt. Die Verzweigung und mannigfaltige Verwendung der Nutztiere ist dort nicht in allen Formen herausgearbeitet worden. Kurz und gut, das Nutzvieh hat innerhalb der Landwirtschaft Anatoliens als wichtiger Faktor der Produktion seine Stellung und Bedeutung noch nicht gewonnen. Deshalb findet man hauptsächlich Schafe und Ziegen. Das Rind ist dagegen stark in der Minderheit. Für den anatolischen Bauern hat die Nutzviehhaltung nur den Sinn der engsten Deckung des eigenen Bedarfes, soweit es sich nicht um rein industrielle Viehhaltung überhaupt handelt.

In der Tat ist die Schafhaltung fast ganz von der Landwirtschaft losgelöst. Denn die Türkei besitzt unendliche Weideflächen, auf denen Landwirtschaft in engerem Sinne nicht getrieben wird und die Schafhaltung reiner Selbstzweck im Sinne einer Wollproduktion ist, um so mehr, als eine Pflege der Weideflächen in keiner Weise erfolgt. Das Schaf ist für die Türkei tatsächlich das wichtigste Nutztier. Seine Wolle, seine Milch und sein Fleisch sind die marktgängigsten tierischen Produkte.

Dem Schaf folgt die Ziege. Vor allem die Angoraziege hat ihrer außerordentlich guten Wolle wegen (Mohair) besonders große Bedeutung.

Wohl besitzt jede Bauernfamilie ein paar Kühe, aber ihre Produkte sind ebenfalls nur für die eigene Bedarfsdeckung da. In manchen Gegenden trifft man auch kleine Rindviehherden und in der Nähe von einigen Großstädten auch eine ausgedehntere Rindviehhaltung zur Milchproduktion an, aber dies sind vereinzelte Vorkommen, die für die Gesamtheit der Türkei nicht ausschlaggebend sind. Das Schwein ist in der Landwirtschaft der Türkei aus religiösen Gründen völlig unbekannt.

Von anderen Haustieren spielen noch Geflügel, Bienen und Seidenraupen eine gewisse Rolle. Die Zucht der Seidenraupen hat besonders für die Gegend von Brussa (Bursa) eine große Bedeutung.

Nach der Agrarzählung von 1927 sind in der Türkei ausschließlich Zugvieh und Geflügel, 25.712.591 Stück Haustiere, im Werte von 409.000.566 türkischen Pfund vorhanden. Die Aufteilung des Viehbestandes ist:

Viehbestand:

Schafe	10.166.444	Kühe	2.301.545
Ziegen	6.853.356	Büffel	340.438
Angoraziegen .	2.571.584	Pferde	183.116[1])
Ochsen	2.616.089	Kälber	1.108.106
	Esel	1,096.422	

[1]) Mir scheint bei der Bestandangabe der Pferde irgendein Fehler vorzuliegen. Obwohl der Pferdebestand infolge der letzten Kriege stark dezimiert ist, erscheint mir jedoch die hier angegebene Zahl zu gering.

Von den Nutztieren entfallen auf jede landwirtschaftliche Familie durchschnittlich 15 Stück Vieh. Zu beachten ist dabei, daß zwischen den ackerbautreibenden Familien und den Viehzüchtern ein großer Unterschied besteht, daß manche Familien Hunderte von Ziegen und Schafen besitzen. Das Verhältnis ändert sich jedoch je nach der Gegend z. B. beträgt es im Gebiet am Schwarzen Meer nur 8·7 Stück, in Südostanatolien 10·8 Stück pro Familie. Dagegen steigt die Zahl aber im westlichen Teil von Zentralanatolien auf 22 Stück pro Familie, denn hier ist das Hauptgebiet für die Schaf- und Ziegenhaltung.

Der Bestand der Nutztiere ist durch die letzten Kriege und Ereignisse erheblich zurückgegangen. Man sieht das vor allem am Pferdebestand. Die vorhandenen Nutztiere sind nicht hochgezüchtet, ebensowenig auf Leistung gezüchtet.

Vorrat:

Wie oben gelegentlich erwähnt, beschränkt sich die Landwirtschaft der Türkei im wesentlichen auf die Erstellung von Bodenerzeugnissen. Die tierischen Produkte spielen eine untergeordnete Rolle. Technische Nebengewerbe sind nur in ganz geringem Ausmaße zu finden. Daher sind Vorräte auch nicht in großem Umfange vorhanden. Die geernteten Produkte werden zeitig ohne irgendwelche Weiterverarbeitung abgesetzt, weshalb in den Scheunen und Speichern nach der Ernte nicht viel zurückbleibt, nur die zum eigenen Konsum bestimmten Erzeugnisse. Als den wesentlichsten Vorrat kann man das Saatgut bezeichnen, aber auch dieses haben nicht alle Landwirte, zumal in Notzeiten, in Jahren, in denen die Dürre Ernteausfall mit sich gebracht hat oder irgendeine Naturkatastrophe die Ernte vernichtete. In diesen Zeiten verwendet der Bauer das Saatgut nur zu oft für den Konsum und ist dann vollständig auf Staatshilfe angewiesen. Dieser Notlage könnte der Staat am besten durch Anlage von Getreidespeichern in verschiedenen Landesteilen begegnen. Damit könnte zugleich eine Pflege des Saatgutes verbunden werden.

Der Dünger gewinnt erst in der Gegenwart langsam an Bedeutung, aber noch nicht in dem Maße, daß man von einem

Düngervorrat, besonders von einem Kunstdüngervorrat sprechen könnte.

Als Futter kennt der anatolische Bauer Strohhäcksel, in geringem Umfange Gerste oder Hülsenfrüchte und nur ganz vereinzelt Heu. Eine rationelle Stallfütterung ist nicht bekannt. Dies ergibt sich schon aus der eben besprochenen Stellung des Nutzviehs. Infolgedessen sind ebenfalls keinerlei Vorräte an Kraftfutter zu finden. So ergibt sich zusammenfassend aus dem eben Gesagten, daß die Hofvorräte des türkischen Bauern weder von großem Werte noch von großer Bedeutung sind.

Was die Feldvorräte betrifft, so ist zu sagen, daß sie nur während der Periode des Wachstums und vor der Ernte einen nennenswerten Betrag darstellen. Nach der Ernte aber sind die Felder nicht Träger von besonderen Werten. Die in den Boden gesteckte Arbeit hat für das kommende Jahr nur geringe Wirkung, denn sie geht oft durch die Umlage verloren.

Für manche Gegenden trifft diese Betrachtung aber nicht zu, nämlich dort, wo vorzüglich Industriepflanzen angebaut werden. In diesen Gegenden sind Vorräte zu finden, zum Beispiel Tabak, Baumwolle und Sultaninen.

Der vor kurzem eingeführte Rübenbau hat den ersten Anstoß für eine planmäßige Fütterung gegeben und die Heugewinnung beginnt im Marmara- und Ägäischen Meergebiet eine Rolle zu spielen. Aber auch dies sind nur beschränkte Vorkommen und ändern wenig an der Gesamtlage der Türkei.

Bargeld:

Da die Landwirtschaft in der Türkei nicht viele sich periodisch umsetzende Vorräte hat, so macht sich der Bedarf an barem Gelde zu manchen Zeiten des Wirtschaftsjahres besonders stark geltend, wie überall bei einer beginnenden Wirtschaftsorganisation.

Der Landwirt verkauft seine Erzeugnisse zum großen Teil sobald die Ernte vorbei ist, bestreitet damit die Zinsen und seine Schulden und auch diese nicht immer ganz. Anderseits sind in den Betrieben keine Nebengewerbe vorhanden, die Nutzviehhaltung ist wie gesagt beschränkt, so daß im laufenden Jahre keine handelsfähigen Produkte zur Verfügung stehen, die als Geldquellen für den Bauern dienen könnten. Aus diesen Gründen steht der Landwirt in Bedarfsfällen mittellos da. Dieser Zustand macht sich heute in den entwickelteren Gegenden der Türkei besonders hemmend geltend. Manche Kulturarten haben zu bestimmten Jahreszeiten große Aufwendungen an barem Gelde notwendig, z. B. beim Tabak- und Weinbau. Infolge dieser Notlage ist der Landwirt völlig dem Wucherer ausgeliefert, dessen Bedeutung für die türkische Landwirtschaft ich bei der Betrachtung der Kreditverhältnisse eingehend behandeln werde[1]). Hinsichtlich des umlaufenden Betriebskapitals steht also der anatolische Bauer unter den gleichen ungünstigen Verhältnissen wie in bezug auf die anderen Kapitalarten. Betriebskapital ist auf den Gütern kaum vorhanden.

Hier verdient die Kapitalauffassung des Anatoliers eine kurze Erörterung. Der Bauer ist sich noch nicht bewußt, was Kapital als Betriebsmittel für seinen Beruf bedeutet. Er ist nicht in der Lage, den Begriff des Kapitals in wirtschaftlichem Sinne zu erfassen. Das Vermögen und der der Produktion gewidmete Teil des Kapitals ist für ihn ein und dasselbe. Bei ihm gehen Konsum- und Produktionsgüter in eins zusammen. Diese Auffassung wirkt innerhalb des landwirtschaftlichen Kapitals verhängnisvoll. Ein Bauer bringt es fertig, ohne irgendein Bedenken sein Zugvieh zu verkaufen, um seiner Tochter die Hochzeit auszurichten. Ebensoleicht verkauft er sein Saatgut. Weiter, hat er Nutzvieh, schlachtet er es, ohne zu berechnen, daß ihm damit eine Erwerbsquelle verlorengeht. Diese Vorkommnisse erschüttern die Produktion und rauben den Betrieben jede Stetigkeit. Dieser Zustand ist im Grunde darauf zurückzuführen, daß der anatolische Bauer noch keinen bewußten Erwerbssinn hat.

Es ergibt sich aus den bisherigen Ausführungen, daß das Kapital an der landwirtschaftlichen Produktion in der Türkei nur in geringem Maße beteiligt war und heute noch ist. Da die Bauernbevölkerung 81% der berufstätigen Bevölkerung überhaupt umfaßt, zeigt dieser Zustand, daß die Türkei über kein allzugroßes Nationalvermögen verfügt. Wenn man die

---

[1]) Siehe Kreditverhältnisse Seite 139.

Rolle des Kapitals in der modernen Landwirtschaft sich vergegenwärtigt, so wird es einem leicht klar, wie tief und stark die Landwirtschaft in diesem Lande unter Kapitalmangel leiden muß.

Unter diesen Umständen kann die Landwirtschaft in der Türkei selbstverständlich von den Errungenschaften moderner Technik und Wissenschaft nur sehr langsam Gebrauch machen, Errungenschaften, die die Arbeit befruchten und darauf abzielen, die Vorteile auszunutzen, die die Natur bietet oder sie unterwerfen. Eine Betriebserweiterung und planmäßige Betriebsführung ist unter diesen Umständen undenkbar. Nur eine Erziehung des Bauern zu wirtschaftlichem Denken und Handeln ist der Beginn einer organischen Selbsthilfe, die aus den vorhandenen Möglichkeiten die wirtschaftliche Zukunft aufbauen kann. Dieser Zustand ist auf folgende unmittelbare und mittelbare Ursachen zurückzuführen.

Unmittelbare Ursachen:

1. Ich muß hier wieder in erster Linie als Ursache die Kriege und Aufstände angeben. In Wirklichkeit haben diese Ereignisse den Erwerb von Vermögen unmöglich gemacht. Verschiedene Teile Anatoliens waren im Laufe der Zeit von fremden Mächten besetzt; der östliche Teil von den Russen, der Westen und Süden von verschiedenen Feinden. Der letzte türkische Krieg spielte sich im Westen der Türkei ab, dieser Teil wurde dadurch sehr mitgenommen. Die wiederholten Aufstände und die damit verbundenen militärischen Operationen haben ausschließlich auf den Bauern gelastet. Weiter waren die Bauern selbst beim Militär und mußten ihre wirtschaftliche Tätigkeit unterbrechen, das Begonnene und Geschaffene ging inzwischen verloren.

2. Die Requisitionen entzogen den Bauern die Betriebsmittel. Ihr Vieh und ihre Vorräte wurden ihnen einfach weggenommen.

3. Die schweren Abgaben wurden nicht aus dem Überschuß gezahlt, sondern vom Kapital des Landwirtes bestritten.

4. Die Unsicherheit im Lande erschwerte ungemein ein Vorwärtskommen im Erwerbsleben.

5. Die *natürlichen Katastrophen*, Dürre, Hagelschlag, Viehseuchen, Überschwemmung, Heuschrecken wirkten ebenso verheerend.

Alles das traf den Bauer unmittelbar, es riß ihm sein Hab und Gut aus der Hand, raubte ihm jede Lust, seinen Betrieb zu erweitern. Auf diese Weise konnte der Bauer natürlich nicht viel erwirtschaften und so begann er von seinem Kapital zu zehren.

Die mittelbaren Ursachen:

1. Die *Lebensweise* und *Lebensbedingungen* waren bei den Bauern gemäß ihrer Entwicklungsstufe sehr einfach und die Bedürfnisse sehr gering. Somit fielen auch die Triebfedern von dieser Seite her weg, und es konnte kein Unternehmergeist aufkommen. Die ganze Produktion war lediglich auf eigene und zwar augenblickliche Bedarfsdeckung eingestellt.
2. Die *Vermögensauffassung* des Bauern war durch die Religion stark beeinflußt. Das Genügsamkeitsprinzip des Glaubens unterband wesentlich das Streben nach Vermögensansammlung.
3. Die *Lebensführung* der verhältnismäßig Wohlhabenden grenzte an Verschwendung. Ein Streben und Bemühen nach weiterer Vermögensansammlung hatten diese Leute nicht.
4. Die allgemeine *Mentalität* des Landes, um jeden Preis Herr zu spielen, vernichtete viele Existenzen. Übertriebene, über die Verhältnisse gehende Großzügigkeit wirkte trotz ihrer Menschlichkeit wirtschaftlich langsam destruktiv. Die Einstellung des Anatoliers gegenüber dem im Gelde verkörperten Vermögen ist sehr naiv. Er will eher alles geben und verlieren als den Vorwurf hören, daß er aus materiellen Interessen gehandelt habe.
5. Es fehlt auch *wirtschaftlicher Sparsinn*. Es wurde in der Tat nicht besonders gespart. Wenn bei manchen, vor allem bei Bauern, bis an die Grenzen des Möglichen, bis zur Einschränkung der wichtigsten Bedürfnisse, bis zur Entbehrung gespart wird, so ist dies kein Sparen im wirtschaftlichen Sinne, sondern Sparen aus Not. Wurden Erspar-

nisse gemacht, hatten sie Schatzbildung zum Zweck. Es war also eine Anhäufung toten Kapitals. Hierbei spielte die Verpönung des Zinsnehmens eine große Rolle. Der sparende Bauer wollte weder selbst mit seinen Ersparnissen etwas anfangen, noch sie als produktives Kapital anlegen, noch gegen Zinsen ausleihen. Er war davon überzeugt, daß Zinsen ein unloyaler Gewinn sind.

6. Es fehlten jegliche Sparinstitutionen und Kapitalsorganisationen. Wenn diese vorhanden wären, könnte das Volk zum Sparen erzogen werden.

7. Die wenigen Landwirte, die Überschüsse haben, waren dazu geneigt, die zu verkonsumieren. Für die Entwicklung der Landwirtschaft ist es aber notwendig, daß diese Überschüsse wieder produktiv ausschließlich in der Landwirtschaft angelegt werden.

All diese Ursachen machten die Entstehung und Bildung eines einheimischen Kapitals unmöglich. Deshalb kann man ruhig sagen, daß die Türkei heute für die Durchführung einer modernen Wirtschaft über kein erhebliches, einheimisches Kapital verfügt. Diese allgemeine Lage wirkt sich vor allem ungünstig auf die Landwirtschaft der Türkei aus als dem Erwerbszweig mit dem größten Kapitalbedarf.

Allerdings haben sich die alten Verhältnisse jetzt wesentlich geändert. Notgedrungen hat der Bauer von seinen alten Anschauungen abgehen und vieles lernen müssen. Durch die letzten Ereignisse ist er allmählich zur Erkenntnis seiner Lage gekommen und er leidet heute darunter.

Man spürte früher vielleicht nicht so tief und stark in der Landwirtschaft den Bedarf an Kapital. Die Produktion hatte sehr kleine Ausmaße, man begnügte sich mit dem, was man erntete. Heute sehen die Zustände anders aus. Einerseits sind die Bedürfnisse gestiegen, anderseits ist das Leben wesentlich teurer geworden als früher. Ferner kommen noch die Bestrebungen hinzu, die Landwirtschaft zu modernisieren. In dieser Übergangszeit der Landwirtschaft von Naturalwirtschaft zur Verkehrswirtschaft tritt der Kapitalmangel in seinen schärfsten Erscheinungen zutage.

In der jüngsten Zeit wurde dieses Problem in manchen Gegenden, die in der Entwicklung weiter voran waren, für die

Produktion bestimmter Bodenerzeugnisse, wie Tabak, Baumwolle und Sultaninen, besonders akkut. Doch zeigt sich der Kapitalhunger mehr oder weniger stark in der ganzen Wirtschaft. Den ganzen Bedarf vermag die Türkei im Augenblick nicht zu befriedigen und hat deshalb in der Gegenwart mit großen Schwierigkeiten zu kämpfen. Denn diese Erscheinung ist noch nicht auf dem Höhepunkt ihrer Entwicklung angelangt.

Die Befruchtung der Landwirtschaft, überhaupt die Versorgung des Kapitalmarktes der Türkei durch ausländisches Kapital scheitert vorläufig an vielen Schwierigkeiten und Mißverständnissen.

Ein Teil des ausländischen Kapitals wünscht sich die alten Bedingungen, unter denen es früher Geldgeschäfte mit der Türkei abschließen konnte, zurück. Es versucht, die alten Zugeständnisse (Kapitulationen) zu erhalten, um sich zu sichern, um nach Belieben zum Nachteil des Landes schalten und walten zu können. Ein anderer Teil sieht noch immer in der Türkei ein Kolonialland und hat politische und kolonisatorische Interessen im Hintergrund. Dieses Kapital wünscht sich die Türkei politisch und wirtschaftlich zu unterwerfen. Es stellt daher Bedingungen, die mit der Unabhängigkeit der Türkei nicht zu vereinbaren sind.

Natürlich findet dieses Kapital unter diesen Bedingungen keinen Eingang in die Türkei. Denn der junge Staat ist hinsichtlich der politischen und wirtschaftlichen Selbständigkeit, die er sich in schweren Kämpfen erworben hat, sehr empfindlich und wachsam. Die Türkei findet keinen Grund, daß fremdes Kapital das Land ausbeutet und sie dazu noch von ihm abhängig sein soll.

Die seinerzeit beklagten und für die Kapitulationen als Grund angegebenen alten Rechtsverhältnisse bestehen nicht mehr. Die Gesetzgebung ist nach europäischem Muster umgestaltet. Die politischen Voraussetzungen, die damals zu Kriegen führen konnten, sind ebenfalls beseitigt. Es besteht also kein objektiver Grund, die diktatorischen Bedingungen dieses Kapitals anzunehmen.

Da infolgedessen sich dieses Kapital von der Türkei zurückzog, entstand in Europa das Gerücht, daß die Türkei ausländischem Kapital gegenüber feindlich gesinnt wäre, der

Nationalismus ein Geschäft auf diesem Gebiete überhaupt unmöglich mache. Dadurch wurde auch rein wirtschaftlich ganz auf Geschäft eingestelltes Kapital zurückgeschreckt und verhält sich sehr vorsichtig. In Wirklichkeit aber besteht in der Türkei keine Feindschaft gegen ausländisches Kapital, das rein wirtschaftliche Absichten verfolgt. Die Türkei braucht ausländisches Kapital, um das begonnene Werk fortzusetzen und zu Ende zu führen.

Vielleicht wird auch manchmal angenommen, daß sich die Reformen nicht endgültig durchsetzen könnten, aber die wirtschaftlichen Entwicklungsmöglichkeiten, die politische Geschlossenheit und zielsichere Einstellung der neuen Türkei bietet dafür doch gute Gewähr.

Infolge der eben ausgeführten Bedenken verhält sich besonders das europäische Kapital gegenüber der Türkei sehr zurückhaltend. Es fließt nur sehr langsam nach der Türkei ab.

Diese als auch wirtschaftspolitische Gründe stellen die Türkei vor die Aufgabe einer eigenen Kapitalbildung. Um frei wirtschaften zu können und den ganzen Ertrag der Wirtschaft für das Land zu erhalten, ist die Entstehung und Bildung einheimischen Kapitals für die Türkei eine Notwendigkeit.

Um dieses Ziel zu erreichen, ist sie auf den Fleiß, auf die Arbeit ihrer eigenen Bevölkerung angewiesen. Die Steigerung der Intensität, der Leistung der Arbeit, um die gegebenen günstigen Bedingungen der Natur ausnützen zu können, ist notwendig. Diese Aufgabe fällt wiederum in erster Linie der Landwirtschaft zu, da sie die Hauptbeschäftigung der Bevölkerung ist.

Weiter muß neben der geleisteten Arbeit ein planmäßiges Sparen einsetzen. Die Ersparnisse dürfen nicht liegen bleiben, sondern müssen sofort für weiteren Ausbau angewendet werden. Dazu ist die Schaffung geeigneter Organisationen notwendig. Um das alles zu erreichen, muß eine weitgehende Aufklärungs- und Erziehungsarbeit geleistet werden. Die gegebenen günstigen, natürlichen Voraussetzungen, eine längere Friedensperiode und eine richtig geleitete Wirtschaftspolitik müssen die Türkei wohl mit der Zeit erst langsam und dann immer schneller zu einer Blüte führen, da im Lande selbst reiche Schätze auf Verwertung warten.

Die Kreditverhältnisse.

Bis in die letzte Zeit, besonders bis zum Kriege war die Landwirtschaft, abgesehen von einigen Landstrichen, im allgemeinen für Kredite nicht aufnahmefähig. Die Naturalwirtschaft charakterisierte wesentlich das gesamte Wirtschaftsleben. Der Bauer fühlte sich weder veranlaßt, seinen Betrieb zu erweitern, seine Produktion zu steigern, noch gab es dazu eine Möglichkeit. Deshalb war von einem Kredit zur Förderung der Landwirtschaft ernstlich kaum die Rede.

Unter den früheren Verhältnissen hatte der Kredit einen anderen Sinn. Er kam lediglich in Frage, wenn der Bauer von einer Katastrophe betroffen worden war und dadurch seine Existenzmöglichkeit eingebüßt hatte, solche Ursachen waren z. B. Brand, Ernteausfälle, Dürre. In solchen Fällen bedurften entweder sämtliche Bauern einer Gegend oder auch die einzelnen des Kredites, um ihre Wirtschaft wieder aufbauen zu können. Noch ein anderer Fall ließ Kredit notwendig werden, der allerdings nicht für die Produktion, sondern unmittelbar für die Konsumtion aufgewendet werden mußte. Es gab und gibt auch noch heute viele Bauern, die aus irgendwelchen Gründen in Not gerieten und im Kredit eine vorläufige Rettung suchen.

Heute dringt die intensive Produktion in der Landwirtschaft der Türkei vom Westen ausgehend, wellenartig, in manchen Gebieten sogar stoßweise nach Osten vor. Die Produktion für den eigenen Bedarf wandelt sich in eine Produktion für den Markt. Dank der schnellen Anbahnung weltwirtschaftlicher Beziehungen nimmt die Produktion von Exporterzeugnissen von Tag zu Tag zu. Diese Entwicklung macht erst recht die Kreditfrage akkut.

Für die Produktion mancher Agrarerzeugnisse bestand schon der Bedarf an Kredit seit einiger Zeit, z. B. für die Erzeugung von Baumwolle, Tabak, Opium, Rosinen, Feigen und Haselnüssen. Dieser schon bestehende Bedarf wird natürlich durch die allgemeine Entwicklung noch verschärft. Alte Betriebe werden neu gestaltet und landwirtschaftliche Nebengewerbe sind in der Entstehung begriffen. Dies alles macht die Kreditfrage in der Landwirtschaft der Türkei zu einem wesentlichen Problem.

Kreditgewährung für die Landwirtschaft in der Türkei erfolgt im großen und ganzen auf folgende Art und Weise:

Personalkredit.

Die eine Form der Kreditgewährung trägt viel mehr den Charakter der nachbarlichen Hilfe. Sie beruht auf gegenseitiger Solidarität und beansprucht keine Zinsen, keine Gegenleistung. Sie setzt voraus, daß der Kreditgewährende im Notfalle dieselbe Hilfe von anderer Seite erhalten wird. So bekamen die Kredit suchenden Bauern von ihren Nachbarn Geld. Allerdings war dieser Kredit von kurzer Frist. Er wurde für ein Viertel-, ein halbes oder ein Jahr gegeben. Es waren kleinere Beträge, die doch überall im Lande umgesetzt, im ganzen eine umfangreiche Summe ausmachten. Heute verschwindet diese Form allmählich und die Beanspruchung eines Endgeltes für einen gewährten Kredit setzt sich langsam durch.

Eine andere Form von Personalkredit finden wir in derselben Ausdehnung wie bei der ersten. Diese Form des Kredits beansprucht einen Zins, und zwar einen wucherischen Zins. Er beansprucht zwar keine sachlichen Sicherheiten, sieht deshalb äußerlich wie ein Personalkredit aus, belastet aber stillschweigend den Grund und Boden des Bauern. Die Fristen dieses Kredites sind länger. Der Bauer bekommt auf diese Weise verhältnismäßig leicht Geld von einzelnen privaten Geldgebern. Wenn die Frist abgelaufen ist, ist der Bauer oft nicht in der Lage, das geliehene Geld zurückzuzahlen. Er ist gezwungen, das Inventar oder überhaupt sein Gut zu verkaufen. Meistens geschieht das zwangsweise auf gerichtlichem Wege. Das Gut geht in die Hände des Geldgebers über oder wenn es versteigert wird, erzielt es in den seltensten Fällen seinen wertmäßigen Preis.

Diese Art von Kreditgewährung hat noch andere Folgen. Am Anfang ist der Geldgeber dem Bauern gegenüber liebenswürdig und verbindlich. Dies dauert solange, bis die Verschuldung einen gewissen Grad erreicht hat, dann wird der Geldgeber zum Tyrann. Die Rollen wechseln, der Bauer muß bitten, flehen, um doch zuletzt zu unterliegen. Der Zinsfuß ist ganz in das Belieben des Geldgebers gestellt.

Diese Kreditgebarung fand früher in sehr großem Maße statt. Die Geldgeber waren meistens Armenier, Griechen und zum Teil Juden. Heute ist diese Art der Kreditgebung zurückgegangen, wenn sie auch noch nicht ganz ihre Bedeutung verloren hat.

Auch in einer dritten Form des Personalkredites findet der Landwirt Hilfe, nämlich bei seinem Händler und den Zwischenhändlern. Fast jeder Landwirt hat in der Stadt einen Händler als sogenannten Geschäftsfreund. Bei ihm findet er Kredit, indem dieser ihm ein Kontokorrent einrichtet. Er kauft seine gewerblichen Bedarfsartikel bei ihm, erhält wohl auch gelegentlich bares Geld, wenn er es nötig hat, und bezahlt ihn dann nach der Ernte. Bei dieser Art von Geschäften wird weder von einem Zins noch von dem Preis der gekauften Ware gesprochen. Es hat den Anschein, als ob die ganze Angelegenheit auf gegenseitige Freundschaft basierte. Der Händler schreibt jedoch für die von ihm verkauften Waren einen doppelten Preis an und setzt einen willkürlichen Zinsfuß für den von ihm gewährten Kredit fest.

Durch diese Verschuldung ist der Bauer an den kreditgewährenden Händler gebunden und ihm völlig ausgeliefert. Er muß seine Einkäufe bei ihm erledigen, auch wenn der Preis anderswo günstiger sein sollte. Denn der Gläubiger wäre verstimmt und würde ihn zur sofortigen Zahlung auffordern und zwingen. Dadurch wird einerseits die freie Konkurrenz ausgeschaltet, anderseits muß der Bauer sofort nach der Ernte verkaufen, er kann auch für sich keine günstige Konjunktur ausnutzen, einen günstigen Preis abwarten.

Diese Form der Kreditgewährung ist heute noch in der Türkei überall üblich, weil der Landwirt sonst nirgendswo Kredit findet.

Manchmal wird diese Art der Kreditgewährung zu einem Zwischending zwischen Personal- und sachlich gesichertem Kredit. Er sieht nach einem auf einen Vorverkauf gewährten Kredit aus. Wie bei der Besprechung der Absatzverhältnisse hervorgehoben werden wird[1]), gewähren die Geschäftsleute und Händler den Bauern unter der Bedingung Kredit, daß sie ihre bestimmten Erzeugnisse nur ihnen, und zwar zu dem von

---

[1]) s. S. 165, Absatzverhältnisse.

ihnen bestimmten Preis liefern. Dabei wird natürlich mit einem besonderen Zinsfuß gerechnet. Auch dieser Kredit läuft nur über kurze Fristen, über ein Viertel,- höchstens über ein halbes Jahr. In diesem Falle beruht die Zinszahlung auf einer vorherigen Abmachung.

Bei Geschäftsabschluß sieht dies zwar wie ein Personalkredit aus, aber er setzt doch die Absatzgebundenheit voraus und sieht in dem zu erntenden Betrag die sachliche Sicherung. Diese Form hat sich besonders in der letzten Zeit bei den Tabakproduzenten und den Tabakabnehmern herausgebildet. In der Rosinen- und Feigenproduktion ist diese Art schon länger üblich. Auf diese Weise findet der Bauer wohl einigermaßen Kredit, aber seine Gebundenheit wirkt sich sehr nachteilig aus. Mir persönlich sind viele Tabakproduzenten aus der Gegend von Smyrna bekannt, die ihre Tabake dem Gläubiger weit unter Marktpreis liefern müssen. Sonst können sie in Bedarfsfällen nirgends Kredit finden.

Diese verschiedenen Formen des Kredits habe ich unter die Kategorie des Personalkredits gerechnet, obwohl er immer im Grunde genommen den Boden des Bauern unter allen Umständen und die zu erwartenden Erzeugnisse als sachliche Sicherung betrachtet. Allerdings war unter diesen Umständen von einer regelrechten Beleihung der Mobilien und Immobilien keine Rede. Die Gewährung eines Kredits geschieht auch nicht um des rein wirtschaftlichen und persönlichen Vertrauens willen dem Bauern gegenüber.

Im allgemeinen verschafft sich der Landwirt in der Türkei auf diese Weise die nötigen Barmittel. Der Geschäftsabschluß erfolgt meist mündlich oder es wird höchstens eine einfache Quittung ausgestellt. Schriftlich festgelegte Bedingungen und ein schriftlich niedergelegter Vertrag sind kaum zu finden.

Die Kreditgewährenden sind alle verhältnismäßig reiche Einzelpersonen und Händler, die eine besondere Routine haben, den Bauern zu übervorteilen. Die Naivität und Unwissenheit der Bauern kommen diesen Leuten zu Hilfe und es wird sehr viel Betrug dabei getrieben.

Der Zinsfuß richtet sich nicht nach dem Geldmarkt, sondern ist von dem Wollen und der Gewinngier des Geldgebers abhängig. Gewöhnlich spricht man von einem Zinsfuß in Höhe von 10 bis 12%, aber dieser besteht nur zum Schein.

Genau betrachtet beträgt er 20 bis 25, ja bis 50%, ist also ein ausgesprochener Wucherzins. In dieser Beziehung weist die Gesetzgebung noch große Lücken auf.

Der Lombardkredit und Faustpfandkredit.

Diese Form des Kredits ist in der Türkei nicht in großem Umfange anzutreffen. Die Beleihung von Gegenständen oder die Lombardierung von Erzeugnissen stoßen auf mancherlei Schwierigkeiten. Es bestehen wohl in sehr geringem Maße Privatgesellschaften, aber bei dem allgemeinen großen Geldbedarf fallen diese wenigen Unternehmungen nicht in die Waagschale. Vor allem fehlen der Türkei die notwendigen Einrichtungen und Kreditorganisationen. Sie besitzt weder Lagerhäuser noch durchorganisierte Kreditinstitutionen. Obwohl schon Anfänge dieser Art in manchen Städten wie Istanbul, Smyrna (Izmir), Adana und Merssina (Mersin), Samssun (Samsun) vorhanden sind, haben auch sie auf die allgemeine Lage keinen nennenswerten Einfluß.

Der Hypothekarkredit.

Schon seit langer Zeit findet man in der Türkei in verschiedenen Formen die Beleihung des Grund und Bodens, aber diese geschieht meistens durch Privatgeschäfte. Wir lernen die Verhältnisse von Hypothekarkredit und zum Teil auch die Lombardierung bei der einzigen landwirtschaftlichen Kreditorganisation der Türkei, „Agrarbank", näher kennen.

Die Agrarbank.

Die einzige bestehende Kreditorganisation für die Landwirtschaft in der Türkei ist die Agrarbank. Sie wurde 1889 vom Staat gegründet und wird durch die Regierung verwaltet. Die Agrarbank hatte zum Beginn ihrer Entstehung die Aufgabe: Kreditgewährung an diejenigen Landwirte, die Grund und Boden besitzen. Es war also ein Kredit ausschließlich gegen Immobilien und im besonderen nur gegen Grund und Boden. Die anderen Zweige der Landwirtschaft konnten nach dem Gesetz diese Bank nicht für sich in Anspruch nehmen.

Bei der Gründung dieser Bank hatte man als Fonds das Kapital der früheren Profitkassen benutzt, und dieser Fonds mußte durch 0·5% der Einnahmen aus der Naturalsteuer, des Zehnts, vermehrt werden.

Der Hauptsitz der Bank war Istanbul. Außerdem hatte sie in den Provinzen Filialen oder einfache Kassenstellen. Die Agrarbank wurde im Laufe der Zeit verschiedene Male reformiert. Eine besondere Reform wurde 1912 durchgeführt und die Bank einer neuen Gesetzgebung unterworfen. Nach diesem Gesetz hatte die Bank nicht nur die Kreditgewährung auf Grund und Boden vorzunehmen, sondern auch folgende Ziele:

Kreditgewährung an alle Landwirte, die sich mit Ackerbau, Viehzucht oder mit irgendeinem landwirtschaftlichen Gewerbe beschäftigen, und zwar Kredit gegen Immobilien, Mobilien, Lombard und gegen gegenseitige Bürgschaft der Landwirte untereinander.

Weiter bekam die Bank die Berechtigung, sich an allen, die Landwirtschaft betreffenden Unternehmungen als Aktionär zu beteiligen und die Gründung von landwirtschaftlichen Genossenschaften zu betreiben.

Ferner hatte die Bank die Aufgabe, landwirtschaftliche Maschinen, Saatgut, Grund und Boden zu kaufen und sie gegen sofortige oder Teilzahlung den Landwirten zu überlassen.

Schließlich mußte die Bank den Landwirten ein Kontokorrent einrichten und die Wechsel der Genossenschaften diskontieren.

Um ihr Kapital vermehren zu können, erhielt die Bank die Berechtigung, Aktien auszugeben.

Man sieht deutlich, daß die Bank durch alle diese Aufgaben stark belastet werden mußte und über ein großes Kapital hätte verfügen müssen, um allen diesen Aufgaben gerecht zu werden. Das Institut hätte von einem freien Unternehmergeist geleitet werden müssen und nicht zuletzt seine Arbeit auf eine Schicht von Landwirten gründen müssen, die diese Vergünstigungen hätten ausnützen können.

Zum Beginn des Jahres 1889, besaß die Bank 10 Millionen türkische Pfund nominelles Kapital. Davon waren 2.209.000 eingezahlt. Bis 1916 hielt sich das nominelle Kapital auf derselben Höhe, in diesem Jahre wurde es auf 15 Millionen erhöht. Dieser Status blieb bis 1924 bestehen. In diesem Jahre wurde das nominelle Kapital auf 30 Millionen gebracht, das ist auch heute noch ihr nominelles Kapital.

Das eingezahlte Kapital steigt langsam und regelmäßig von Jahr zu Jahr. Es wuchs z. B. 1900 von 2.209.000 auf 6.748.000 und 1915 auf 11.514.000, 1927 betrug das eingezahlte Kapital der Bank 20.469.000 türkische Pfund[1]).

Nach diesen Zahlen aus der Bilanz der verschiedenen Jahre haben sich die Kapitalverhältnisse der Bank regelmäßig entwickelt. Das ist ein Beweis dafür, daß sich die Bank verhältnismäßig in guten Händen befand und sich bis jetzt behauptet hat.

Die Verwaltung der Bank setzt sich aus folgenden Organen zusammen: 1. die Direktion, 2. Verwaltungsrat. Die Direktion besteht aus einem General- und einem Untergeneraldirektor. Jede Filiale ist einem Direktor und jede Kassenstelle einem höheren Beamten unterstellt. Der Verwaltungsrat stellt das richtunggebende Organ der Bank dar. Er setzt sich aus den gewählten Vertretern des Staatsrates, Rechnungshofes, der Landwirtschafts- und Handelskammern, aus der Landwirtschaft, aus dem Finanzministerium, dem Ministerium für öffentliche Arbeiten zusammen. Diese Vertreter wählen noch drei Sachverständige aus der breiten Öffentlichkeit hinzu. Der Vorsitzende wird von den Mitgliedern in geheimer Wahl gewählt, doch bedarf er der Genehmigung des Wirtschaftsministers. Der Generaldirektor und Untergeneraldirektor werden vom Wirtschaftsministerium bestimmt, die anderen Beamten wählt die Direktion, aber der Verwaltungsrat muß ihrer Wahl die Genehmigung erteilen.

Hier ist besonders zu bemerken, daß die Verwaltung der Bank sich hauptsächlich aus Staatsbeamten zusammensetzt. Die Zusammensetzung der Verwaltungsorgane zeigt, daß sich der Staat einen großen, unmittelbaren Einfluß auf die Bank gesichert hat. Man kann sogar aussprechen, daß die Agrarbank mehr eine staatliche Behörde ist als ein freies selbständiges Unternehmen. Dieser ganze Charakter macht sich natürlich in der Geschäftsführung ausschlaggebend bemerkbar. Der Geist der Bank wird von einem behördlichen Bürokratismus beherrscht, weniger von freier Unternehmerinitiative. In

[1]) Dabei ist zu berücksichtigen, daß das türkische Pfund vor dem Kriege zirka 20 G. M wert war, nach dem Kriege zirka 2 G. M.

den wichtigsten Stellen treten oft Veränderungen ein, indem alte durch neue Beamte ersetzt werden.

Über die Kreditgebarung der Bank ist kurz folgendes zu sagen:

Die Bank gewährte Kredite gegen Grund und Boden, gegen Lombard, gegen auf türkischen Börsen angenommene und vom Verwaltungsrat anerkannte Aktien und Anteilscheine, gegen Depotscheine auf der Bank angelegter Kapitalien und gegen Geld und Geldeswert auf vom Verwaltungsrat zu bestimmenden Banken.

Tabelle 8.

Bilanz der Agrarbank.

Aktiva.

Jahr	Barbestand t. Pf.	Vermögen t. Pf.	Inventar t. Pf.	Aktien t. Pf.	Schulden t. Pf.
1889	191.241	160.320	—	—	1.884.131
1900	325.579	2.923.744	109.397	—	3.767.749
1910	563.572	5.435.022	163.511	—	6.388.550
1920	2.473.640	3.547.413	232.181	67.615	6.982.522
1921	2.333.989	4.058.431	68.429	231.191	7.357.797
1922	3.627.195	4.390.812	68.729	230.960	8.394.918
1923	6.528.992	8.037.358	273.814	229.354	8.012.398
1924	4.191.720	17.039.879	78.934	164.945	29.904.762
1925	5.510.403	19.936.733	135.223	118.736	25.452.383
1926	11.684.402	20.491.653	501.642	968.957	19.116.723

Passiva.

Jahr	Kapital t. Pf.	Reservefonds t. Pf.	Befristete Depots t. Pf.	Guthaben t. Pf.	Gewinn t. Pf.
1889	2.209.912	—	474	25.306	—
1900	6.748.883	—	8.089	310.449	59.049
1910	10.299.477	—	126.012	1.932.932	192.235
1920	11.482.584	196.762	89.447	1.587.550	—
1921	12.249.507	151.002	87.940	1.576.743	—
1922	13.380.739	135.617	126.073	3.103.889	—
1923	15.077.920	96.902	700.735	6.893.261	313.097
1924	30.000.000	108.206	723.948	31.113.647	690.524
1925	30.000.000	230.936	737.735	28.144.518	1.680.209
1926	30.000.000	472.596	2.490.455	16.919.595	1.809.191

Wie schon erwähnt, hat das eingezahlte Kapital eine ständige Aufwärtsentwicklung genommen. Das Kreditgeschäft an die Landwirtschaft ist in den letzten Jahren bedeutend gesteigert worden. Doch in gleichem Maße ist die Bank von ihren eigentlichen Aufgaben abgewichen, wie die Spalte Guthaben zeigt. Sie hat vor allem dem Staate große Summen kreditiert. Ein Reservefonds von bescheidenem Umfang konnte erst ab 1915 begründet werden. Wie die Kolonnen „Befristete Depots" und „Guthaben" zeigen, ist ihr Hauptgeschäft das Depotgeschäft geworden, das ebenfalls nicht von landwirtschaftlichen Kreisen getragen wird. In der letzten Zeit hat sich die Bank mehr und mehr zum Finanzierungsinstitut des Staates entwickelt. Die erzielten Gewinne halten sich in bescheidenen Grenzen. Die Verluste in den Jahren 1920 bis 1922 erklären sich aus dem griechisch-türkischen Krieg, der Istanbul von Anatolien abschloß. Erst in den letzten Jahren sind nennenswerte Gewinne zu verzeichnen. Eine Politik zur Stärkung des Reservefonds ist eingeleitet worden.

Wie man aus dieser Tabelle sieht, hat sich die Agrarbank in einem halben Jahrhundert bewährt und behauptet. Daß die Bank während dieser Zeit eine regelmäßige Entwicklung und Erweiterung erfahren hat, ergibt sich aus den bisherigen Ausführungen. Ich will nicht behaupten, daß die Agrarbank zur Hebung der Landwirtschaft überhaupt nichts beigetragen hätte, im Gegenteil, die Bank hat ihr in vielem geholfen, aber ihre Wirkungen kann man nicht als durchgreifend bezeichnen. Sie konnte innerhalb der seit Bestehen der Bank verflossenen Zeit die türkische Landwirtschaft entschieden besser und günstiger beeinflussen als in Wirklichkeit. Und daß sie das nicht tat, dafür liegen mannigfaltige und verschiedene Ursachen vor.

Der Aufgabenkreis der Bank war zu groß und für manche dieser Aufgaben war die Landwirtschaft noch nicht reif genug. Es fehlte in dieser Hinsicht jegliche Voraussetzung. Infolgedessen mußten geplante Aufgaben vernachlässigt werden und lebten nur in der Satzung weiter. So hat z. B. die Agrarbank hinsichtlich des Genossenschaftswesens nichts geleistet, denn es fehlte auf diesem Gebiet jegliche Initiative und es kam keine nennenswerte Organisation zustande. Saatgutankauf hat die Agrarbank ab und zu finanziert, aber infolge ihrer Schwerfälligkeit und ihrer Bürokratie nicht in dem Augenblick, in dem sich der Bedarf zeigte, sondern erst viel später.

Besonders hat sich die Agrarbank mit der Einführung und Verbreitung von landwirtschaftlichen Maschinen in die Türkei beschäftigt. Sie hat allerlei Maschinen gekauft und Depots eingerichtet. Diese Maschinen sollten den Bauern zu günstigen Preisen verkauft werden, sie mußten aber nach jahrelangem Warten auf einen Verkauf verteilt werden. Ich konnte des öfteren feststellen, daß diese Depots eigentlich Maschinenfriedhöfe waren und daß auf diese Weise viel Kapital unproduktiv festgelegt worden war.

Die Kreditgewährung gegen Lombard war im allgemeinen unbekannt. Die Landwirte waren auf diese Art der Kreditgewährung noch nicht vorbereitet, sie ahnten von dieser Möglichkeit nichts. Außerdem hatte die Bank noch nicht überall Aufbewahrungsräume; Kornhäuser fehlten und fehlen noch. Infolgedessen war die Kreditgewährung gegen Lombard im großen und ganzen eine illusorische Aufgabe.

Das als Kredit für die Landwirtschaft vorgesehene Kapital war gering. Ein Bauer, der nur 100 bis 200 Pfund von der Bank erhalten konnte, sträubte sich, um einer so geringen Summe willen sich den unendlichen Formalitäten und Schwierigkeiten zu unterziehen, da er mehrere Male in die Stadt kommen und bei dieser Gelegenheit einen Teil des geliehenen Geldes sicher wieder ausgeben mußte. So ging er lieber zum Wucherer, von dem er ohne weiteres Geld erhalten konnte.

Der geringe Bestand an Leihkapital rührt daher, daß die Bank häufig ihr Geld für andere Zwecke als für die Landwirtschaft verwendet hat. Auf diese Weise überwogen die anderen, rein finanzmäßigen, kaufmännischen und Diskontgeschäfte die rein landwirtschaftlichen.

Das Kontokorrent ist für die Bauern der Türkei ebenfalls eine fremde Einrichtung. Sehr wenige Landwirte machen von ihm Gebrauch.

Die Bank wirkte sogar in mancher Hinsicht ungünstig, denn durch die Bank erhaltene Kredite wurden im allgemeinen nicht zu produktiven Zwecken verwendet, sondern zu Konsumzwecken, wodurch der Bauer schwer belastet wurde. Eines Tages mußte sein Gut durch das Gericht versteigert werden, um die Schulden und Zinsen bei der Bank zu tilgen. Diese Tatsache erschreckte um so mehr, als es sich hierbei um eine staatliche, neue Institution handelte und erweckte bei den Bauern eine Scheu vor der Bank.

Das Problem liegt hier in dem Niveau der Landwirte, in der Anpassung der Bank an die gegebenen Verhältnisse. Die Agrarbank war besonders damals für die Türkei eine Spitzenorganisation, die unter den bestehenden Verhältnissen von den Landwirten nicht voll ausgenutzt werden konnte, da diese Schicht für die komplizierten Formalitäten einer Bank kein Verständnis hatte.

Die türkische Landwirtschaft braucht kleine, schlichte, rein wirtschaftlich eingestellte Kreditanstalten, mit denen der Bauer schnell und ohne weiteres arbeiten kann, die durch ihre Formalitäten die Bauern nicht abschrecken. Am besten könnten aus der Landwirtschaft sich herausbildende Kreditgenossenschaften in der Türkei viel Gutes stiften. Diesen Organisationen würde der Bauer nicht fremd gegenüberstehen, da sie ja ihre eigene Schöpfung wären. Während der Organisation und Ausgestaltung der Genossenschaften würde der Bauer selbst Einblick in das Wesen der Kreditgewährung gewinnen, mit der Genossenschaft zusammenwirkend Erfahrungen sammeln können. Diese bescheidenen Organisationen würden sehr erzieherisch wirken und die ersten Keime einer Kapitalbildung und Selbsthilfe sein. Aufgabe der Agrarbank wäre es, diese Genossenschaften zu unterstützen, zu finanzieren, und ihnen ihre banktechnischen Erfahrungen zur Verfügung zu stellen und ihnen durch ihr großes Kapital den genügenden Rückhalt und Hintergrund zu geben. Die Genossenschaften selbst würden den direkten Verkehr mit ihren Mitgliedern übernehmen. Mit größeren, leistungsfähigeren Betrieben könnte die Agrarbank direkt in Geschäftsverbindung treten.

Dazu bedarf die Agrarbank aber einer Umstellung. Die Bank muß von den überflüssigen Formalitäten und schwerfälliger Bürokratie, vor allem aber vom Beamtengeist befreit werden. Außerdem darf ihr Kapital nicht für andere Zwecke Verwendung finden, während die Landwirtschaft an Kreditmangel leidet.

Besonders wichtig ist es, den Landwirten, den Bauern das Verständnis zu erwecken, daß ein Kredit nur für produktive Zwecke verwendet werden darf.

Zusammenfassend ist zu sagen, daß in der Vergangenheit keine Möglichkeit bestand, in der türkischen Landwirtschaft größere Kapitalien anzulegen. Mit der vorangegangenen Umwälzung aber besteht nun die dringende Notwendigkeit für die Türkei, ihre Landwirtschaft der allgemeinen Entwicklung anzupassen, will sie nicht von vornherein auf einen wirtschaftlichen und damit kulturellen Aufschwung verzichten.

Die gegebenen Verhältnisse auf Grund der vorangegangenen geschichtlichen Entwicklung lassen aber eine rentable Anlage größerer Kapitalmassen in der Landwirtschaft nicht zu. Kapitalinvestierungen und Kreditgebaren sind auch hier in den Zusammenhang organischer Entwicklung zu stellen. Der Mentalität des anatolischen Bauern angepaßte Kreditinstitute auf genossenschaftlicher Basis haben in den Bauernbetrieben kleinere Kapitalien zu investieren, um mit Hilfe schrittweiser technischer Vervollkommnung die Produktion und vor allem die Rentabilität zu steigern. Der Grundsatz dieser Kapitalpolitik muß sein, den Ertrag der Produktion möglichst vollkommen dem Produzenten, dem Bauern und nicht dem Zwischenhändler zugute kommen zu lassen. Dadurch wird die Möglichkeit einer langsamen Kapitalbildung in der Landwirtschaft geschaffen. Die Organisationen sind dann in der Hauptsache mit der Aufgabe zu betrauen, den erzielten Betriebsüberschuß dahingehend zu überwachen, daß er sofort wieder produktiv angelegt wird.

Es ist ein langsamer und schwerer Weg, den die türkische Landwirtschaft zu gehen hat, aber nur durch zielbewußte und konsequente Selbsthilfe und nicht durch Hoffnung auf die Hilfe ausländischen Kapitals wird es möglich sein, die so reichen natürlichen Bedingungen zugunsten des eigenen Landes auszuschöpfen. Träger und Hoffnung dieser Entwicklung ist für die türkische Volkswirtschaft der landwirtschaftliche Klein- und Mittelbetrieb, da er das Rückgrat des Volkes bildet.

b) Verkehrsprobleme.

Die Wirtschaft der Gegenwart wird durch ein Wort „Kapitalismus" charakterisiert. Bis zum heutigen Stande ist eine lange Entwicklung durchlaufen worden. Diese Entwicklung bekam einen starken Auftrieb in dem Augenblick, als eine fortgeschrittene Technik des Verkehrs in die Wirtschaft eingriff. Dieser neuzeitliche Verkehr bahnte neue Beziehungen zwischen den einzelnen Ländern an, verursachte die Kapitalzusammenballungen und gab der Wirtschaft ein neues Gepräge.

Das Problem der Verkehrsausgestaltung ist also nicht eine Frage, die nur die Landwirtschaft und die gesamte Volkswirtschaft allein betrifft, sondern im gleichen Maße auch die ganze kulturelle Entwicklung der Türkei. Man kann sogar alle Mißstände, die Rückständigkeit mancher Gebiete und die Unberührtheit eines Teiles der Türkei im Grunde auf die erschwerten Verkehrsbedingungen zurückführen. Dies Problem ist nicht neu, es besteht schon seit langem. Man war sich der Mannigfaltigkeit und Unzulänglichkeit der vorhandenen Verkehrsmöglichkeiten bewußt. Nicht nur den aufgeklärten Türken, sondern selbst dem einfachen Bauern in Anatolien war die Wichtigkeit dieses Problems bekannt. Der Landwirt verlangte mit Recht nach Landstraßen, nach Eisenbahnen, wenn man ihm vorwarf, daß er zu wenig produzierte, wenn man ihm vorwarf, daß er die Möglichkeiten einer vermehrten Produktion nicht ausnütze. Trotzdem der Bauer seit langem Steuern für Wege und Straßen bezahlt hatte, war der Staat nicht in der Lage, diese Entwicklung weiter zu tragen, denn die Einnahmen aus den Straßenabgaben mußten für andere, nicht produktive Zwecke (Krieg!) verwendet werden.

Erst nach dem letzten Krieg konnte man die Verkehrsfrage in der Türkei praktisch fördern. Die Erkenntnis, daß es ungeheuer schwer ist, in einem Lande, das in den Transportverhältnissen keine zeitgemäße Grundlage besitzt, die Wirtschaft vorwärts zu bringen, eine einheitliche Kultur zu schaffen und Reformen durchzuführen, setzte sich machtvoll durch. Viele wirtschaftliche und auf vermehrte Produktion abgestellte Pläne scheiterten und scheitern lediglich daran, und so wurde in der neuen Zeit die Verkehrsfrage eine allgemeine nationale Lebensfrage für die Türkei. Da fast alles von der Verbesserung der Verkehrsverhältnisse abhängt, möchte ich hier ihren augenblicklichen Stand, insbesondere ihren Einfluß auf die Landwirtschaft des Landes eingehend behandeln.

Um eine Einheitlichkeit der Betrachtung dieses Problems zu sichern, wiederhole ich hier zum Teil Tatsachen aus dem Kapitel über die natürlichen Grundlagen der Türkei, wie sie in diesem Zusammenhange von ausschlaggebender Bedeutung sind.

Die Türkei liegt an großen Handelswegen, ihre diesbezügliche bedeutungsvolle Rolle in der Vergangenheit ist uns aus der Geschichte bekannt. Sie hat eine zentrale Stellung zwischen Asien und Europa einerseits und zwischen Europa und Afrika anderseits. Ebenso ist sie das Verbindungsland zu ihren Nachbarländern. Denn sie liegt inmitten von verschiedenen, neu entstandenen Staaten, ferner verleiht ihr die Länge der Küstenstrecke an verschiedenen Meeren eine verkehrspolitisch günstige Stellung. Da die Türkei in der Lage ist, vorausgesetzt, daß das Inland durch Eisenbahnen mit der Küste verbunden ist, ihre Produkte leicht in verschiedenen Richtungen über das Meer zu versenden, hängt die wirtschaftliche Auswertung ihrer günstigen Lage von der Regelung und Erstellung von inländischen Verkehrsanlagen ab.

In bezug auf den Verkehr zeigt die Türkei heute ein recht buntes Bild. Man kann in diesem Lande je nach der Entwicklung und der Gegend alle Arten von Verkehrsmitteln und Verkehrswegen finden.

Naturwege trifft man sowohl in den entwickelten, westlichen Teilen als auch im Norden, Osten, Süden und Zentralanatolien an. Im westlichen Teil der Türkei dienen die Naturwege jedoch lediglich dem Verkehr zwischen kleinen Städten und Dörfern auf dem Lande. In Zentralanatolien dagegen haben sie wichtigere Verkehrsfunktionen zu erfüllen, denn sie verbinden in diesem Landesteil auch größere Städte und wichtigere Ortschaften. Im Südosten und Osten werden diese Naturwege beinahe zu den Hauptadern des Verkehrs. Die Naturwege sind, wie bekannt, dem Wechsel der Witterung, überhaupt der Natur unterworfen. Daraus entstehen große Schwierigkeiten für den Transport. Bei nassem Wetter werden sie zu einem Schlammsee, durch den die Tiere mühsam waten, geschweige, daß Menschen zu Fuß gehen könnten. Die Wagen bleiben oft stecken. Im östlichen Teil der Türkei muß der Verkehr im Winter infolge von

Schneefällen monatelang stilliegen. Der Sommer bringt allerdings nicht so große Schwierigkeiten mit sich, jedoch stellt der Verkehr durch Staub und glühende Sonne an Mensch und Tier hohe Anforderungen. Es kommt hinzu, daß viele Flüsse und Bäche während des Winters die Verbindungen unterbrechen, weil sie meistens keine Brücken besitzen und Personen, Tiere und Waren mit Flößen an das jenseitige Ufer befördert werden müssen. Dagegen sind die Wege in den Steppen und auf den Ebenen Anatoliens im Sommer nicht so verkehrsfeindlich, wenn man von der erschwerten Wasserversorgung absieht. Sie sind genügend breit und fest. In gebirgigen Gegenden sind diese Wege so schmal und ungangbar und ihre Ränder fallen so steil ab, daß ein Wagenverkehr auf ihnen kaum möglich ist.

Als Transportmittel werden auf den Naturwegen vor allem Lasttiere benutzt. Unter ihnen verdienen die Kamele im westlichen und südwestlichen Teil des Landes besonderer Erwähnung. Von allen Lasttieren trägt das Kamel die größten Lasten, 200—250 kg, über lange Strecken mit erstaunlicher Ausdauer. Hinsichtlich der Schnelligkeit jedoch steht es weit hinter dem Pferd zurück. Vor dem Kriege spielte das Kamel in Anatolien bei der Beförderung von Getreide, Rosinen, Feigen eine große Rolle, weil nur Kamelkarawanen imstande waren, diese Produkte aus den entferntesten Gegenden auf den Markt zu bringen.

Das Pferd wird vor allem als Reittier und zur Personenbeförderung, zum Teil auch als Zugtier benutzt. Für den Gütertransport im allgemeinen als Tragtier. Der Esel und der Maulesel, besonders der letztere, gewinnen in den steilen Gebirgen besondere Bedeutung. Vor dem Kriege fand man im Osten und Nordosten zahlreiche Mauleselkarawanen, damals das einzige Mittel für den Gütertransport. Heute ist es jedoch als Karawanentier nicht mehr sehr verbreitet. Für den Gütertransport dienen Wagen, die von Ochsen und Büffeln gezogen werden. Diese Wagen sind den Verhältnissen entsprechend zweiräderig, klein und schmal und heißen „kânı". Als Transportgefäße werden Säcke und Körbe benutzt.

Es ist sehr bezeichnend für den Anstieg der Entwicklung, daß diese Transportmittel mehr und mehr an Bedeutung verlieren und teilweise sogar verschwinden, so hat z. B. das Kamel heute seine Bedeutung fast verloren, man trifft es immer weniger an. Die Lasttiere wechseln ihre Rolle, sie werden zu Zugtieren, der Wagen ersetzt das Transporttier und die Karawanen werden immer seltener. Die Verkehrsentwicklung eines Landes spiegelt sich am augenscheinlichsten in den gebräuchlichsten Transportmitteln wieder und der Fortschritt der Verkehrsbedingungen ist adäquat dem Rückgang der primitiven Transportmittel.

Im Verlaufe der Geschichte sind in Anatolien wohl verschiedene Heerwege gebaut worden. Für den Verkehr mit ferneren Gebieten auch besondere Karawanenstraßen. Anatolien besaß sogar im 18. Jahrhundert Karawanenwege von ziemlicher Bedeutung. Aber diese Straßenbautätigkeit hat nicht mit der Zeit Schritt halten können. Heute hat die Türkei nur dem Namen nach ein Kunststraßennetz, denn diese Wege sind schlecht und verwahrlost, so daß man im allgemeinen von Kunststraßen kaum reden kann.

Jedes Vilayet (Provinz) besitzt Kunststraßen und die Hauptstädte der Vilayets sind durch sie miteinander verbunden. Diese künstlich angelegten Landstraßen waren schon von Anfang an in schlechter Beschaffenheit, weil man sie billig bauen wollte. Natürlich waren diese Straßen nicht von großer Dauerhaftigkeit, wenn man dabei noch bedenkt, daß man zu ihrer Unterhaltung nichts getan hat. Diese Kunststraßen wurden unter diesen Umständen innerhalb kurzer Zeit zu Naturwegen.

Im Osten der Türkei trifft man in dieser Hinsicht die ungünstigsten Verhältnisse an, ebenso im Südosten. In Zentralanatolien können wir in manchen Vilayets bessere Verhältnisse sehen. Dahingegen besitzt in jeder Hinsicht der westliche Teil der Türkei ziemlich gute Landstraßen. Hier sind nicht nur die Provinzhauptstädte durch Kunststraßen miteinander verbunden, sondern auch die Kreisstädte und die kleineren Orte. Die besten Kunststraßen hat das Vilayet Brussa (Bursa), ihm folgt Smyrna (Izmir) mit seinem Hinterland. Abgesehen von den vorhandenen, dem Bedarf keineswegs genügenden Eisenbahnen, ist fast der ganze Verkehr auf diese Wege angewiesen. Personen- sowie Güterbeförderung erfolgt auf ihnen durch Lasttiere, Karawanen, Karren und Wagen. Diese Ausbreitung der Kunststraßen entspricht fast vollkommen den Fortschritten in der Betriebsgestaltung der Landwirtschaft und ihrem Intensitätsgrad.

Besonders im westlichen Teil setzt sich in der letzten Zeit allmählich neben den Tieren der Kraftwagen durch. In den Vilayets, die verhältnismäßig gute Straßen besitzen, verbreitet sich der Kraftwagen sehr schnell und dringt immer weiter in das Innere des Landes vor. Diese Tatsache zeigt, wie stark Kunststraßen eine Notwendigkeit sind. Die Träger dieser Entwicklung sind kleine Unternehmer, die Lohntransporte ausführen. Zuerst sah man fast nur Personenwagen, mit der Zeit drang aber auch der Lastkraftwagen immer mehr vor. In diesem Zusammenhange will ich noch erwähnen, daß vor allem der Fordwagen sich für die türkischen Verhältnisse am anpassungsfähigsten gezeigt hat. Einer schnelleren Motorisierung des Verkehrs steht aber die hohe amerikanische Valuta entgegen.

Der Kunststraßenbau geht in neuerer Zeit jedoch, wenn auch langsam, voran. Nach der Statistik verfügte die Türkei 1926 über 228.130 km Staatsstraßen und 41.726 km Provinzialstraßen. Wie langsam diese Entwicklung vorwärts schreitet, zeigt, daß z. B. im Jahre 1928 485.744 km Straßenbauten zu verzeichnen sind, während 438.236 alte Straßen ausgebessert worden sind. Dabei ist aber zu beachten, daß die Ausbesserungsarbeiten zum großen Teil mit Neubauten gleichzusetzen sind. Im selben Jahre sind auch 472 Brücken ausgebessert und 611 ausgebaut und neu gebaut worden.

Wie aus den dargelegten Verhältnissen zu ersehen ist, entsprechen die vorhandenen Landstraßen in der Türkei keineswegs den Anforderungen eines modernen Verkehrs. Man kann unter diesen Umständen von Transportmitteln weder Massenhaftigkeit, Schnelligkeit, Sicherheit, Regelmäßigkeit noch Planmäßigkeit oder Pünktlichkeit erwarten.

Ein Wasserstraßennetz ist in der Türkei kaum vorhanden. Die in Anatolien vorhandenen Flüsse sind für die Schiffahrt nicht geeignet. Der Wasserstand in den Flüssen wechselt je nach den Jahreszeiten und Witterungsverhältnissen. Zur Schneeschmelze, während der Regenzeit, schwellen sie an und werden zu reißenden Strömen, während des Sommers dagegen sinkt der Wasserstand ganz erheblich, denn im allgemeinen werden die Flüsse nicht von Sickerwasser gespeist. Die Stromgeschwindigkeit ist des starken Gefälles wegen zu groß, um die Flüsse für irgendwelche Transportzwecke ausnützen zu können. Die Türkei hat also hinsichtlich der Binnenwasserstraßen keine Entwicklungsmöglichkeiten, besonders da sie kaum in der Lage ist, mit Hilfe der Technik bei einigen größeren Flüssen die Natur zu bändigen, so wäre es z. B. nur durch umfassende Regulierungsarbeit möglich, den Kisilirmak (kızılırmak) und den Kediz als Binnenschiffahrtsstraßen auszubauen. Aber abgesehen davon, daß das nötige Kapital überhaupt nicht vorhanden ist, würde auch eine Verzinsung in keiner Weise gesichert sein.

Die Eisenbahnen stellen für die Türkei das Rückgrat des Verkehrs dar. Man kann ohne Übertreibung sagen, daß alles in diesem Lande von den Eisenbahnen abhängig ist. Die allgemeine kulturelle Entwicklung, die Sicherheit, die wirtschaftliche Erschließung des Landes beruht auf den Eisenbahnen. Zwei Drittel der Türkei sind noch nicht durch Eisenbahnen erschlossen. Weite Strecken, große Gebiete liegen völlig voneinander abgeschlossen.

Die vorhandenen Eisenbahnen.

Die Anatolische Bahn ist mit ihrer Verlängerung, der Bagdadbahn, der Zentralnerv der in Anatolien befindlichen Bahnen. Sie beginnt in Istanbul—Haydarpascha (Haydarpaşa). Ihr erster Knotenpunkt ist Eskischehir (Eskişehir). Von Eskischehir geht eine Zweiglinie nach Ankara. Und die Hauptlinie setzt sich nach Konya fort. In Konya beginnt die Bagdadbahn, erreicht Jenidsche (Yenice) und setzt sich darüber hinaus nach Nusseybin (Nusaybin) fort.

Die zweite wichtige Eisenbahnlinie in Anatolien beginnt in Smyrna, geht nach Kassaba (Kasaba) und von dort nach Afion-Karahissar (Afyon-Karahisar), wo sie mit der Anadolu-Bagdadbahn zusammentrifft. Von Manissa (Manisa) geht eine Zweiglinie über Akhissar (Akhisar), Soma, Balikessir (Balikesir) nach dem Norden, nach Panderma (Bandırma) am Marmarameer. — Die dritte Linie ist die Izmir-Aydinbahn, die von Smyrna aus mit verschiedenen Abzweigungen bis Egerdir geht.

Die vierte Linie durchzieht den europäischen Teil der Türkei, trägt den Namen Orientbahn und geht von Istanbul-Sirkedschi (Sirkeci) bis Meridsch-köprüsü (Meriç-köprüsü) mit verschiedenen Abweichungen. Es kommen noch die Linien Brussa (Bursa), Mudanya am Marmarameer und im Süden Adana-Merssina hinzu.

Nach dem letzten Kriege hat die Türkei auf eigene Kosten folgende Linien gebaut:

Von Samssun (Samsun) am Schwarzen Meer nach Amassia (Amasya). Von Ankara nach Kaysseri (Kayseri-Sivas). Ein Privatunternehmen hat ferner eine kleine Schmalspurbahn von Samssun nach Tscharschanba (Çarşanba) gebaut.

Folgende Linien sind im Bau begriffen:

1. Kaysseri—Sivas. Diese Linie hat schon Sivas erreicht. Ebenso wird die Bagdadbahn-Ulukıschla mit der Linie Kaysseri—Ankara verbunden werden. Von Fevzipascha nach Diyarbekir geht eine andere Linie. Die von Kütahya weitergeführte Bahn wird in Balikessir die Bahn von Smyrna-Panderma erreichen. Diese Bahn ist neulich dem Betrieb übergeben worden. Zuletzt haben wir im Osten der Türkei die von den Russen übernommene Erzerumbahn, die eine Zweiglinie der Kaukasusbahn war und die 1·75 m breit und 232 km lang ist. Im Jahre 1928 hatten die in der Türkei befindlichen Eisenbahnen folgende Ausmaße:

Tabelle 9.

Die im Jahre 1929 vorhandenen Eisenbahnen.

	Baujahr	Länge km
I. Staatsbahnen.		
1. die anatolische Bahn.		
Haydar Paşa—Izmit	1873	91
Izmit—Ankara	1888	487
Eskişehir—Konya	1888	435
Arifiye—Adapazar	1899	9
Alayont—Kütahya	1871	10
		1032

	Baujahr	Länge km
2. Bağdatbahn.		Übertrag 1032
Konya—Yenice	1903	346
Mersin—Adana	1882	66
Kütahya—Tavşanli—Balikesir	1928—1931	225
Fevzi Paşa—Diyarbekir	1928	142
Ankara—Kayseri	1924	381
Kayseri—Sivas	1930	220
Samsun—Zile	1925	220
Erzurum—Hudut	1916	232[1])
Erzurum—Hudut	1896	124[2])
		2988
II. Privatbahnen.		
Izmir—Afyon	1863	425
Izmir—Soma—Bandırma	1910	278
Aydınbahn	1856	610
Orientbahn: Sirkeci—Balkan	1870	337
Adana—Nusaybin	1922	566[3])
Mudanya—Bursa	1875	41
Ilica—Palamutluk	1924	29
Samsun—Çarşanba	1926	37
		2323
Im Bau befindliche Bahnen.		
Fevzi Paşa—Diyarbekir		358
Kayseri—Ulukısla		180
Samsun—Sivas		220
Projektierte Linien.		
Ankara—Ereyli		500
Sivas—Erzincan—Erzurum		—
Afyon—Burdur—Antalya		—

Wie aus dieser Tabelle ersichtlich, verfügt die Türkei heute über 5311 km Eisenbahnen. Davon sind noch 2323 km im Besitz von Privatgesellschaften[4]). Wenn man sich daneben die Größe des Landes vergegenwärtigt, so ist es augenscheinlich, daß dieses Eisenbahnnetz der Türkei, soweit man überhaupt von einem Eisenbahnnetz sprechen kann, noch lange

[1]) Schmalspurig und [2]) breitspurig von den Russen übernommen.
[3]) Bagdadbahnverlängerung.
[4]) Seit 1928 bis jetzt sind jedoch verschiedene neue Linien hinzugekommen.

nicht genügt. Nur ein Drittel des Landes ist von einigen Hauptlinien durchzogen, es braucht jedoch noch weiterer Verzweigungen und Ausstrahlungen, da die vorhandenen Linien größtenteils Durchquerlinien sind.

Dieser unverkennbare Bedarf ist auch von der Regierung klar erkannt worden, deshalb verfolgt der Staat heute eine ausgeprägte Eisenbahnpolitik und baut auf eigene Kosten Bahnen. Bei der Feststellung der Linienführung der zu bauenden Bahnen werden leider nicht ausgesprochen wirtschaftliche Gesichtspunkte berücksichtigt. Es spielen dabei verschiedene Momente mit. Vor allen Dingen ist die Türkei gezwungen, beim Eisenbahnbau auf die Forderungen der Landesverteidigung und der inneren Sicherheit zu achten. Damit verbunden wirken verwaltungstechnische Momente mit. Wie gesagt, muß die Türkei allen diesen Notwendigkeiten Rechnung tragen und versuchen, sie mit wirtschaftlichen Gesichtspunkten in Einklang zu bringen. Es handelt sich hier um ein Bahnbrechen, um ein Erschließen größerer Landesgebiete. Deshalb werden zunächst nur große, weite Strecken angelegt, Hauptlinien gebaut. Es muß zunächst das Land von Westen nach Osten, von Norden nach Süden von Eisenbahnen durchzogen werden; das Inland mit der Küste verbunden sein, dann erst können naturgemäß die Nebenlinien ausgebaut werden, wobei ausgesprochen den wirtschaftlichen Gesichtspunkten Rechnung getragen werden muß.

Zusammenfassend kann gesagt werden, daß vom wirtschaftlichen Gesichtspunkt aus diesen Nebenstrecken das größte Gewicht zukommt. Sie sind es, die die von der Landwirtschaft produzierten Güter sammeln, um sie dann auf den Hauptlinien nach den Küsten abzutransportieren.

Aus diesen Tatsachen heraus entstehen große Schwierigkeiten beim Eisenbahnbau. Nicht zum mindesten auch daraus, weil das ganze Unternehmen auf den Staat angewiesen ist.

Das ausländische Kapital verhält sich vorläufig, wie bekannt, gegenüber der Türkei zurückhaltend; in bezug auf die Eisenbahn ist es besonders vorsichtig und stellt sehr schwere Bedingungen, die kein Staat annehmen kann, der Herr im eigenen Hause bleiben will. Das ausländische Privatunternehmertum ist natürlich rein auf wirtschaftliche Momente eingestellt und denkt vor allen Dingen an die Rentabilität seiner Linien. Die notwendigen projektierten Linien durchqueren aber besonders das unerschlossene Gebiet der Türkei und um von einer Rentabilität dieser Linien zu sprechen, muß erst eine Periode der Umstellung der Wirtschaft überwunden werden. Das östliche Gebiet der Türkei ist sehr gebirgig. Die Natur erschwert den Bau der Eisenbahnen ungemein und um sich der Natur anzupassen, müssen in manchen Punkten die wirtschaftlichen Erwägungen zurückstehen. Ganz abgesehen davon, daß eine straffe staatliche Organisation überhaupt erst die Grundlage einer allgemeinen wirtschaftlichen Entwicklung ist.

Aus diesen Gründen ist es der Staat, der in der Türkei trotz aller Schwierigkeiten die Eisenbahnbauten durchführt. Es darf hervorgehoben werden, daß die Türkei nach den letzten Kriegen sich eine Tendenz „der Staat als Unternehmer von Eisenbahnbauten" stark fühlbar gemacht hat. Während des Krieges waren die Eisenbahnen vom Staat verwaltet worden. Diese Probe und Praxis erweckte das Vertrauen beim Staat, die Eisenbahn selbst zu betreiben, zu verwalten und zu bauen. So wurde nach dem Kriege die anatolische Bahn stark ausgebaut. Der Betrieb erwies sich in den Händen des Staates als rentabel. Und so gewann die Idee der Verstaatlichung der Eisenbahn immer mehr an Einfluß. Jetzt wird diese Angelegenheit durch die oben genannten wirtschaftlichen Ursachen unterstützt und jeder Gedanke davon beherrscht. Die Tendenz entwickelt sich immer weiter in dieser Richtung. Die Folge dieser Einstellung ist, daß der Staat kürzlich die Linien Ankara—Kaysseri und Samssun—Amassia gebaut hat. In bezug auf das Material ist die Türkei allerdings auf das Ausland angewiesen, da sie selbst nicht die technischen Einrichtungen für dessen Herstellung besitzt.

Manche Strecken sind an ausländische Firmen vergeben, die die Linien bauen und sie dann dem Staate abliefern müssen. Die gebauten und zu bauenden Linien sind für die Türkei ohne Zweifel von großer Wichtigkeit und Bedeutung, aber sie werden erst dann wirtschaftlich, wenn sie Nebenlinien besitzen. Sonst haben sie nur für lange und schmale Streifen Landes links und rechts von ihnen eine Bedeutung; denn auch die übrigen Verkehrsverhältnisse in ihrem Bereich sind recht ungenügend. Die volle Ausnützung dieser Linien hängt von der Verbindung der Umgebung mit der Bahn ab.

Da die Türkei heute nicht in der Lage ist, verschiedene Nebenbahnen sofort zu bauen, das ganze Land mit einem Male mit einem Eisenbahnnetz zu überziehen, müssen wenigstens die Landstraßen eine besondere Beachtung finden, zumal die landwirtschaftlich wichtigen Gegenden müssen möglichst schnell durch Landstraßen mit den Eisenbahnen verbunden werden. Erst wenn leistungsfähige Kunststraßen zur Verfügung stehen, kann der Kraftwagen als Ergänzung der Verkehrsmittel eingesetzt werden, denn der Kraftwagen hat sich in der letzten Zeit sowohl hinsichtlich der Personen- als auch der Güterbeförderung gut eingeführt. Man könnte auf diese Weise ein harmonisches Zusammenwirken zwischen Eisenbahn und Kraftwagen erreichen. Ein solches Zusammenwirken würde zur Rentabilität der Hauptlinien erheblich beitragen.

Da die Türkei zunächst danach strebt, das Inland mit der Küste durch die Eisenbahn zu verbinden, um die Produkte möglichst schnell und bequem transportieren zu können, wäre in diesem Zusammenhange zu betrachten:

die Hafenfrage und Seeschiffahrt.

Wie wiederholt erwähnt, besitzt die Türkei eine lange Küstenstrecke mit verschiedenen aufblühenden Hafenstädten. Wenn man aber von den Häfen Istanbul, Smyrna und Merssina absieht, die an sich gute Häfen sind, wenn sie auch dem Bedarf nicht in allem entsprechen und noch eines weiteren zweckmäßigen Ausbaus bedürfen, so sind die anderen Hafenstädte der Türkei erst recht unzulänglich und dürftig. Ein Ausbau macht sich vor allem deshalb notwendig, weil infolge der natürlichen Beschaffenheit die Schiffe nicht direkt am Ufer anlegen können und außerdem fehlen zweckmäßige Umschlagseinrichtungen. Wenn das Innere durch Eisenbahnen mit der Küste verbunden wird, können diese Häfen den Verkehr nicht aufnehmen. Deshalb müssen vor allen Dingen die Häfen von Istanbul, Smyrna und Merssina ausgebaut werden; ihnen müßten neue Hafenanlagen in Trapezunt (Tırabzon), Samssun (Samsun), Ereyli, Zonguldak am Schwarzen Meer folgen und zuletzt noch andere kleinere Hafenstädte.

Obwohl die Türkei durch ihre geographische Lage die natürlichen Voraussetzungen für einen regen Seeverkehr hat, besitzt sie heute leider keine ansehnliche, eigene Handelsflotte. Auch dieses Gebiet wurde, wie alle anderen verkehrswirtschaftlichen Gebiete, in der Vergangenheit vernachlässigt. Die ausländischen Schiffe sorgten sowohl für den Küstenverkehr als auch für den Verkehr mit dem Ausland. Die in den letzten Zeiten des Osmanenreiches gemachten Versuche, das Recht der Kabotage für sich in Anspruch zu nehmen, stießen infolge der Kapitulationen auf starken Widerstand. In der Gegenwart, da die Kapitulationen die Türkei nicht mehr behindern, ist das Recht des Küstenverkehrs der einheimischen Schiffahrt, den einheimischen Schiffen vorbehalten, wodurch die nationale Schiffahrt einen Ansporn erhalten hat. Trotz aller Bestrebungen, die Verhältnisse auf diesem Gebiet zu verbessern, ist heute die einheimische Seeschiffahrt noch recht dürftig und nicht imstande, den Bedarf vollkommen zu befriedigen.

Nach Muchlis Ethem[1]) verfügt die Türkei über folgende Kategorien von Schiffen und Fahrzeugen:

Dampfer und Kleinschiffahrt — Gesamttonnage:

1924	65.246 t,
1926	114.346 t,
1927	162.984 t.

Die gesamte Handelsflotte ist nicht einmal in der Lage, den Küstenverkehr zu bewältigen. Die Produkte und Waren warten tagelang auf ein Schiff, um forttransportiert zu werden. Wenn man sich die Lage der Türkei vor Augen hält, daß der Export und zum großen Teil auch der Güteraustausch zwischen den verschiedenen Landesteilen hauptsächlich auf die Schiffahrt angewiesen ist, so wird es klar, wie stark die Produktion, zumal der Landwirtschaft, unter diesen schlechten Verhältnissen leiden muß.

Es ergibt sich aus der bisherigen Darstellung, daß der Verkehr in der Türkei auf all seinen Gebieten eine recht geringe Kapazität hat. Diese Tatsache kennzeichnet die heutige wirtschaftliche Lage der Türkei. Diese Verhältnisse

[1]) „Das türkische Schiffahrtswesen". Zeitschrift der türkischen Handelskammer für Deutschland, Berlin 1929, Jg. 2, Heft 1, S. 8.

zugrunde gelegt, darf man in der Türkei noch nicht von einer einheitlichen Volkswirtschaft sprechen; denn die verschiedenen Teile des Landes sind auch wirtschaftlich voneinander abgeschlossen. Entsprechend den Verhältnissen findet man die verschiedensten Entwicklungsstufen in der Volkswirtschaft. Diese Unerschlossenheit des Landes, die mangelnden Verbindungen haben Nachteile gezeitigt, die in mehr als einer Hinsicht auch die Landwirtschaft ungünstig beeinflußt haben. Diese Wirkungen möchte ich in großen Zügen folgendermaßen charakterisieren:

1. Die Unerschlossenheit und Abgeschlossenheit großer Gebiete haben dazu geführt, daß ihrer Bevölkerung jede Möglichkeit entzogen war, sich mit der Außenwelt vertraut zu machen. Sie waren völlig auf sich allein angewiesen, die Bauern wurden mit keinen Neuerungen bekannt und so entstand die Schwerfälligkeit in geistigen und wirtschaftlichen Fragen. Die Staatsgewalt konnte sich auf manchen Gebieten nicht durchsetzen, dadurch entstand eine große Unsicherheit. Die Bauern waren oft Raub und Diebstahl ausgesetzt. Die Verwaltung der östlichen Provinzen war nicht fest in den Händen der Staatsorgane. Sie besaßen nicht genügend Durchschlagskraft um Ordnung zu schaffen. Und in manchen Provinzen, die mit kurdischen Nomaden besiedelt waren, verloren die Beamten jede Tatkraft. Die besten Kräfte, Verwaltungsbeamte, Lehrer, Ärzte und Landwirte wollten sich nicht nach diesen Gebieten versetzen lassen. Sie suchten nach Möglichkeit, sich dieser unliebsamen Pflicht zu entziehen und bevorzugten den westlichen Teil des Landes. Diese Tatsachen wirkten sich mit der Zeit immer stärker aus. Unter diesen Umständen mußten die heutigen Unterschiede der verschiedenen Zonen entstehen.

2. Entsprechend des kulturellen Niveaus waren die Bedürfnisse der Bauern allgemein einfach und beschränkt. Der Bauer fühlte sich veranlaßt, nur für sich selbst, nicht für die Bedarfsdeckung seiner weiteren Umgebung zu sorgen. Er selbst konnte durch seine Kaufkraft die Wirtschaft nicht wesentlich anregen. Für den Export zu produzieren, fehlten die Voraussetzungen (Transportmöglichkeiten). So schränkte er seine Produktion ein. Oft wurde ein Gebiet von einem Unwetter schwer betroffen oder eine Dürre

vernichtete die Ernte. Folge war, daß die Bevölkerung jener Gebiete Not litt, während in einem anderen Gebiet die landwirtschaftlichen Produkte keinen Abnehmer fanden. Die in manchen Teilen produzierten Agrarerzeugnisse kann man auch heute noch nicht ohne weiteres in andere Landesteile befördern. Für diese Erzeugnisse bestand infolge der Verkehrsverhältnisse kein Innenmarkt. Es gibt verschiedene Klimazonen in der Türkei, welche verschiedene Produkte erzeugen, die in anderen Teilen des Landes nicht erzeugt werden können. Diese lokalgebundenen Produkte vermochten im Lande keinen Konsum zu finden. Nach dem Friedensvertrag versuchte die Regierung, um den Getreidebau zu fördern, die Getreidezölle zu erhöhen. Dieser Versuch verursachte eine gewaltige Krisis in Istanbul, denn die vorhandenen Transportmittel genügten nicht, den Bedarf Istanbuls an Getreide aus dem eigenen Gebiet zu decken und so mußten die Schutzmaßnahmen lediglich wegen mangelnder Transportmöglichkeiten aufgegeben werden. Hieraus ersieht man, in welchem Maße die Verkehrsverhältnisse die Landwirtschaft beeinflussen.

Es muß eindeutig festgestellt werden, daß infolge der natürlichen und wirtschaftlichen Bedingungen in der Türkei die Voraussetzungen für einen großen Inlandsmarkt gegeben sind. Rückblickend auf das im Kapitel Bevölkerungsverhältnisse Gesagte ist sogar eine direkte Notwendigkeit für einen Ausbau des Inlandmarktes gegeben. Die Zukunftsmöglichkeiten dieses Marktes sind die wirtschaftlichen Möglichkeiten der Türkei schlechthin, macht er sie doch von Krisen der Weltwirtschaft bis zu einem gewissen Grade unabhängig, gibt er doch die Möglichkeit der Kapitalbildung innerhalb des Landes selbst. Die Entwicklung der Landwirtschaft der Türkei ist direkt von den verkehrstechnischen Problemen im Zusammenhange mit dem Inlandsmarkt abhängig.

3. Die Türkei ist dank ihrer verschiedenartigen Klimazonen in der Lage, manche P r o d u k t e früh zu ernten und könnte demzufolge eine günstige Marktlage ausnützen, wenn Transportmöglichkeiten vorhanden wären. Nur infolge dieses Mangels bringt sie ihre Produkte in einer Zeit auf den Markt, wo dieser schon gesättigt ist. Manche Gebiete ernten noch, während im Adana- und Smyrnagebiet die Ernten schon auf den Abtransport warten.

4. Den Transportverhältnissen entsprechend können Agrarprodukte lediglich als Massengüter von durchschnittlicher Qualität versandt werden. Die Landwirtschaft ist deshalb nicht in der Lage, ihre Produkte zu veredeln und hochwertige Erzeugnisse auf den Markt zu bringen, denn sie muß immer einen langwierigen Transport in Rechnung setzen. Aus diesen Gründen konnte und kann auch heute noch nicht die türkische Landwirtschaft ihre natürliche Monopolstellung hinsichtlich mancher Agrarprodukte richtig ausnützen. Die Produktion der leicht verderblichen Erzeugnisse ist deshalb nicht umfangreich (z. B. hochgezüchtete Gemüse und Obstsorten).

5. Hinsichtlich des Bedarfs der Landwirtschaft treten die Einflüsse der ungünstigen Verkehrsverhältnisse noch deutlicher hervor. Die Landwirtschaft ist nicht imstande, von allen modernen Produktionsmitteln Gebrauch zu machen. Man kann nicht ohne weiteres landwirtschaftliche Maschinen einführen. Es fehlen für die schweren Maschinen entsprechende Transportmittel, denn die Maschinen können auf den schlechten Wegen im Lande nicht fortbewegt werden. Man übersah diese Tatsache, man wollte unbedingt Maschinen benutzen, um mehr produzieren zu können. So kaufte man Lokomobilen, schwere Motorpflüge, Dreschmaschinen u. dgl. Viele dieser Maschinen sind auf dem Wege zur Produktionsstätte stecken geblieben und wochen- und monatelang allen Witterungseinflüssen ausgesetzt gewesen! Diesen Fehler hat man besonders während des Weltkrieges begangen.

c) Absatz und Bezug.

In der letzten Zeit steht die Öffentlichkeit der Türkei unter der Wirkung eines Schlagwortes, nämlich dem der Verdopplung der landwirtschaftlichen Produktion. Sowohl die Regierung als auch die Öffentlichkeit denkt an diese Möglichkeit und die Frage wurde und wird noch heute in der Presse eifrig erörtert. Angesichts der passiven Handelsbilanz und der absinkenden Währung sieht man die einzige Rettung der Wirtschaft in einer verdoppelten Produktion.

Die Diskussionen und die entsprechenden Projekte beschränken sich jedoch auf die technischen Möglichkeiten der

Tabelle 10.
Ein- und Ausfuhr.

	1925 t. Pf.	1926 t. Pf.	1927 t. Pf.	1928 t. Pf.	1929 t. Pf.
Einfuhr .	242.314.138	234.699.735	211.398.784	223.531.775	256.296.379
Ausfuhr .	193.119.453	186.422.735	158.420.998	173.537.489	155.214.071

Verdopplung, während das wirtschaftliche Moment, nämlich die Verwertung der Produkte, außer acht gelassen wird. Obwohl auf der einen Seite manche Agrarprodukte unter Absatzkrisen zu leiden haben und trotzdem sich die Absatzstockungen jedes Jahr wiederholen, will man heute noch um jeden Preis die Produktion technisch steigern, ohne sich ernstlich mit der Marktfrage des Absatzes zu befassen. Ich bin der Ansicht, daß die Produktion am meisten angeregt werden wird, wenn der Wert der Produkte die Gestehungskosten deckt und den Produzenten einen Gewinn bringt. Der Bauer kann und wird nur dann seinen Betrieb erweitern und mehr produzieren, wenn er einen entsprechenden Nutzen daraus zieht. Ich mußte im Gebiet von Smyrna selbst feststellen, daß die Anbaufläche des Tabaks jedes Bauern je nach dem Markt von Jahr zu Jahr schwankt. Wenn in einem Jahr die Tabakspreise stiegen, vermehrten die Bauern für das kommende Jahr die Anbaufläche in der Hoffnung, daß der Tabak ebenso marktgängig sein würde wie im Jahr zuvor. Ebenso verhält es sich mit dem Anbau der Baumwolle. Ohne einen Reingewinn zu erreichen denkt kein Produzent an die Vermehrung der Produktion. Hier liegt ebenfalls ein Hauptangriffspunkt zu einer Steigerung der Erzeugung. Sobald für die Produkte ein gesicherter Absatz garantiert ist, wird der anatolische Bauer seine Produktion vermehren. Er ist heute schon trotz technischer Rückständigkeit und mangelnder Kenntnisse imstande, noch mehr zu erzeugen. Je leichter und günstiger der Absatz der Erzeugnisse sein wird, um so schneller kann sich die Landwirtschaft entwickeln. Den Bauern wird es dann möglich, mehr Aufwendungen zu machen, wenn sie dabei verdienen.

Wenn ich hier von Mehraufwendungen spreche, so denke ich vor allem an eine größere Arbeitsintensität, denn auch vermehrte Arbeit macht sich nur bei einem lohnenden Absatz der

Mehrproduktion bezahlt. Eine Technisierung bedeutet aber vermehrte konstante Kosten, das heißt in größerem Umfange festgelegtes Kapital.

Ich betrachte deshalb die Verbesserung der Absatzverhältnisse auch in dieser Hinsicht als eine wichtige Bedingung für eine Förderung der Entwicklung der Landwirtschaft in der Türkei. Die Absatzmöglichkeiten der landwirtschaftlichen Erzeugnisse der Türkei hängen in erster Linie von den Transportverhältnissen ab, deren Auswirkung ich schon im vorigen Kapitel eingehend betrachtet habe. Ebenso wichtig sind aber die organisatorischen Bedingungen in dieser Beziehung, die jetzt noch in der Türkei fehlen.

Der türkische Bauer entbehrt in dieser Hinsicht jeglicher Erfahrung. Er versteht weder etwas von Preisbildung noch von günstiger Konjunktur oder technischer Marktlage. Besonders von der Preisbildung hat er kaum eine Ahnung. Berechnende und kalkulatorische Arbeit fällt ihm schwer. Er produziert nach ihm gegebenen natürlichen und technischen Möglichkeiten. Kann er seine Erzeugnisse nicht verkaufen oder nur mit Verlust absetzen, sieht er darin nur die augenblickliche Schwierigkeit, ohne die Zusammenhänge zu erkennen. Manchmal verdient er an seiner Produktion überhaupt nichts, bekommt nur seinen und den Arbeitslohn seiner Familie heraus, ohne auch diesen wertmäßig in Rechnung stellen zu können und einen Überblick zu haben, ob oder wieviel er verdient hat. Könnte man in einem Bauernbetrieb in der Türkei eine richtige Buchführung durchführen, würde sich erweisen, daß die Rente der Landwirtschaft nicht dem Bauern zufließt, sondern daß sie ihm durch die ungünstigen Verkaufsbedingungen verlorengeht, ja darüber hinaus noch ein Teil seines Arbeitslohnes, so daß als Folge Hunger und Elend auftreten muß.

Hier spielt natürlich die allgemeine Bildung eine große Rolle. Es ist selbstverständlich, daß die verhältnismäßig gebildeten Kaufleute mit einem Analphabeten, wie es der Bauer ist, sehr leicht haben, diesen zu übervorteilen und die Versuchung dazu ist zu groß. Seine unspekulative, naive Einstellung geldlichen Dingen gegenüber kommt noch hinzu, seine Lage zu verschlimmern. Unter diesen Umständen ist der türkische Bauer schutzlos und allen Zufällen ausgeliefert.

So ist es erklärlich, daß der Landwirt in der Türkei resigniert und im allgemeinen der schlechten Transportverhältnisse und der ungenügenden Absatzverhältnisse wegen nur für die eigene Bedarfsdeckung arbeitet; nur in verhältnismäßig entwickelten Gegenden wird für den Export produziert.

Die über den Eigenbedarf hinausgehenden Erzeugnisse verwendet der Landwirt in folgender Weise: Entweder gibt er die Produkte als Naturalien für Gegenleistungen ab, oder er tauscht dagegen von Wanderverkäufern, Hausierern, Krämern, Manufakturartikel oder irgendwelche Industrieerzeugnisse ein, wobei seine Naturalien mit dem niedrigsten und der gekaufte Gegenstand mit dem höchsten Preise eingesetzt werden. Je nach Geldbedarf verkauft er weiter von Zeit zu Zeit einen kleineren Teil, ein Teilverkauf, der nicht immer bei günstiger Marktlage auf dem Wochenmarkt der kleineren Städte stattfindet. Der Zwang zum Verkauf bringt es mit sich, daß der Landwirt oft keine günstige Marktlage abwarten, keinen entsprechenden Preis und damit keinen entsprechenden Nutzen erzielen kann. Diese Teilverkäufe sind ein Grundübel in der Lebensführung der türkischen Bauern, denn der verhältnismäßig geringe Erlös der verkauften Erzeugnisse wird sofort für Kleinigkeiten ausgegeben. Oder aber er verkauft sofort nach der Ernte. Bei dieser Form des Verkaufs werden die Erzeugnisse meist unmittelbar vom Felde weg an den Händler verkauft. Der Preis hängt von dem Verhältnis des Bauern zum Händler ab (Kredit!). Der Marktpreis wird nur sehr selten erreicht. Diese Art des Verkaufs erzielt allgemein die niedrigsten Preise, da zur Erntezeit die Erzeugnisse überall im Überfluß vorhanden sind. Oft ist der Bauer zu diesem sofortigen Verkauf gezwungen, weil er entweder bares Geld braucht oder seine Gläubiger auf Rückgabe der geliehenen Gelder drängen.

Der Verkauf der Ernte auf dem Halm ist ebenfalls anzutreffen. Unter dem Druck der Geldnot verkauft der Landwirt oft seine Erzeugnisse schon vor der Ernte. Dies ist meistens bei den Agrarprodukten der Fall, die verhältnismäßig viel Geldaufwendungen verlangen, z. B. Tabak und Sultaninen. Im Notfalle geschieht der Vorverkauf auch bei allen Erzeugnissen, die marktgängig sind. Auch eine andere Art des Vorverkaufes ist häufig festzustellen. Der Bauer kauft das ganze Jahr über seine Bedarfsartikel und Industrieerzeugnisse bei einem bestimmten Kaufmann gegen spätere Zahlung. So ist er gezwungen, seine Erzeugnisse dem betreffenden Kaufmann zu liefern, natürlich zum möglichst niedrigen Preise. So kommt es, daß im Verkauf von Industrieerzeugnissen die freie Konkurrenz für den türkischen Bauern bis zu einem bestimmten Grade ausgeschaltet ist.

Zusammenfassend ist zu sagen, daß der türkische Bauer nur in den seltensten Fällen frei über den Verkauf seiner Produkte verfügen kann und imstande ist, den Marktpreis zu erzielen. Noch verschärft wird dieser Zustand dadurch, daß auf der anderen Seite beim Einkauf seines Bedarfs er in gleicher Weise von seinem Lieferanten abhängig und dessen Willkür ausgeliefert ist.

Als ich mich, interessiert an diesen Verhältnissen, im Smyrnagebiet bei den Tabakbauern und Sultaninenproduzenten nach ihrer Lage erkundigte, mußte ich sehr traurige Zustände feststellen. Viele der mir bekannten Bauern waren nicht einmal in der Lage, mit ihrer Produktion ihre Schulden abzudecken. Auf diese Weise wurden die übrigen Restschulden auf das nächste Jahr verschoben und der Bauer konnte sich nie wieder eine unabhängige Stellung erwerben und ging daran zugrunde. Eines Tages ist er gezwungen, seinen Betrieb aufzugeben und Arbeiter zu werden.

Es gibt wohl in verhältnismäßig fortgeschrittenen Gegenden einige Bauern und Landwirte, die ihre Erzeugnisse selbst auf den Markt bringen und einen lohnenden Preis erzielen. Es gibt auch einige, die spekulativ verkaufen und einen günstigen Preis abwarten können, aber ihre Zahl ist so gering, daß sie die allgemeine Lage der Bauernschaft in keiner Weise irgendwie beeinflußt.

Noch ein anderes Moment spielt bei dem Verkauf der Agrarerzeugnisse eine Rolle, nämlich, daß der Bauer seine Erzeugnisse nicht nach der Qualität sortiert. Er verkauft sie so, wie er sie geerntet hat. Ihm ist die Überlegenheit, die er durch eine Klassifizierung der Produkte gegenüber dem Händler erzielen kann, noch nicht klar geworden. Es geschieht oft beim Verkauf von Baumwolle, Tabak, Sultaninen, Feigen, Getreide u. a. m., daß die Erzeugnisse wegen der in ihnen enthaltenen minderwertigen Bestandteile allgemein sehr niedrig gewertet werden. Der für die landwirtschaftlichen Produkte zu erzielende Preis richtet sich naturgemäß auch in der Türkei nach der Verkehrslage. In der Nähe der Zuschußgebiete ist sehr wohl ein tragbarer Preis zu erzielen, während in abgelegenen Gebietsteilen nur ungenügende Preise gezahlt werden. Für die Türkei insbesondere kommt noch hinzu, daß die unentwickelten Transportverhältnisse darin keinen Ausgleich zu schaffen vermögen.

Die Agrarerzeugnisse in der Türkei gehen bis zum Konsumenten durch verschiedene Hände. Der Produzent liefert seine Ware dem Kleinhändler, dieser gibt sie einem größeren Kaufmann weiter, der, um die Produkte dem ausländischen Abnehmer zu liefern, wieder einen Vermittler braucht, den Makler oder Kommissionär. Den größten Teil des zu erzielenden Gewinnes heimsen diese Vermittler ein.

Der Bauer hat weder eine direkte Verbindung mit dem Großkaufmann noch eine Organisation, die seine Interessen vertritt. Er ist allein auf die Zwischenhändler angewiesen, die ihn bis zum letzten aussaugen. Anderseits haben die Großkaufleute ebenso keine unmittelbaren Beziehungen zum endgültigen Abnehmer. Früher waren die Kommissionäre, zum großen Teil auch die Zwischenhändler, Armenier, Griechen, Juden und Levantiner. Die ausländischen Abnehmer pflegten ausschließlich mit ihnen in Beziehung zu treten und zu ihnen Vertrauen zu haben. Diese Kommissionäre hatten sich in ihrem Beruf eine besondere Routine angeeignet und als verschlagene und gerissene Händler übervorteilten sie die türkischen Produzenten, ebenso machten sie es auch mit den ausländischen Abnehmern. Fast die ganze Rente des Landwirtes floß in ihre Tasche.

Heute liegen die Verhältnisse in dieser Beziehung ganz anders. Der türkische Kaufmann ist in den Vordergrund getreten und hat diese Vermittlungsstelle eingenommen und ist bestrebt, mit den ausländischen Abnehmern Beziehungen anzubahnen, sich mit ihm direkt in Verbindung zu setzen und sein Vertrauen zu gewinnen.

Ihm ist jedoch diese Aufgabe neu, er steht am Anfang seiner Entwicklung, es fehlt ihm noch vieles; ihm mangelt es vor allem an Kapital und seine Marktkenntnisse im Sinne des modernen Großhandels sind lückenhaft. Er braucht noch einige Zeit, um für seinen Beruf eine Tradition zu entwickeln, neue Marktgebiete zu erschließen und sicher zu stellen.

Die wichtigsten Agrarerzeugnisse der Türkei sind:

Tabak	Baumwolle	Wolle
Rosinen	Opium	Mohair
Feigen	Oliven	Häute
Haselnüsse	Hülsenfrüchte	Getreide

verschiedene andere Früchte.

Diese Erzeugnisse bilden zugleich die Exportware der Türkei.

Tabelle 11.

Der Wert der Ausfuhr.

1925 t. Pf.	1926 t. Pf.	1927 t. Pf.	1928 t. Pf.
192.428.196	186.422.755	158.420.998	178.537.489

Von dieser Ausfuhr entfällt durchschnittlich auf:

Tabelle 12.

Die wichtigsten Ausfuhrgüter.

Tabak	54.197.140	Opium u. Valonea	10.187.835
Früchte u. Gemüse	34.321.183	Getreide u. a. Hülsenfrüchte . . .	6.147.023
Wolle und Mohair	18.500.063	pflanzliche Öle . .	1.473.000
Baumwolle	10.320.475		

Es kommen noch andere Agrarerzeugnisse hinzu, die erst in zweiter Linie von Bedeutung sind, aber dennoch den Anteil der Agrarprodukte an der Ausfuhr steigern.

Aus diesen Zahlen ist zu entnehmen, daß die Ausfuhr der Türkei zu zirka 88%, inklusive Holz zu zirka 90%, aus Agrarerzeugnissen besteht.

Bei den Exportprodukten, das heißt bei den Erzeugnissen, die speziell für den ausländischen Markt (Tabak, Baumwolle und Früchte) herausgebracht werden, liegen die Verhältnisse noch ungünstiger. Wie oben erwähnt, ist der türkische Kaufmann noch nicht so weit fortgeschritten, daß er allen Produkten des Landes im Auslande günstige Absatzgebiete sichern und die Konjunktur des Weltmarktes genau beobachten könnte. Deshalb sind diese Produkte auf eine beschränkte Anzahl von ausländischen Abnehmern angewiesen, die den ganzen Markt beherrschen und sogar in der Lage sind, die Preise nach ihrem Belieben zu bestimmen. Ihre begrenzte Anzahl ermöglicht es ihnen auch, sich über den Preis untereinander zu verständigen, so daß jede Konkurrenz auf diese Weise ausgeschaltet ist. In der Saison, in dem Augenblick, in dem die Erzeugnisse auf den Markt kommen sollen, drücken diese Tabak-, Baumwoll-, Sultaninen- und Feigenkönige den Markt so, als ob für diese Produkte kein Absatz bestünde. Infolge dieser Spekulation entsteht fast jedes Jahr eine Krise. Die Preise sinken bis unter die Gestehungskosten, die Ware liegt auf der Straße. Wenn man die türkische Presse in der Saison verfolgt, wird man über die Krise der Baumwolle, des Tabaks usw. jedes Jahr lange Aufsätze lesen können. Diese Krise, diese Marktstockungen entstehen gewöhnlich nicht aus einer Übersättigung des Weltmarktes, sondern aus den Manövern der Abnehmer für die Türkei. Es sind Sonderkrisen für die Türkei.

Bei den Produzenten und bei den türkischen Kaufleuten besteht kaum eine Organisation gegen diese Zusammenarbeit der Abnehmer. Wie bereits angedeutet, existieren bei den Landwirten noch keine genossenschaftlichen Zusammenschlüsse. In manchen Gebieten, wie Smyrna, Adana sind zwar die ersten Schritte in dieser Hinsicht getan, aber diese Versuche sind noch weit entfernt, das Übel zu beseitigen. Es fehlt die Initiative und es mangelt an Kenntnissen, um derartige Organisationen zustande zu bringen und aufrecht zu erhalten.

Auf diesem Gebiet, auf dem Gebiet des Exportes, des Welthandels hat die Türkei schwer zu kämpfen.

Sie braucht zunächst eine ausgebildete Kaufmannschicht, die mit Kapitalien ausgestattet sein muß, auf dem ausländischen Markt bekannt ist und dessen Vertrauen genießt. Ferner ist die Türkei gezwungen, den Kampf gegen ihre Konkurrenten aufzunehmen. Hierbei muß sie von den modernsten Reklamemitteln Gebrauch machen. Ihre Konkurrenten haben auf dem Weltmarkt einen Vorsprung. Zum Beispiel geben sich die Griechen die größte Mühe durch ihre Korinthen und Tabake, die Bulgaren durch ihren Tabak die Türkei im Konkurrenzkampf zu schlagen. Im Kampfe um den Markt hat die Türkei in bezug auf ihre Agrarerzeugnisse heute und in der Zukunft Länder mit ungefähr gleichen natürlichen und klimatischen Verhältnissen wie Griechenland, Italien und Bulgarien als gefährlichste Konkurrenten. Griechenland kämpft mit seinen Rosinen gegen türkische Sultaninen, mit seinen Oliven und Tabaken gegen die gleichen türkischen Erzeugnisse, Italien mit seinen Orangen, Oliven, Haselnüssen und zum Teil auch Feigen, Bulgarien mit Tabak und Wolle gegen die gleichartigen Produkte der Türkei an.

Nun ist die Türkei in diesem wirtschaftlichen Kampfe teils durch die Natur begünstigt, teils durch ihren alten Ruf gegenüber ihren Konkurrenten im Vorteil. Denn die Türkei hat zunächst in der Erzeugung von Sultaninen und Feigen eine natürliche Monopolstellung. Nirgends in der Welt werden in der gleichen Qualität und Feinheit Sultaninen und Feigen hervorgebracht wie sie in der Türkei erzeugt werden können. Der Erfolg liegt hier zum großen Teil im Klima und Boden, zum anderen Teil in der Tradition und Erfahrung der Erzeuger. So sind alle Versuche, z. B. der Amerikaner, Sultaninen und Feigen in ähnlicher Qualität in Kalifornien zu produzieren, fehlgeschlagen.

Was Tabak anbetrifft, so hat die Türkei auch hier eine günstige Stellung. Denn der Anbau des Tabaks in der Türkei ist vom Boden und Klima vorzüglich begünstigt, außerdem ist der türkische Bauer ein Meister in seiner Erzeugung, endlich hat die Türkei schon seit langem durch ihren Tabak einen unbestrittenen Weltruf errungen. Das Opium ist infolge seiner hohen Qualität und seines Substanzgehaltes auf dem Markt stets gesucht. Bezüglich der anderen wichtigen Exporterzeugnisse, z. B. Oliven, Orangen, Haselnüsse, Baumwolle und Wolle muß die Türkei ihren Bauern etwas Kenntnisse und Verständnis für die Erzeugung beibringen, um die gegebene Gunst der Natur ausnutzen und wertvolle Qualitäten hervorbringen zu können.

Ein wichtiges Moment, den Markt zu gewinnen, muß hier berücksichtigt werden. Die Agrarerzeugnisse dürfen nicht massenweise auf den Markt geworfen werden. Bis jetzt hat man darauf nicht geachtet und entsprechende Fehlschläge erlitten. Zum Beispiel kamen Sultaninen, Feigen u. a. m. fast immer als Massenprodukte auf den Markt, ohne irgendeine Sortierung oder Vorbereitung erhalten zu haben. Von nun an müssen diese Produkte sortiert, klassifiziert, geputzt und geschmackvoll und anziehend verpackt werden, damit die Erzeugnisse selbst für sich werben und Konsumenten gewinnen. Dem türkischen Geschmack, der Phantasie und dem Erfindungsgeist fällt hiermit eine besondere Aufgabe zu.

In bezug auf den Getreideexport dürften für die Türkei keine Entwicklungsaussichten bestehen, nur für die von der Natur begünstigten und wertvolleren Erzeugnisse, wie Tabak, Baumwolle, Opium u. a. m. Die türkische Landwirtschaft muß sich danach richten und ihre Kräfte vor allem auf diese Erzeugnisse konzentrieren. Weiter werden später die Gartenerzeugnisse eine besondere Wichtigkeit erlangen, zum Beispiel Wein und Feigen und Orangen, Oliven, Haselnüsse, Mandeln sowie die anderen Obst- und Gemüsearten. Es muß betont werden, daß die Türkei in kommenden Zeiten beim Export dieser Erzeugnisse nur dann Erfolg haben kann, wenn sie hochqualifizierte Produkte hervorbringt.

Hinsichtlich des Absatzes hat bis jetzt der inländische Markt keine besondere Rolle gespielt. Der Grund dafür ist, daß die Bevölkerung sich hauptsächlich mit Landwirtschaft befaßt. Jeder hatte ein Stück Land für seinen eigenen Bedarf. Eine Industrie als Abnehmer der Landwirtschaft besteht nicht. Die Bevölkerung war spärlich und besaß keine große Kaufkraft. Sie mußte ihre Bedürfnisse infolge ihrer Armut stets einschränken. Ferner lagen noch die besprochenen Schwierigkeiten auf dem Gebiete des Transports vor. Wie ich schon angedeutet habe, war die Türkei nicht in der Lage, die Produkte, die in einem Gebiet erzeugt wurden, einem anderen zuzuführen. So konnten die Bewohner eines Teiles der Türkei z. B. die Feigen und Sultaninen von Smyrna nicht konsumieren. Daher zog man erklärlicherweise bis jetzt den Inlandmarkt bei den Erörterungen der Absatzfrage für Agrarprodukte nicht in Betracht.

Da die Verhältnisse in der Gegenwart sich zu bessern beginnen, darf die türkische Landwirtschaft auch zum Teil auf die inländischen Konsumenten rechnen. Die

Bevölkerung nimmt zu, die Bedürfnisse wachsen, Eisenbahnen werden gebaut, eine kleine Industrie hat angefangen sich zu entwickeln. Nach der Bewältigung der jetzigen Schwierigkeiten ist ein Wohlstand der Bevölkerung zu erwarten. Das alles wird in naher Zukunft der türkischen Landwirtschaft bei der Lösung ihrer Absatzfrage zugute kommen, vorausgesetzt, daß eine entsprechende Organisation aufgebaut wird und der Überschuß der Agrarbevölkerung zugute kommt.

Bis jetzt führte die Türkei ihre landwirtschaftlichen Erzeugnisse in der Form, wie sie erzeugt werden, als ausgesprochene Rohstoffe aus. Eine Verarbeitung dieser Produkte in erheblichem Maße kam nicht in Frage; die unerwarteten Krisen verhinderten, was zum Teil Heilmittel hätte sein können. Der Grund hierfür war, daß die Türkei kein ausgebautes landwirtschaftliches Nebengewerbe besaß. Andernfalls hätte man z. B. im Überfluß vorhandenes Gemüse und Obst in Konserven verwandeln können. Ebenso war man nicht imstande, in den Jahren, in denen die Preise für Sultaninen und Feigen sehr niedrig standen, aus diesen etwa Getränke und Spiritus zu bereiten. Also kurz, eine Verarbeitung und Veredlung der Agrarerzeugnisse, die den Wert dieser Stoffe hätten erhöhen können und die Eroberung des Marktes zu erleichtern vermocht hätten, waren nicht vorhanden.

Seit einiger Zeit zeigen sich einige derartige Unternehmungen. Konservenfabriken sind bereits entstanden, eine Öl- und Seifenindustrie entwickelt sich, das Gärungsgewerbe ist im Entstehen begriffen. Letzteres hat sogar in den letzten Jahren den Rosinen- und Feigenproduzenten große Dienste geleistet, indem es nicht marktgängige Produkte für seine Betriebe aufkaufte.

Es sei hier noch ein Moment erwähnt, nämlich, daß die Veredlung mancher Bodenerzeugnisse durch die Nutztiere keinen besonderen Raum in der Landwirtschaft der Türkei einnahm. Von nun an dürfte auch dieser Zweig der Veredlung eine große Rolle spielen.

Bei der Verwertung und Bewertung ihrer Agrarprodukte muß die Türkei von jetzt an diese Möglichkeiten im Auge behalten und dafür sorgen, daß die Verhältnisse sich ständig bessern.

Unter diesen ungünstigen Absatzmöglichkeiten leidet heute auch die Landwirtschaft der verhältnismäßig entwickelten Gegenden der Türkei. Vor allem lastet auf dem Produzenten von Exporterzeugnissen das Schwergewicht dieses Zustandes. Er beeinflußt ungemein die Produktion, die Betriebsführung, -gestaltung und -erweiterung. Mir sind verschiedene charakteristische Fälle persönlich bekannt. In der Gegend von Smyrna schwanken die Anbauflächen von Tabak und Baumwolle. Diese Tatsache erklärt sich nicht etwa aus technischen Gründen, sondern lediglich aus dem Druck der unsicheren Marktlage. Wenn z. B. die Sultaninen eine Krise erleiden, so gibt der Bauer jede Pflege seines Weinbergs auf. Ich weiß, daß verschiedene Sultaninenerzeuger ihre tragfähigen Weinstöcke ausgegraben und das Land in Getreidefelder umgewandelt haben. Diese Umstellung der Kulturarten und das unzweckmäßige, unstete Schwanken im Anbau der Kulturpflanzen ist mit großen unproduktiven Kosten verbunden.

Unter solchen Bedingungen kommt eine Betriebserweiterung und -ausgestaltung nicht in Frage. Diese Umstände unterbinden jede Entwicklung und jedes Vorwärtskommen der Landwirtschaft.

Bezugsverhältnisse.

Bis jetzt wenigstens bestand für einen großen Teil der Türkei, abgesehen von fortgeschrittenen Gebieten, eine Bezugsfrage in der Landwirtschaft nicht. Der Bauer deckte seine Bedürfnisse aus eigenen Erzeugnissen und stand vorwiegend auf der Entwicklungsstufe der Natural- und Hauswirtschaft. Für seinen Haushalt benötigt er eine sehr beschränkte Anzahl an Industrie- und handwerklichen Waren. Was die Betriebsmittel anbelangt, so waren es allgemein selbstgefertigte, einfache Geräte[1]). Von modernen Maschinen und Geräten konnte man kaum sprechen. Dagegen war die Bezugsfrage für Gebiete wie Istanbul, Smyrna und Adana schon lange ein Problem geworden, das in der Gegenwart sehr heikle Formen angenommen hat. Da die ganze Landwirtschaft der Türkei in der jetzigen Zeit notgedrungen vor-

[1]) Siehe Kapitalsverhältnisse, S. 126.

wärts strebt, verdient die Bezugsfrage naturgemäß eine ganz besondere Beachtung.

Die landwirtschaftlichen Bezugsgegenstände kommen im allgemeinen aus dem Ausland. In dieser Beziehung ist die Türkei noch für längere Zeit auf das Ausland angewiesen.

Unter den Bezugsgegenständen sind besonders die landwirtschaftlichen Maschinen zu erwähnen, und zwar: Pflüge, Motorpflüge, Dampfpflüge, Eggen, Drillmaschinen, Mähmaschinen, Dreschmaschinen und Reinigungsmaschinen, ferner Bewässerungsmaschinen; ihnen folgen Brenn- und Schmierstoffe: Petroleum, Benzin, Maschinenöle und Fette, weiter die Mittel zur Bekämpfung von Schädlingen und Krankheiten: Kupfervitriol, Schwefel und anderes mehr, schließlich hochgezüchtetes Saatgut und Zuchttiere. Die Kunstdünger werden noch in sehr geringem Umfange gebraucht und sind daher keine wesentlichen Einfuhrprodukte.

Der Staat hat zur Erleichterung und Verbilligung des Bezuges die Einfuhr mancher Gegenstände vom Zoll befreit, so z. B. die landwirtschaftlichen Maschinen und Brennstoffe oder er hat besondere Zollvergünstigungen festgesetzt. Ferner hat der Staat die Agrarbank veranlaßt, eine besondere Abteilung einzurichten, die sich mit der Beschaffung der landwirtschaftlichen Maschinen und Geräte befaßt und die sie dem Bauern auf Kredit verkauft, hierhin gehören auch Bekämpfungsmittel von Krankheiten und Schädlingen. Endlich hat der Staat selbst Maschinen gekauft und an die Landwirte verteilt. Dies alles ist nur von lokaler Wirkung. Ein durchgreifender, weittragender Erfolg ist dadurch nicht erzielt worden. Denn diese Maßnahmen sind nur zur vorübergehenden Beseitigung einer bestimmten Notlage geeignet und nehmen den Landwirten jede Initiative, wirken nicht erzieherisch.

Unter den vorhandenen Umständen z. B. kommen Zollbefreiungen bei Maschinenbezug und Zollvergünstigungen bei anderen Gegenständen zum Teil den Lieferanten und Zwischenhändlern zugute. Denn der Bauer versteht diese Maßnahmen nicht vollkommen und ist nicht in der Lage, daraus für sich Vorteile zu ziehen. Er bekommt die Geräte und Maschinen ebenso teuer, als ob sie mit Zoll belastet wären. Mit der Zollbefreiung ist das Übel noch lange nicht von Grund auf beseitigt.

Ferner aber geht der Landwirt, wenn er auf Kredit irgendeine Maschine kauft, an den harten Geschäftsbedingungen zugrunde.

Der Kauf von landwirtschaftlichen Maschinen durch die Agrarbank ist mit einer Unzahl von Formalitäten verknüpft; so verzichtet der Bauer lieber, weil er dafür kein Verständnis aufbringen kann.

Endlich und schließlich erschweren die unzureichenden Transportverhältnisse den Bezug.

Es ergibt sich aus den bisher angeführten Tatsachen, daß die Absatz- und Bezugsverhältnisse für die Landwirtschaft in der Türkei nicht die besten sind. Die Bauern aus entwickelteren Gebieten, die Produzenten von Exporterzeugnissen haben ebenso schwer darunter zu leiden wie die auf den Inlandsmarkt angewiesenen. Unter diesen Umständen ist eine Entwicklung, ein Weiterkommen der Landwirtschaft nicht zu erwarten. Der Sachlage nach ist eine Produktionssteigerung, so lange vor allem die Absatzverhältnisse so bleiben wie sie jetzt sind, eine reine Utopie.

Der Gedanke der Verdopplung der Produktion geht in der Türkei leider lediglich von den technischen Möglichkeiten aus und vergißt dabei das wichtige Moment der Wirtschaftlichkeit. Die schweren, ungünstigen, mit Krisen verbundenen Absatzverhältnisse werden außer acht gelassen. Ich vertrete die Meinung, daß gleichlaufend mit der Entwicklung des Verkehrs eine sinngemäße Gestaltung der Absatz- und Bezugsverhältnisse Hand in Hand gehen muß. Sobald hierin eine Besserung eintritt, sobald die Erzeugnisse einen günstigen Markt finden, wird der Bauer von sich aus seine Produktion steigern, wird bemüht sein und Möglichkeiten finden, seine Betriebsmittel zu vermehren, zu verbessern und seinen Betrieb zu erweitern und auszunutzen. Dies würde die natürlichste und dauerhafteste Entwicklung sein. In erster Linie ist dem Inlandmarkt volle Aufmerksamkeit zu widmen, da er für die Zukunft immer aufnahmefähiger werden wird und viel leichter von der Türkei aus selbst zu regeln ist. Um die Lage zu verbessern, genügen nicht Maßnahmen auf kurze Sicht, es sind vielmehr sehr viel organisatorische Aufgaben zu lösen.

Um die Bauern vor Spekulation zu schützen, braucht die Türkei eine planmäßige Genossenschaftsorganisation, sowohl der Absatz- als auch der Bezugsgenossenschaften. Ihre Aufgabe im Zusammenhang mit der Kapital- und Kreditfrage wurde schon im vorigen Kapitel genauer festgelegt. Alle verfügbaren Gelder sollten nicht für zweifelhafte Experimente, sondern für diese Aufgabe verwendet werden und ich glaube recht zu haben, wenn ich behaupte, daß das auf diese Weise angelegte Geld sich besser verzinsen würde.

Mit einem kurzen Satz: die zu erzielenden Gewinne aus der landwirtschaftlichen Produktion sind zum Teil bei den Bauern festzuhalten, zumal auch die von den Händlern erzielten Gewinne nicht produktiv angelegt werden. Eine richtige Verteilung des Ertrages ist der Anfang einer Kapitalbildung. Dazu aber ist zunächst als Vorarbeit die Aufklärung der Bauern nötig. Nur so wird der Landwirt in der Türkei gegen Übervorteilung geschützt werden können, nur so kann er Krisen und Erschütterungen standhalten.

IV. Teil.

1. Wirtschaftszonen nach dem Entwicklungsgrad.

Nachdem nun die wirtschaftlichen Zusammenhänge der türkischen Landwirtschaft von den verschiedensten Gesichtspunkten aus beleuchtet worden sind und die Verflechtung der einzelnen Faktoren mit den gesamten Entwicklungsmöglichkeiten nachgewiesen sind, halte ich es für notwendig, ein plastisches Bild der wirtschaftlichen Struktur der Türkei zu geben.

Wenn dabei einige Wiederholungen nicht vermieden werden können, so glaube ich sie doch um der Plastik des Bildes willen verantworten zu können. Ausgangspunkt dieser Betrachtung sind die Verwaltungszonen. Doch lege ich auf die wirtschaftliche Zoneneinteilung um so größeres Gewicht, da sie die Grundlage der ganzen bisherigen Betrachtung ebenso wie die Grundlage einer bewußten Wirtschaftspolitik ist. Es wird sich dabei erweisen, daß die wirtschaftliche Entwicklung in engstem Zusammenhange mit der Verkehrsentwicklung steht und daß meine Hoffnung, einer weitgehenden wirtschaftlichen Erneuerung durch die jetzt getriebene Verkehrspolitik nicht ungerechtfertigt erscheint.

Die jetzt bestehende, im Jahre 1924 geschaffene Einteilung basiert auf rein verwaltungstechnischen Gesichtspunkten, und ich glaube, daß sie im Sinne einer fruchtbaren Wirtschaftspolitik nicht ganz das Richtige ist. Diese Einteilung ist:

1. Zone: Der nördliche Teil von Zentralanatolien.
2. Zone: Westanatolien, umfaßt das Gebiet am Ägäischen Meer.
3. Zone: Die europäische Türkei und das Marmarameergebiet in Anatolien.

4. Zone: Das Gebiet am Mittelmeer.
5. Zone: Nordostanatolien.
6. Zone: Südostanatolien.
7. Zone: Das Gebiet am Schwarzen Meer.
8. Zone: Der westliche Teil von Zentralanatolien.
9. Zone: Der südliche Teil von Zentralanatolien.

Ich vertrete vielmehr die Meinung, daß eine sinngemäße Einteilung nach den vorhandenen Wirtschaftsstufen die Verwaltungsarbeit um vieles erleichtern würde. Ich teile die Türkei von Osten nach Westen in wirtschaftliche Zonen ein, so daß sich die wirtschaftlich entwickeltere Zone immer auf der primitiveren aufbaut und man somit den wirtschaftlichen und kulturellen Fortschritt stufenweise verfolgen kann.

1. Zone.

Der wirtschaftlich rückständigste Teil der Türkei ist der Osten. Diese Zone umfaßt die Provinzen: Artvin, Erzurum, Erzindschan (Erzincan), Bayezit, Kars, Urfa, Bitlis, Hakari, Diyarbekir, Siirt, Mardin und Van, mit zusammen 183.913 km², 24·12% des Landes. Es ist der am höchsten gelegene Teil der Türkei mit einer durchschnittlichen Höhe von 1500—1700 m über dem Meere und wird von verschiedenen wilden Gebirgen durchzogen, was diesem Teil landschaftlich ein recht mannigfaltiges Bild gibt: steile Hänge, tief eingeschnittene Täler, Ebenen und Hochland. Dementsprechend ist auch das Klima kalt und rauh, mit langen, harten, schneereichen Wintern. In bezug auf die Niederschläge ist die Verteilung günstiger als in Zentralanatolien, da ausgesprochene Dürren nicht auftreten. Das südöstliche Gebiet dieses Teiles ist verhältnismäßig warm. Die Bevölkerung besteht hauptsächlich, besonders im Süden, aus Nomaden (Kurden). 64·4% der Bevölkerung muß als Agrarbevölkerung angesprochen werden. Im großen und ganzen ist das Land dünn besiedelt, pro Quadratkilometer 9·1 Köpfe. Die in Kultur genommene Oberfläche beträgt nur 2·11% der Gesamtfläche. Entsprechend dem verbreiteten Nomadentum finden wir hauptsächlich auch bei der seßhaften Bevölkerung Viehwirtschaft. Soweit überhaupt Ackerbau betrieben wird, ist er vollkommen auf den Eigenbedarf abgestellt. Von der Ackerfläche entfallen auf Getreide 96˙8%, auf Hülsenfrüchte 1˙8%, auf Industriepflanzen 1˙4%, also überwiegender Getreideanbau. Der Bestand an Zugvieh beträgt hier 375.499 Stück, an Nutzvieh (Geflügel ausgenommen) 3.188.889 Stück. Diese Zahlen sprechen für sich selbst. Trotzdem ist auch die Viehwirtschaft fast ganz auf Eigenbedarf eingestellt. Als Tauschprodukte kommen nur Wolle und Magervieh in Frage. An landwirtschaftlichen Maschinen sind 1508 Stück anzutreffen, das heißt auf 2˙5 km^2 bebaute Fläche 1 Maschine. Der Stallmist hat lediglich als Heizmaterial eine wirtschaftliche Bedeutung. Dieses Gebiet der Türkei ist dem Verkehr noch nicht erschlossen. Es gibt nur einige wenige Karawanenstraßen, im übrigen wickelt sich der Verkehr auf fast unwegsamen Saumpfaden ab. Nur eine einzige Eisenbahn führt im Osten nach der russischen Grenze.

Dieses Gebiet steht noch vollkommen im Zeichen der Naturalwirtschaft. Ein Verkehr findet nur in sehr engen Grenzen zwischen den Provinzialhauptstädten Erzurum, Erzindschan (Erzincan) und Van statt. Wenn auch diese Städte die Aufgabe haben, für die Zukunft Träger des Fortschrittes zu sein, so spielen sie jetzt noch keine besondere Rolle. Im Augenblick ruht, volkswirtschaftlich gesehen, dieses Gebiet vollkommen auf sich selbst und hat für die Gesamtwirtschaft des Landes sehr geringe Bedeutung. Sobald es aber im Süden mit der Bagdadbahn durch die zu bauende Ostbahn und mit Zentralanatolien und im Norden besonders mit der Schwarzen-Meer-Küste verbunden ist, wird es zu einem Erzeugungsland für Viehprodukte werden.

2. Zone.

Dieser Teil schließt sich nach dem Grade der Entwicklung an das vorhergehende an und verbindet den Osten mit Zentralanatolien durch folgende Provinzen: Elaziz, Amassia (Amasya), Tokat, Siwas (Sivas), Schebin-Karahissar (Şebin-Karahisar), Malatya. Dieses Gebiet besteht vornehmlich aus einem Hochland, das im Becken des Kizilirmak in einer Größe von 81.845 km^2, das sind 10˙73% des Landes, liegt. Das Klima ist als rein kontinental anzusprechen, trockene, heiße Sommer und rauhe Winter. Die Bevölkerungsdichte beträgt 17·1 Menschen pro Quadratkilometer, davon treiben 73·3% Landwirtschaft. Nomaden sind hier kaum noch zu finden. Die Bedeutung der Viehzucht nimmt hier ab, dafür tritt etwas stärker der Ackerbau für den eigenen Bedarf hervor. Angebaut sind 4·5% dieses Gebietes. Davon werden bereitgestellt für Getreide 94·7%, für Hülsenfrüchte 2·6% und Industriepflanzen 2·7% der bebauten Fläche, also eine geringe Abnahme des Getreideanbaues und dementsprechend eine Zunahme der Hülsenfrüchte und Industriepflanzen. An Zugvieh sind 331.956 Stück, an Nutzvieh 2,358.633 Stück zu finden. Die Ausfuhr an Magervieh und Wolle nimmt zu. Maschinen sind nur 298 Stück vorhanden. Es ist der Maschinen extensivste Teil der Türkei. Auf eine Maschine kommen 9·5 km² bebaute Fläche. Der Mist hat hier dieselbe Bedeutung wie in der ersten Zone. Dieses Gebiet hatte von jeher nach Süden und Norden Karawanenstraßen, heute besitzt es bessere Landstraßen als der Osten. Erst seit kurzem wird dieses Gebiet von einer Bahn, die nach dem Schwarzen Meer führt, durchquert. Wenn wir auch hier noch überwiegend Naturalwirtschaft finden, ist der Tauschverkehr zwischen den verschiedenen Provinzstädten reger, wie dieses Gebiet auch schon, wenn auch erschwert, einen Verkehr mit der Umwelt hatte. Heute haben die Provinzstädte Amassia (Amasya), Tokat, Siwas eine im einzelnen zunehmende Bedeutung.

Die Zukunft dieses Teiles beruht neben dem Ackerbau vor allem im Gartenbau. Ansätze hierzu sind bereits in Amassia, Malatya und Siwas zu finden. Sobald das Bahnnetz leistungsfähiger geworden ist, werden von hier Obst und Gemüse exportiert werden können. Ferner kann auch noch die Seidenraupenzucht von Amassia rentabel weiter entwickelt werden.

3. Zone.

Ihre Provinzen liegen in Zentralanatolien und im Westen des nördlichen Teiles der Türkei. Es sind: Ankara, Eskischehir (Eskişehir), Biledschik (Bilecik), Yozgat, Bolu, Tschankiri (Çankırı), Tschorum (Çorum), Kirschehir (Kırşehir), Kütaya,

Afion-Karahissar (Afyon-Karahisar), Aksseray (Akseray), Konya, Kaysseri (Kayseri), Nide (Niğde). Gerade hier zeigt sich die wirtschaftliche Einheit über die Verwaltungsgrenzen hinaus am deutlichsten. Der Flächeninhalt beträgt 207.315 km², das sind 27˙73% des Landes. Hochland, Steppen und die große Salzwüste, unterbrochen von einzelnen Gebirgen, charakterisieren die Topographie dieses Gebietes, in dem 15˙9 Menschen auf dem Quadratkilometer wohnen, 77˙35% sind davon Landwirte. Im Sommer herrscht ausgesprochene Dürre, das heißt die wenigen Niederschläge sind dazu noch schlecht verteilt. Der Winter in diesem 800 bis 1200 m hoch liegenden Teil ist immer noch rauh zu nennen. Hier herrschen durchaus Gemischtbetriebe, in denen aber der Pflanzenbau teilweise schon für den Export betrieben wird (Weizen, Gerste, Opium). Für die Viehzucht hat im besonderen die Angoraziege eine hervorragende Bedeutung. 5˙34% der Oberfläche sind in Kultur genommen, an der das Getreide mit 94˙6%, die Hülsenfrüchte mit 3˙5%, die Industriepflanzen mit 1˙9% beteiligt sind, im wesentlichen dieselbe Verteilung wie in der zweiten Zone. Der Viehbestand setzt sich aus 999.277 Zugtieren und 9.011.827 Nutzvieh zusammen. Im ganzen sind 6260 landwirtschaftliche Maschinen in Betrieb, das sind auf 1˙7 km² landwirtschaftlich benutzter Fläche 1 Maschine. Der Stallmist wird in manchen Fällen für besonders wertvolle Kulturen als Dünger verwertet, doch kann man hier noch nicht von einer allgemeinen Verwertung des Stallmistes sprechen. Die anatolische Bahn durchquert den westlichen Teil dieses Gebietes und schickt eine Abzweigung in das Herz des Gebietes nach Ankara. Eine neue Linie wird weiter zur Erschließung beitragen. Die Landstraßen sind hier besser als in den bisher besprochenen Landesteilen.

Ausgeführt wird aus diesem Gebiete Wolle, Mohair, Magervieh, Weizen und Gerste. Die Naturalwirtschaft verschwindet mehr und mehr und die Erwerbswirtschaft tritt in den Vordergrund. Der Verkehr zwischen den Provinzstädten Konya, Kaysseri, Afyon-Karahissar, Eskischehir, Ankara hat sich schon ziemlich entwickelt und schwillt schnell an. Da Ankara in diesem Gebiet liegt und eine große, politische Bedeutung hat und alle Eisenbahnen dorthin führen, wird sich diese Zone schnell entwickeln und in der Zukunft hauptsächlich Getreide und Viehprodukte liefern.

4. Zone.

Der Entwicklungsstufe nach schließen sich nun die Provinzen Ordu, Rize, Zonguldak, Sinob, Samssun, Trapezunt (Tırabzon), Kastamoni, Gümüschhane (Gümüşhane), Kiressun (Kiresun) an, die alle im Schwarzen-Meer-Gebiet liegen und sich bandförmig an der Küste entlang ziehen. Diese 65.701 km², das sind 8'6% des gesamten Landes, sind von vielen, mit steilen Hängen versehenen Gebirgen durchzogen, in denen tiefliegende geschützte kleine Ebenen eingebettet sind. Die Bevölkerungsdichte beträgt hier 30'5 Köpfe auf den Quadratkilometer, wovon 81'2% Landwirtschaft treiben. Das östliche, nach Norden geschützte Gebiet hat ein warmes, feuchtes Klima. Je weiter man nach Westen kommt desto verhältnismäßig rauher wird das Klima. Doch ist dieses ganze Gebiet durch milde Winter ausgezeichnet, so daß hier sogar Tee angebaut werden kann. Es ist das Gebiet der ausgesprochenen vieharmen Parzellenbetriebe, die mit Hilfe der Familienmitglieder arbeitsintensiv bewirtschaftet werden. Nach dem Westen nimmt der Feldanbau etwas zu. An Zugvieh werden 489.804 Stück, an Nutzvieh 2.425.261 Stück gehalten. 1702 landwirtschaftliche Maschinen verteilen sich auf dieses Gebiet, so daß auf 3'9 km² angebaute Fläche eine Maschine entfällt. Bei 5'5% angebauter Fläche sind 90'6% für den Getreidebau, 4'7% für Hülsenfrüchte und 4'2% für die Industriepflanzen bereitgestellt. In diesen Angaben sind die gartenmäßig benutzten Flächen nicht mitinbegriffen. Der Stallmist wird vor allem auf dem Gartenland verwendet. Hierzu kommt noch, daß seit altersher hier in größerem Umfange Fischabfälle zur Düngung benutzt werden. Besondere Eisenbahnen gibt es hier nicht. Die Entwicklungsmöglichkeiten werden vor allem von dem Verkehr getragen, den das Meer ermöglicht. Landstraßen spielen in diesem sehr gebirgigen Teil keine besondere Rolle. Die Provinzstädte Trapezunt, Rize und Samssun weisen als Hafenstädte regen Austausch untereinander auf. Unter den Kulturpflanzen sind hervorzuheben: Orangen, Zitronen, Haselnüsse, Mais, Reis, weiße Bohnen, unter den

Industriepflanzen Tabak. Hier finden wir eine fast ausgesprochene Verkehrswirtschaft.

An Tabak, Haselnüssen und Orangen werden von hier bedeutende Werte ausgeführt. Hier sind die Vorbedingungen für eine planmäßige Organisierung der Arbeitskräfte und eine Verbesserung der Technik der Landwirtschaft gegeben. Durch intensive Arbeit ist gerade dieses Gebiet berufen, in der türkischen Handelsbilanz ein hoher Aktivposten zu werden.

5. Zone.

Obgleich die Provinz Adana an sich die entwickeltste Landwirtschaft aufweist, steht dieses Gebiet, insgesamt betrachtet, hinter den folgenden zurück. Es umfaßt die Provinzen Adana, Adalia (Antalya), Itschel (Içel), Dschebel-Bereket (Cebeli-Bereket), Gazi-Ayntap, Merssina (Mersin), Marasch (Maraş). Diese Zone beginnt im Süden am Mittelmeer und erstreckt sich der Küste folgend nach Osten. Obwohl dieses Land teilweise gebirgig ist, liegen in ihm große fruchtbare Ebenen. Diese 80.944 km², das sind 10·61% des Landes, haben ein verhältnismäßig gleichförmiges Klima. Es ist das heißeste Gebiet der Türkei. Man kann im Süden von einem subtropischen Klima sprechen. Obwohl an sich genügend Niederschlagsmengen vorhanden sind, ist die Verteilung für die landwirtschaftliche Produktion ungünstig, weil im Sommer des öfteren Dürreperioden auftreten. Hier leben 12·7 Menschen auf dem Quadratkilometer, die zu 54% Ackerbau treiben. Hier sind auch einige Großgüter anzutreffen, doch behauptet sich daneben auch der Gartenbau. Hier herrscht Mangel an Arbeitskräften (Adana). Es ist die Landwirtschaft, die vor allem die Wanderarbeiter aufnimmt. Die landwirtschaftlich genutzte Bodenfläche beträgt 5·06% der Gesamtfläche und teilt sich in 75·9% Getreidebau, 2·3% Hülsenfrüchte und 21·8% Industriepflanzenanbau auf. Hier erreicht die Kultur der Industriepflanzen ihren Höhepunkt. Die mittelstarke Viehhaltung umfaßt 249.040 Stück Zugtiere und 2.111.877 Stück Nutztiere. 3032 landwirtschaftliche Maschinen stellen die intensivste Technisierung, die in der Türkei anzutreffen ist, dar. Man kann aus dieser Zahl ableiten, daß 1·36 km² auf eine Maschine entfallen. Doch ist dies keine richtige Darstellung der wirklichen Verhältnisse, da sich der größte Teil der Maschinen auf die Provinz Adana konzentriert. Die Stallmistverwertung gewinnt hier eine breitere Ausdehnung. Als handelsfähige Produkte erzeugt diese Gegend Baumwolle, Sesam, Weizen, zum Teil Wein, Orangen, Oliven. Die reinen Verkehrswirtschaften sind vorzüglich auf den Export eingestellt. Hier finden wir zum erstenmal einen bis zu einem gewissen Grad entwickelten Verkehr. Die Bagdadbahn durchzieht dieses Gebiet und ist durch eine Zweigbahn mit der Küste verbunden. Der Seeverkehr spielt eine ähnliche Rolle wie in der vierten Zone. Die Landstraßen sind gut ausgebaut und erlauben eine Motorisierung des Verkehrs. Infolgedessen haben die Provinzhauptstädte Adana, Adalia und Merssina einen lebhaften Güteraustausch. In bezug auf feldmäßigen Anbau des Landes das verheißungsvollste Gebiet.

Die Entwicklung verspricht hier unmittelbare Erfolge, da mit einer Intensivierung der Produktion sofort begonnen werden kann. Da alle dazu nötigen Grundlagen soweit entwickelt sind, kann das Tempo der wirtschaftlichen Entfaltung um ein Wesentliches gesteigert werden.

6. Zone.

Diese Zone umfaßt den europäischen Teil der Türkei und auf anatolischem Boden das Marmarameergebiet. Ihre Provinzen sind: Adrianopel (Edirne), Istanbul, Tekirdagi (Tekirdoğı), Kirklareli, Kodscha-Eli (Kocaeli), Brussa (Bursa). Die Küstengebiete sind weniger gebirgig, obwohl der europäische Teil von einer Gebirgskette durchzogen wird. Sie weisen fruchtbare Ebenen kleineren Umfanges auf. Die Gesamtfläche beträgt 46.672 km^2, das sind 6·12% des Landes. Hier herrscht ausgesprochen mildes Seeklima, abgesehen vom westlichen Teil der europäischen Türkei. Bei einer Bevölkerungsdichte von 40·1 Köpfen mit 46% Landwirten darf man nicht vergessen, daß die Großstadt Istanbul mit ihren über 600.000 Einwohnern einen großen Einfluß haben muß. Trotzdem gehört dieses Gebiet zu dem dichtbevölkertsten der Türkei. Hier sind alle Bodenbenutzungsformen anzutreffen. In der Umgebung der Großstädte (Istanbul, Ismit [Izmit], Bursa) herrscht Gartenbau vor. Es wird hauptsächlich Obst und Gemüse produziert, im übrigen wird der Feldbau durch Güter mittlerer Größe betrieben. Es sind dies gut ausgestattete und organisierte Betriebe. Im europäischen Teil spielt die Schafzucht eine gewisse Rolle. Diese Zone ist von altersher Träger des Seeverkehrs durch die Meerengen gewesen. Eine Reihe guter Häfen (Istanbul, Panderma [Bandırma], Mudanya, Ismit [Izmit]) gab dazu die besten Vorbedingungen. Es ist vor allem die Orientbahn, die über den Balkan durch dieses Gebiet hindurch die Verbindung mit Europa aufrecht erhält und anderseits durch die Anadolu-Bagdadbahn die Verbindung mit dem Inlande vermittelt. Um die alte Hauptstadt Istanbul herum liegt ein Kreis mit gut gepflegten Landstraßen, so daß, im ganzen genommen, es zu den entwickeltsten Verkehrsgebieten gehört.

Dieses Gebiet hat in der Zukunft Träger der Qualitätserzeugnisse des Gartenbaues zu werden. Die kleinen gut bewirtschafteten Gartenbaubetriebe sind einer Intensivierung unmittelbar zugängig.

7. Zone.

Obwohl im einzelnen die 6. Zone allgemein wirtschaftlich und kulturell nicht hinter dem Gebiete der 7. Zone zurücksteht, sogar in mancher kultureller Hinsicht weit überlegen ist, ist doch die 7. Zone als das allgemein landwirtschaftlich entwickeltste Gebiet anzusprechen. Es umfaßt die Provinzen Smyrna (Izmir), Isparta, Aydin, Balikesir, Burdur, Tschanak-Kale (Çanakkale), Denizli, Manisa und Mugla (Muğla). Dieses Gebiet zieht sich als ein breites Band im westlichen Teil der Türkei längs des Ägäischen Meeres hin. Es erhält seinen Oberflächencharakter durch die tektonische Senkung. Aluvialböden bilden sehr fruchtbares Ackerland. Im Vergleich zu den östlichen Teilgebieten liegt dieses Gebiet tief. Es umfaßt eine Oberfläche von 96.087 km², das sind 12·62% des Landes, auf der 24·7 Menschen, davon 67·3% Bauern, auf einem Quadratkilometer wohnen. An sich ist dieses Gebiet ebenso dicht bevölkert wie das Istanbulgebiet. Die am weitesten östlich liegenden Provinzen Burdur und Isparta drücken aber den Durchschnitt so weit herunter. Smyrna selbst hat zum Beispiel eine Bevölkerungsdichte von 43·0 Köpfen pro Quadratkilometer. Das milde Seeklima schwankt zwischen subtropischer und gemäßigter Ausprägung. Das Land ist den westlichen und südlichen Seewinden geöffnet. Es hat eine genügende Niederschlagsmenge, aber mit ungünstiger Verteilung, so daß auch hier die Landwirtschaft teilweise unter der Sommerdürre zu leiden hat. Die Entwicklung hat hier schon den Stand der Verkehrswirtschaft mit allen ihren Erscheinungen erreicht. Der Stand der Betriebe sind hier kleine bäuerliche Besitzungen, doch sind auch mittelgroße Güter zu finden. Daneben darf man aber auch den gartenmäßigen Anbau nicht vergessen, der eine gewisse Rolle spielt. Die Landwirtschaft hat hier den höchsten Intensitätsgrad in der Türkei überhaupt gefunden und deshalb ist auch die Arbeiterfrage am dringendsten geworden. 7'16% der Gesamtoberfläche sind unter den Pflug genommen, davon nimmt der Getreidebau 82'8%, die Hülsenfrüchte 7'7%, der Industriepflanzenanbau 9'5% ein. Es ist das Gebiet des stärksten Hülsenfruchtanbaues. Rosinen- und Feigenproduktion sind in dieser Aufstellung unter den Ackerbau gerechnet, obwohl sie nach Kulturart und Bedeutung eine besondere Rolle einnehmen. Zugvieh ist mit 559.984 Stück und Nutzvieh mit 4.587.797 Stück vertreten. An Maschinen gibt es 1832, also pro Maschine entfallen 3'7 km^2. Der Stallmist hat hier die übliche Bedeutung gewonnen und auch der Kunstdünger dringt immer mehr in die Betriebe ein. Die Exporterzeugnisse sind: Tabak, Baumwolle, Bohnen, Opium, Rosinen, Feigen, Oliven, Sesam. Für den Inlandsmarkt stellt dieses Gebiet Getreide und verschiedene Vieherzeugnisse zur Verfügung, Wolle allerdings ist ein Exportartikel. Auch hier spielt der Seeverkehr über das Ägäische Meer eine nicht zu unterschätzende Rolle. Smyrna ist für einen großen Teil Anatoliens d i e Pforte in die Welt! In diesem Gebiete hat man zuerst ein Eisenbahn n e t z geschaffen. Hier ist auch die erste türkische Bahn angelegt worden (Aydin). Drei Linien strahlen von Smyrna aus und erreichen die wichtigsten Gebiete des Landes. Hier finden wir, wie in der 6. Zone, die besten Landstraßen des Staates. Fast alle Kreisstädte sind durch befestigte Straßen miteinander verbunden. Einzelne Brennpunkte dieses Gebietes sind noch Manissa, Balikessir, Aydin, Tschanak-Kale. Dieses Gebiet ist in wirtschaftlicher

Hinsicht das wichtigste Gebiet für die Türkei, das die Hauptagrarprodukte erzeugt.

Die Landwirtschaft schlägt immer mehr die Richtung gartenmäßiger Bewirtschaftung ein. Die Verhältnisse sind nicht nur für eine vollkommene Rationalisierung der Landwirtschaft reif, sondern hier kann das Prinzip der Qualitätserzeugung durchgeführt werden, weil die landwirtschaftlichen Produkte eine besondere Spezialisierung erfahren und die Produktionsweisen sich zu speziellen Techniken entwickelt haben. Hier können technische landwirtschaftliche Nebengewerbe in weitem Umfange festen Fuß fassen. Ansätze dazu sind vorhanden.

Diese ganz persönliche Einteilung bezweckt nur, darauf hinzuweisen, daß, um eine planmäßige und bewußte Förderung der Landwirtschaft in der Türkei zu erreichen, es einer systematischen und wissenschaftlichen Untersuchung bedarf, die die klimatischen, wirtschaftlichen, zusammenfassenden Gesichtspunkte herausarbeitet, damit, je nach der entsprechenden Entwicklungsstufe, die organisatorischen Maßnahmen getroffen werden können. Diese Zonen sind die organischen Bausteine, aus denen sich das Wirtschaftsgebäude der Türkei zusammensetzen wird.

2. Zusammenfassung der Ergebnisse.

Es ergibt sich aus den bisherigen Ausführungen, daß die allgemeinen wirtschaftlichen Verhältnisse in der Türkei nicht günstig liegen, und diese Zustände das Produkt einer langen, geschichtlichen Entwicklung sind. Alle Ursachen und Wurzeln dieses Zustandes lassen sich aus der Geschichte heraus erklären. Bemerkenswert ist, daß diese Ursachen eine Kette bilden, und daß das kulturelle Niveau, die wirtschaftliche Lage und schließlich die Richtung der Politik alles ein eng verbundenes Ganzes sind. Der Zustand eines dieser Gebiete ist die Ursache des anderen und dies wiederum gibt seine Wirkung auf noch andere Gebiete weiter, so daß man nicht von der Entwicklung eines bestimmten Gebietes, sondern nur von Wechselbeziehungen sprechen kann. Die Religion gab den Auftakt zu einem gemeinsamen Streben und stellte zugleich das praktische Ideal. Aus diesem Ideal erwächst das Staatsgebilde und seine Machtrichtung. Das ganze wirtschaftliche Leben ist privat und öffentlich diesen Tatsachen unterworfen. Diese Wechselbeziehungen treten in der Geschichte der Türkei deutlicher und klarer nachweisbar als in der Geschichte irgendeines anderen Volkes zutage.

Unter der Einwirkung der Religion wurde das Reich ein islamisches Reich. Seine ganze Organisation beruhte auf der Religion und sie war ihm zugleich endgültiges Ziel.

Um das islamitische Ideal aufrecht zu erhalten, bedurfte man einer Theokratie, die dem Staate das Gepräge gab. Das Mutterland Anatolien konnte dieser abstrakten Idee nicht Träger werden, sondern war zu einer dienenden Rolle mit allen ihren Folgen verurteilt. So kam es, daß das große Reich nicht von einer spezifischen anatolischen, volkstümlichen Kultur durchdrungen wurde. Im Gegenteil, Anatolien mußte seine Eigenart dieser Idee zum Opfer bringen. Die Anzeichen einer eigenen Kultur blieben auf sich selbst beruhen, ohne irgendeine staatliche Förderung zu erhalten. Wenn Anatolien innerhalb des Reiches je eine politische und wirtschaftliche Sonderstellung gehabt hätte, wie das alte römische Weltreich und das Mutterland des englischen Imperiums, so wäre es imstande gewesen, das Reich auf Grund einer entwickelten Wirtschaft des Mutterlandes zu bewahren. Da dies aber nicht der Fall war, besaß es nicht die Kräfte, den Verfall aufzuhalten und wurde selbst mit in den Verfall hineingezogen.

Eine planmäßige nationale Kulturförderung widersprach also dem Sinn der Politik und dem Wesen dieses Reiches. Auch von außen her konnte dieser Mangel im Innern nicht ersetzt werden. Der Einfluß der fortschreitenden abendländischen Kultur war nicht durchgreifend genug. Die Türkei konnte nicht allen Umwälzungen Europas folgen, denn Technik und Wirtschaft sind zu eng — besonders damals — mit kultureller Eigenart verflochten. Die islamische Welt war eine von Grund aus andere als die christliche. So blieb ihr auch ihre Abgeschlossenheit und Eigenart, und damit war sie auch von der Entwicklung Europas ideell und praktisch abgetrennt.

Die Türkei selbst stellte in der damaligen Zeit keine eigentliche einheitliche Volkswirtschaft dar. Sie war vielmehr ein Konglomerat vieler verschiedener, aneinander gefügter Territorialwirtschaften, dem Wesen des Reiches entsprechend. Auch die verkehrstechnischen Verhältnisse spielen in diesem Zusammenhange eine große Rolle. Infolgedessen entstand in Anatolien eine bunte Vielheit der kulturellen und wirtschaftlichen Entwicklung.

Mit dem Beginn des Verfalles des Osmanenreiches begann dann eine schwere Periode für Anatolien, in der es immer mehr heruntergewirtschaftet wurde.

Alle diese Tatsachen erklären, daß es zu einem wirtschaftlichen Rückgang kommen mußte. Das allgemeine Niveau der Bevölkerung war dementsprechend. Die Folge war, daß Fanatismus und Fatalismus immer stärker wurden, so daß jegliche Übertragung eines Fortschrittes unmöglich wurde. Wenn auch die Natur Anatoliens nicht ohne Kampf ihre Schätze preisgibt, so schlummern in ihm doch reiche Möglichkeiten. Aber die Mittel zu diesem Kampfe waren und blieben unzulänglich. Die Kapitalbildung wurde durch die Verhältnisse fast unmöglich gemacht (s. auch Mentalität des Anatoliers), zumal das Land dem Verkehr nicht erschlossen war und die verschiedenen Produktionsgebiete voneinander isoliert blieben.

In der letzten Zeit hat die Türkei ein ganz neues Gesicht bekommen. Die Wirkungen der letzten Kriege und Ereignisse haben diese Umwandlung verursacht. Diese Periode wurde durch die Reformen eingeleitet, die eine geschichtliche Notwendigkeit geworden waren. Diese Reformen haben für die Entwicklung eines freien Volkslebens die ersten formellen und richtunggebenden Grundlagen geschaffen und die alten Hemmnisse für eine solche Entwicklung beseitigt.

Nach dem Krieg ist aus dem theokratischen Osmanenreich ein ausgesprochener Nationalstaat geworden. Statt des einstmaligen bunten Völkergemisches hat sich der heutige Staat auf seine kulturellen Grenzen zurückgezogen. Diese einheitliche Geschlossenheit gibt den Grund ab, auf dem sich eine wirtschaftliche und kulturelle Entwicklung aufzubauen vermag. Sie darf niemals verleugnen, daß in Europa eine große kulturelle Arbeit geleistet worden ist, sie hat den Vorteil, aus diesen Erfahrungen Nutzen ziehen zu können, Fehler zu vermeiden und notwendige Zwischenstadien schnell zu überwinden. Die Erfahrungen, die dort gemacht worden sind, ersparen hier Experimente. Ich sagte schon, sie hat das Tempo für sich!

Aber die Gefahr darf nicht verkannt werden, daß schablonenhaft ihrem Wesen nicht entsprechendes Wirtschaftsgut übernommen werden könnte. Eine sklavische Imitation würde nicht nur die Erschließung der vorhandenen Quellen verhindern, sondern auch unbedingt zur Degeneration führen, denn die Kraftquellen einer lebendigen Entwicklung fließen stets aus der Eigenart und den Fähigkeiten eines Volkes. Praktisch müssen alle Maßnahmen den jeweils vorliegenden Verhältnissen angepaßt sein.

Damit ist schon ausgesprochen, daß ich mit aller Entschiedenheit einen organischen Aufbau der Entwicklung vertrete. Ein loses Bündel einzelner Maßnahmen kann niemals die organische Ganzheit einer lebendigen Entwicklung ersetzen.

Die Darlegungen haben bewiesen, daß die Türkei erst eine ganz bestimmte Stufe der Entwicklung erreicht hat. Zwar dominiert im politischen Bewußtsein der Bevölkerung eine einheitliche Staatsidee, aber ihre Verwirklichung muß erst die auf grund der geschichtlichen Vergangenheit entstandenen Verschiedenartigkeit überwinden. Und solange nicht eine strukturelle Einheit erreicht ist, kann man auch nicht von einer organischen Einheit der Volkswirtschaft sprechen.

Die ganze Arbeit hat sich bemüht, zu beweisen, daß die Volkswirtschaft erst am Anfang einer Arbeitsteilung steht, daß mithin die Landwirtschaft mit der Volkswirtschaft ganz allgemein identifiziert werden kann. Anders ausgedrückt, steht die Landwirtschaft in der Türkei vollkommen unter den Auswirkungen ihrer wirtschaftlichen Gesamtlage. Damit ist gesagt, daß man in der Türkei die Landwirtschaft nicht isoliert betrachten kann, sondern nur im Rahmen des Gesamten.

Daraus folgt, daß die Entwicklungsmöglichkeiten der Landwirtschaft die Entwicklungsmöglichkeiten des Staates sind. Sobald die Notwendigkeiten und Möglichkeiten einer Entwicklung erkannt sind, erhebt sich die Frage, wer der Träger dieser Entwicklung sein soll. Die stark zentralisierte, verwaltungstechnisch und militärisch gerichtete Leitung eines so heterogenen Gebildes, wie es die alte Türkei war, konnte keine private Initiative entwickeln; damit ist auch für die heutige Türkei der Staat zum Träger der notwendigen Reformwerke bestimmt.

Hier werfen wir nun die Frage auf, auf welche Weise der Staat dieser Aufgabe gerecht werden soll. Er kann einerseits schlechthin die Ausführung der notwendigen Maßnahmen übernehmen. Dabei aber besteht die Gefahr, daß alle Maßnahmen schablonenhaft erzwungen werden müssen, ohne daß sie, von der Bevölkerung assimiliert, mit dieser verwurzeln. Erstens verstößt dieser Weg leicht gegen das Gesetz von der organischen Wandlung, zweitens kann es eintreten, daß bei irgendeiner Veränderung in den Regierungsstellen eine angefangene Entwicklung wieder eingestellt wird. Die allgemeine Lage in der Türkei verlangt daher vom Staat die Erfüllung der Verpflichtung, Erzieher der Bevölkerung zu sein. Seine Aufgabe ist es, anzuleiten und anzuregen und die Hindernisse aus dem Wege zu räumen, die einer freien Entwicklung der Kräfte zuwiderlaufen.

Diese seine Aufgabe in der Agrarpolitik hat der türkische Staat noch nicht im ganzen Umfang erkannt. Abgesehen davon, daß dabei nur zu leicht örtlich beschränkte Maßnahmen forciert werden, ist damit nicht die Stetigkeit der Entwicklung gewährleistet.

Alle Maßnahmen, die der Staat im Sinne dieser Aufgabenstellung ergreift, müssen mit den bestehenden Verhältnissen rechnen. Die einseitige Bindung an ein Idealbild führt zum Versuch der Mechanisierung und voreiligen Intensivierung mit artfremdem Anschauungsmaterial.

Im Gegensatze dazu muß in diesem Zusammenhange daran gedacht werden:

1. Die Türkei ist kein wirtschaftlich einheitliches Gebiet (s. Wirtschaftszonen), sondern umfaßt eine ganze Skala verschiedener Entwicklungsstufen. Deshalb kann nicht eine Maßnahme generell für das ganze Gebiet erlassen werden, sondern es müssen entsprechend den wirk-

lichen örtlichen Bedingungen spezielle Anordnungen getroffen werden.

2. Technische Maßnahmen, die nicht dem gegebenen Niveau entsprechen, verkehren sich ins Gegenteil, das heißt der gewollte Effekt wird nie erreicht werden (Saatgut als Konsumgetreide!). Es sind vielmehr in erster Linie solche organisatorische Maßnahmen zu treffen, die durch ihre erzieherische Wirkung mit der Zeit fest mit der Bevölkerung verwachsen (Genossenschaften). Alle Maßnahmen dürfen nicht nur auf den augenblicklichen, augenscheinlichen Erfolg abzielen (Motorpflüge), sondern müssen auf die Zukunft eingestellt sein.

3. Daraus folgt, daß es unmöglich ist, irgendein Teilgebiet der Landwirtschaft isoliert zu forcieren (Saatgut).

4. Es ist eine unbedingte Notwendigkeit, alle Kraft auf diejenigen Aufgaben zu konzentrieren, die geeignet sind, eine grundlegende Änderung der Verhältnisse herbeizuführen (s. Bildung, Verkehr, Absatz). Es würde viel mehr erreicht worden sein, wenn die Hunderttausende von türkischen Pfunden, die für die Anschaffung und Verteilung von Fordtraktoren, die jetzt in irgendeinem Schuppen verrosten, ausgegeben worden sind, z. B. für landwirtschaftliches Bildungswesen und die Organisation des Genossenschaftswesens aufgewendet worden wären.

5. Sobald dem Bauer die Möglichkeit gegeben wird, seine Produkte rentabel zu verwerten, wird er auch mit primitiven Hilfsmitteln von sich aus zu einer Produktionssteigerung kommen (Absatz!). Die Folge davon ist Verbesserung der Betriebsführung, Kapitalbildung, mit einem Wort: die Einleitung der natürlichen Entwicklung.

6. Durch die Einleitung der natürlichen Entwicklung ist die Möglichkeit gegeben, zum großen Teil die Entwicklung aus eigener Kraft vorwärts zu tragen, das heißt zur notwendigen Kapitalsbildung zu kommen oder anderseits die Möglichkeit der Benutzung fremder Kapitalorganisationen auf Grund gegenseitiger Interessenwahrung zu schaffen.

7. Lediglich durch Anpassung an die verschiedenen, gegebenen Verhältnisse ist es möglich, stufenweise eine zielbewußte Agrarreform durchzuführen, denn nur so kann mit

der Zeit die einheitliche Grundlage dazu geschaffen werden. Nur so können die aufgewendeten Mittel wirtschaftlich verwendet werden und nicht mehr Fehler vorkommen, wie der, daß z. B. in abgeschlossensten Gegenden die modernsten landwirtschaftlichen Maschinen eingeführt werden.

Die in den vorherstehenden Punkten angedeuteten Richtlinien schaffen erst die Grundlage einer ausgesprochenen gesetzgeberischen Agrarreform, die

1. die Regelung der Besitzverhältnisse,
2. die Zusammenlegung,
3. die Bonitierung,
4. die planmäßige Regelung der Agrarsteuern,
5. die endgültige Sicherheit auf dem Lande,
6. eine zweckmäßige Zollpolitik

in Angriff nimmt.

3. Tendenzen der Weiterentwicklung.

In der Türkei herrscht im Augenblick eine merkantilistische Einstellung vor, das heißt man ist auch aus militärischen Erwägungen heraus bemüht, alle Produkte des eigenen Bedarfs im Lande zu produzieren. Dahingegen ist aber zu bedenken, daß zwar die Türkei imstande ist, mannigfaltige Agrarprodukte zu erzeugen und die verschiedenen Bedürfnisse der Bevölkerung zu befriedigen (ausgenommen Datteln, Kaffee, Bananen u. dgl.), daß sie aber auf Grund ihrer passiven Handelsbilanz gezwungen ist, zu exportieren und deshalb auf die abnehmenden Länder Rücksicht nehmen muß. Infolgedessen besteht zugleich die Tendenz der Steigerung der Exporterzeugnisse. Praktisch drückt sich dies Bestreben im Augenblick im Drange nach einer Mechanisierung der Landwirtschaft aus.

Aber noch viel mehr haben hier die bestehenden Transportverhältnisse eine ausschlaggebende Bedeutung, da der Güteraustausch zwischen den verschiedenen Landesteilen mangels ausreichender Verkehrsverbindungen praktisch unmöglich ist.

Es bleibt ihr also nichts anderes übrig, als diejenigen Exportprodukte zu fördern, in denen sie infolge der gegebenen Bedingungen eine natürliche Monopolstellung hat, das heißt sie muß sich auf eine beschränkte Anzahl Produkte konzentrieren. Sie darf aber darüber den inländischen Markt und seine Bedürfnisse nicht vergessen.

Wenn auch das Bestreben, der augenblicklichen Not abzuhelfen, verständlich ist und durch die Mechanisierung und Intensivierung eine Produktionssteigerung zu erzielen, so bleibt aber immer bestehen, daß, soll eine andauernde und grundlegende Änderung eintreten, die Ursachen beseitigt werden müssen. Bildung, Verkehr und Absatz müssen zu Grundlagen einer dauernden Aufwärtsentwicklung ausgebaut werden.

4. Schlußwort.

Mein Bestreben war es, dahin zu wirken, daß die türkische Landwirtschaft sich auf ihre gegebenen Voraussetzungen und gegebenen Möglichkeiten besinnen möchte. Die Gefahr, daß irgendwelche einseitige Vorbilder, sei es aus Europa, sei es aus Nordamerika oder Südamerika, die Entwicklung in falsche Bahnen lenkt, liegt unmittelbar vor. Die Türkei hat weder Zeit noch Geld, um eine falsche Entwicklungsrichtung korrigieren zu können. Ihre Lage ist so zugespitzt, daß, gelingen die angefangenen Reformen nicht, eine Weiterentwicklung dann vielleicht überhaupt unmöglich ist.

Für die Türkei ist die Problemstellung, die Aufgabe, die sie zu lösen hat, sich möglichst reibungslos in die Weltwirtschaft einzuschalten. Um dies zu erreichen, muß sie die Durchschlagskraft ausnützen, die ihr ihre individuellen Möglichkeiten geben. Mannigfaltigkeit auf allen Gebieten läßt ein Streben nach der Produktion von Massenkonsumgütern von vornherein aussichtslos erscheinen. Aber gerade diese Mannigfaltigkeit ist die Vorbedingung, die zur Erzeugung von einer ganzen Reihe von Qualitätsprodukten notwendig ist. Mit anderen Worten heißt das, die Türkei muß ihre klimatischen Sonderheiten ausnützen und muß mit Hilfe einer bodenständigen, speziell entwickelten und vervollkommneten Technik Qualitätsprodukte erzeugen. Teilweise haben türkische Agrarprodukte schon einen Weltruf. Dieser Ruf ist durch die auf den Markt gebrachte Ware zu befestigen. Die Zukunft der türkischen Landwirtschaft liegt im gartenmäßigen Anbau von

Spezialitäten, auf einem sich auf eine gesunde Landwirtschaft stützenden Veredlungsgewerbe.

Das Bewußtsein der eigenen Möglichkeiten und eine zielbewußte Selbsthilfe werden für die Türkei im Ausland werben. Klare Erkenntnis der Schwächen und konsequente Verfolgung des organischen Aufbaus und zielbewußte Ausnutzung der natürlichen Gegebenheiten werden die Zukunft der Türkei sichern.

Wenn ich mit dieser Arbeit meinem Lande einen Dienst erwiesen haben sollte, so hat mich dabei vollkommen das Bewußtsein aller Verantwortlichkeit den Dingen gegenüber erfüllt. Ich habe versucht mein Gefühl auszuschalten, um mein Vaterland vollkommen objektiv darzustellen, und habe mich bemüht, alles, was ich zu sehen vermeine, unter den einen Gesichtspunkt zu stellen:

Jeder ist verpflichtet, für sein Volk mit allen Kräften
und bestem Können und mit aller Verantwortlichkeit
zu arbeiten!

V. Bibliographie.

I. Geschichtliche Werke:

Necip Asım Mehmet Arif: Osmanli tarihi. (Die osmanische Geschichte.) Istanbul 1918.
Köprülü Zade Mehmet Fuat: Türkiye tarihi. (Die Geschichte der Türkei.) Istanbul 1923.

Bamberg, F.: Geschichte der orientalischen Angelegenheit, Berlin 1888.

II. Geographische und naturwissenschaftliche Werke:

Faik Sabri: Osmanlı cografiyâi iktisâdsti. (Die osmanische Wirtschaftsgeographie.) Istanbul 1915.
Mehmet Cemal: Anadolu: iktisâdî, ihsâî askerî cografiya. birinci cilt. (Anatolien: Wirtschaftliche, militärische und statistische Geographie. Bd. 1.) Istanbul 1921.
Hamit Sâdi: Iktisâdî cografya. birenci kitap. (Wirtschaftsgeographie. Bd. 1.) Istanbul 1928.

Tschihatscheff: Kleinasien. Leipzig 1878.
Kannenberg: Kleinasiens Naturschätze. Berlin 1897.
Ritzner, R.: Wirtschaftsgeographie Anatoliens. Berlin 1902.
Philippson, A.: Das türkische Reich. (Eine geographische Übersicht.) Weimar 1915.
Weickmann: Zum Klima der Türkei. Leipzig 1921.

III. Wirtschaftswissenschaftliche Werke:

a) Allgemeines:

Şevket Süreyya: Cihan iktisadiyatında Türkiye. (Die Türkei in der Weltwirtschaft.) Ankara 1931.

Totonjan, V. und Togtschjan, E.: Die sozialökonomische Türkei. Berlin 1901.
Schaefer, K. A.: Ziele und Wege für die jungtürkische Wirtschaftspolitik. Karlsruhe 1913.
Wiedenfeld, K.: Deutsch-türkische Wirtschaftsbeziehungen und ihre Entwicklungsmöglichkeiten. München-Leipzig 1915.
Mittwoch, E.: Die wirtschaftliche Bedeutung der Sprachenfrage in der Türkei. (Aus: Archiv für Wirtschaftsforschung im Orient.) Weimar 1916.
Marre, E.: Die Türkei und wir nach dem Weltkriege. (Ein praktisches Wirtschaftsprogramm.) Berlin 1916.

Sammelwerk: Das Wirtschaftsleben der Türkei. Bd. 1. Die Grundlagen der türkischen Wirtschaftsverjüngung. Berlin 1916.
Grothe, H.: Türkisch-Asien und seine Wirtschaftswerte. Frankfurt am Main 1916.
Rashid, M. Sch.: Die türkische Volkswirtschaft unter besonderer Berücksichtigung ihrer weltwirtschaftlichen Beziehungen. (Aus: Gross, Mittel- u. Südost-Europäische Wirtschaftsfragen.) Leipzig 1931.
Mantal, M.: L'avenire économique de la Turquie nouvelle. Paris 1924.
Faik Kurdoğlu: La Turquie économique. Anvers 1928.

Dissertationen:

Geister, P.: Die Türkei im Rahmen der Weltwirtschaft. Greifswald 1907.
Lierau, W.: Die neue Türkei: Wirtschaftliche Zustände und Aussichten. Berlin 1923.
Krause, Paul: Die deutsch-türkische Wirtschaftspolitik und die deutsch-türkischen Wirtschaftsbeziehungen der Vorkriegszeit. Frankfurt 1925.
Mussler, Wilhelm, Julius: Die Türkei, volkswirtschaftliche Studien. Freiburg i. Br. 1929.

b) Landwirtschaft:

Ibrahim Fazil: Iktisâdi zirâî. Bd. 1, 2. (Landwirtschaftliche Betriebslehre.) Bursa 1912.
Ihsan Abidin: Osmanlı atları. (Die osmanischen Pferde.) Istanbul 1917.
- - Koyun yetişdirmesi. (Schafzucht.) Istanbul 1924.
- - Anadoluda ziraat yetişdirme vaziyeti. (Landwirtschaft und Aufzucht von Tieren in Anatolien.) Istanbul 1928.

Schuhmann: Zur türkischen Agrarfrage. Weimar 1916.
Oldenburg: Sechs Monate Aufbauarbeit in der Türkei. Bericht der deutschen Sachverständigendelegation über ihre Tätigkeit. Privatdruck Langensalza 1928.

Dissertationen:

Rensasson, Leon: Über die Seidenkultur in Kleinasien. Tübingen 1919.
Ess'ad Nurullah: Die anatolische Landwirtschaft mit besonderer Berücksichtigung Kleinasiens. Frankfurt 1922.
Mashar Ilhami: Die landwirtschaftlichen Verhältnisse am Marmarameergebiet. Gießen 1923.
Kadelbach, Hasso: Die türkische Landwirtschaft in der Gegenwart und ihre Zukunftsaufgaben. Halle 1929.

c) Verkehr:

Techner: Das anatolische Wegenetz. Leipzig 1924.

Dissertationen:

Schmidt, Hermann: Das Eisenbahnwesen in der asiatischen Türkei. Berlin 1913.
Nizami, Ali: Die türkische Eisenbahnpolitik bis 1914. Heidelberg 1924.
Mühlmann, K.: Die deutschen Bahnunternehmungen in der asiatischen Türkei 1888—1914. Berlin 1926.

d) Industrie:

Stern, R.: Geld, Industrialisierung und Petroleumschätze in der Türkei. Berlin 1918.

Krahmann, M.: Bergwirtschaft in der Türkei. (Aus: Das türkische Reich.) Berlin 1918.

e) Handel:

Renner, R.: Der Außenhandel der Türkei vor dem Weltkriege. (Auslandswirtschaft in Einzeldarstellungen.) Herausg. v. Auswärtigen Amt. Berlin 1919.

Dissertation:

Ethem, Muhlis: Der Hafen von Stambul und seine Organisation. Leipzig 1929.

f) Finanz und Kapital:

Velay, A.: Essai sur l'histoire financière de la Turquie. Paris 1903.

Dissertationen:

Tschiloff, Nicola: Die Steuerverhältnisse in der Türkei. Erlangen 1912.

Freundt, Alfred: Der Übergang der Türkei zur Goldwährung. Königsberg 1921.

Goldberger: Die internationalen Banken in der Türkei und ihre Finanzgeschäfte. Hamburg 1922.

Kremmer, Richard: Die Finanzierung des Krieges im Orient durch Deutschland und ihre Rückwirkung auf das türkische Finanz- und Wirtschaftsleben. Hamburg 1922.

Medjdet, Mehmet: Die Staatsschulden der Türkei und die Verwaltung der Dette publique Ottomane. Berlin 1924.

Crestovich, Gabriel: Die türkischen Staatsanleihen. Heidelberg 1924.

Mehmet, Nihad: Das Papiergeld in der Finanz- und Währungsgeschichte der Türkei 1839—1909. Freiburg i. Br. 1930.

IV. Politisch-rechtliche Werke:

Deligeorges, E. B.: Die Kapitulationen der Türkei. Heidelberg 1907.

Lehmann, W.: Die Kapitulationen. Weimar 1917.

Kunke, Max: Die Kapitulationen der Türkei, deren Aufhebung und die neuen deutsch-türkischen Rechtsverträge. München-Berlin-Leipzig 1918.

Helfferich, Karl: Die deutsche Türkenpolitik. Berlin 1921.

Belin: Des capitulations et de traités de la France en Orient. Paris 1870.

Gavillot: Essai sur les droits des européens en Turquie et en Egypte. Les capitulations et la réforme juridiciaire. Paris 1875.

Arminion: Étrangers et protégés dans l'Empire ottoman. Bd. 1. Paris 1903.

Berard, V.: Les questions actuelles de politique étrangere en Asie. Paris 1909.

Dissertationen:

Staude, Georg: Die völkerrechtliche Sonderstellung der Juridiktionskonsuln in der Türkei. Erlangen 1900.

Schreiber, Marianne: Die Stellung der Ausländer in der Türkei unter den Kapitulationen und nach den neuen deutsch-türkischen Verträgen. Köln 1922.

Böttger, Leonhard: Die Entwicklung des türkischen Fremdenrechts in der Türkei bis in die Gegenwart. Gießen 1925.
Exner, Fritz: Die Meerengenfrage (Bosporus und Dardanellen). Breslau 1927.
Fuat, Ali: La question des Detroits. Paris 1928.

V. Allgemeine Werke:

Körte, A.: Anatolische Skizzen. Berlin 1896.
Deutschlands Ansprüche an das türkische Erbe. Herausgeg. vom All-Deutschen Verband. München 1896.
v. d. Goltz: Anatolische Ausflüge. Berlin 1896—1897.
Fischer: Durch die Kleinasiatische Türkei. Zürich 1906.
Grothe, H.: Deutschland, die Türkei und der Islam. Leipzig 1914.
Sachan, E.: Vom asiatischen Reich der Türkei. (Deutsche Orientbücherei.) Weimar 1915.
Jäckh, E.: Deutschland im Orient nach dem Balkankriege. München 1915.
Banse, E.: Die Türkei. Braunschweig 1915.
Endres: Die Türkei. München 1916.
Liman v. Sanders: Fünf Jahre Türkei. Berlin 1920.
Leonid: Angora. Freiheitskrieg der Türkei. Berlin 1923.
Klinghardt, W.: Angora—Konstantinopel, ringende Gewalten. Frankfurt a. M. 1924.
Becker: Die Türkei. (Aus: Deutschland und der Weltkrieg.) Leipzig 1925.
Sammelwerk: Die Türkei seit dem Weltkriege. Berlin 1929.
Mikosch: Mustafa Kemal zwischen Europa und Asien. Leipzig 1930.
Ziemke, K.: Die neue Türkei. Stuttgart 1930.

Engelhardt: La Turquie et la Tanzimat. 2 Bde. Paris 1884.
Mandelstam, A.: Le sort de l'Empire ottoman. Lausanne-Paris 1917.
A. J. Toynbee, K. P. Kirkwood: Turkey. London 1926.

Dissertation:

Muhiddin, Ahmed: Die Kulturbewegung im modernen Türkentum. Leipzig 1921.

VI. Statistiken:

Istatistik yıllığı. Ankara.
Istatistik umum müdürlügü, Ankara 1927—1930. (Die Veröffentlichungen des statistischen Amtes.)

VII. Zeitschriften:

Iktisat vekâleti mecmuasi (Zeitschrift des Wirtschaftsministeriums.) Ankara.
Zeitschrift der Handels- und Industriekammer von Stambul, 1926—1930.
Zeitschrift: Die türkische Wirtschaft. (Offizielles Organ der türkischen Handelskammer für Deutschland.) Berlin, Jahrgang 1928—1931.
Zeitschrift der Handels- und Industriekammer von Smyrna.
Türkische Post, Tageszeitung für den nahen Osten. (Halbmonatliche Wirtschaftsausgabe.) Istanbul 1931.

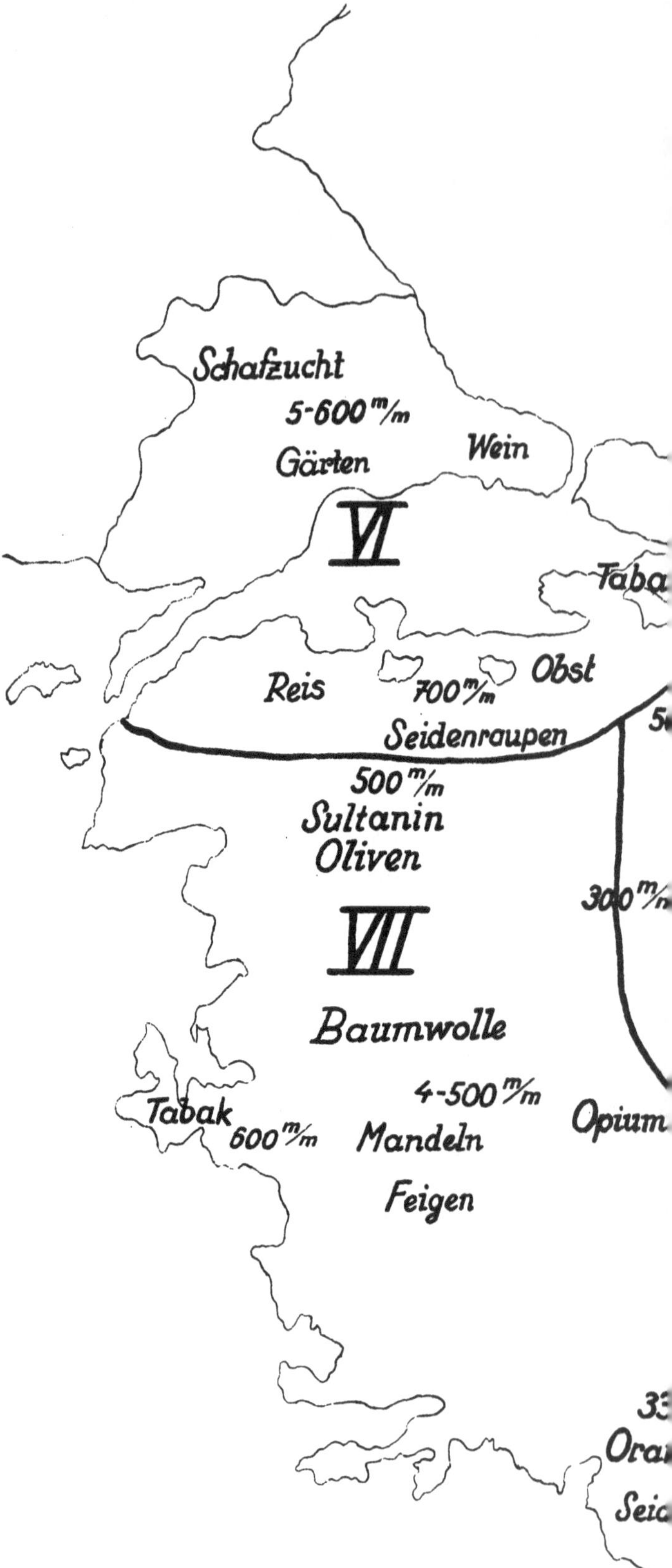
Schafzucht
5-600 m/m
Gärten
Wein
VI
Reis
700 m/m
Obst
Seidenraupen
500 m/m
Sultanin
Oliven
VII
Baumwolle
4-500 m/m
Opium
Tabak
600 m/m
Mandeln
Feigen

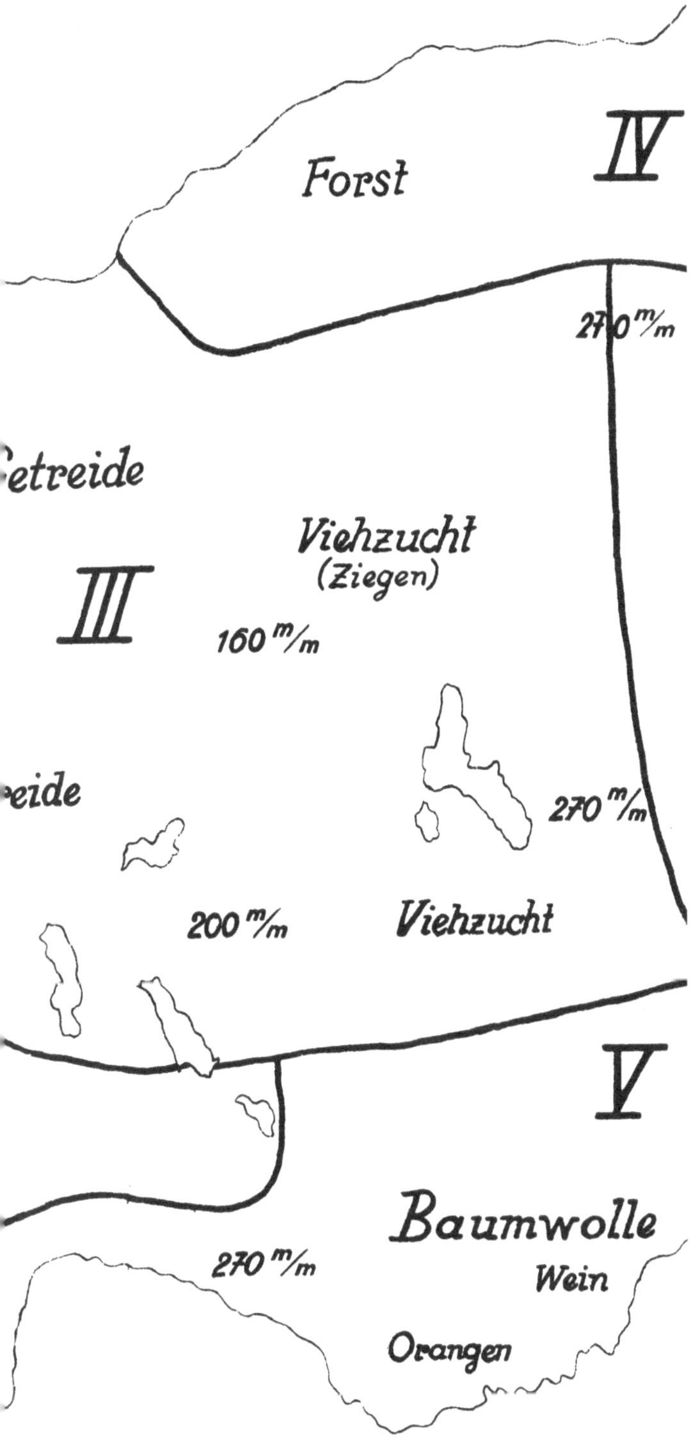

Forst
IV
270 m/m
etreide
Viehzucht
(Ziegen)
III
160 m/m
eide
270 m/m
200 m/m
Viehzucht
V
Baumwolle
270 m/m
Wein
Orangen

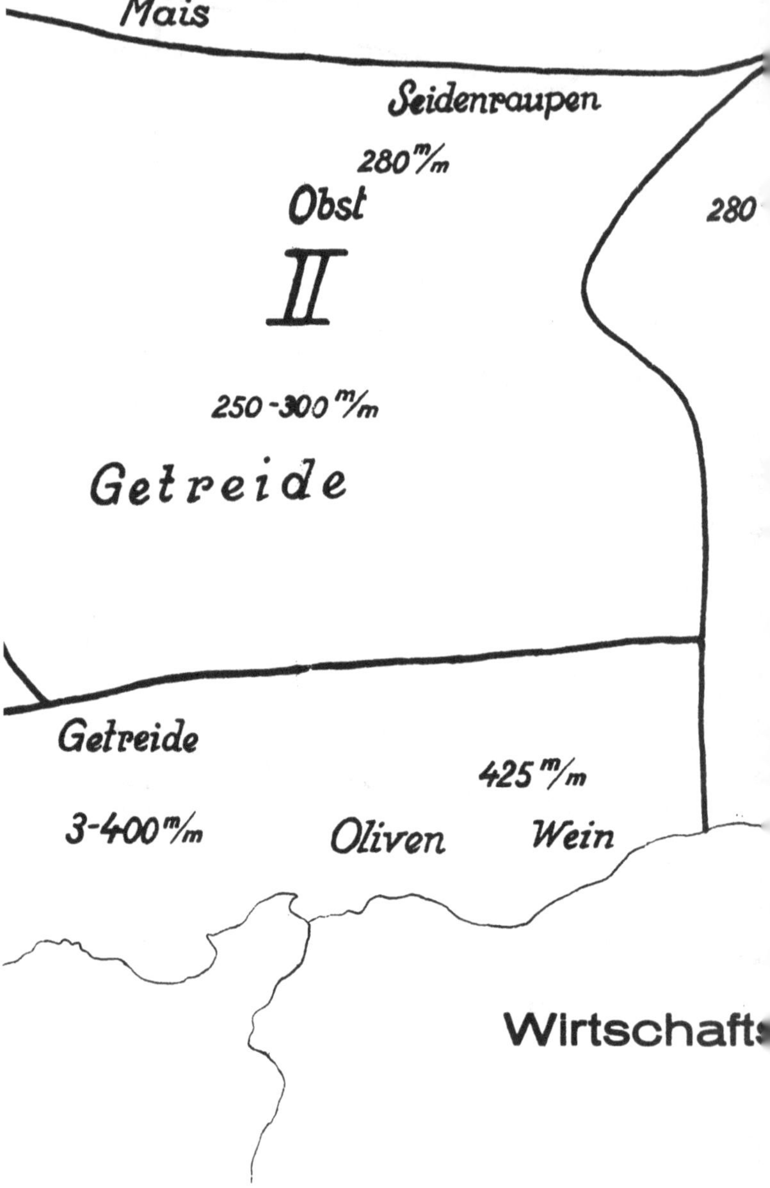

Wirtschafts

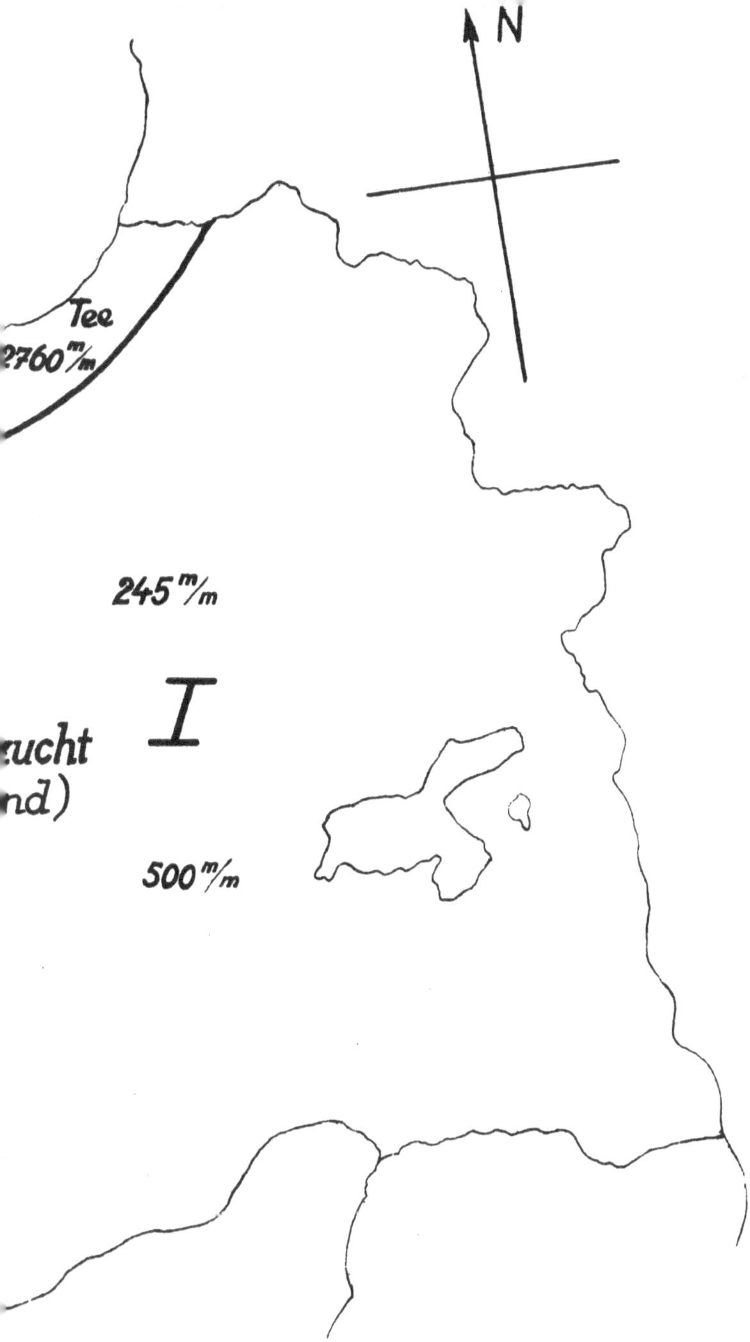

aßstab 1 : 3 700 000

, Landesprodukte, Nieder-
agsverteilung
der Türkei

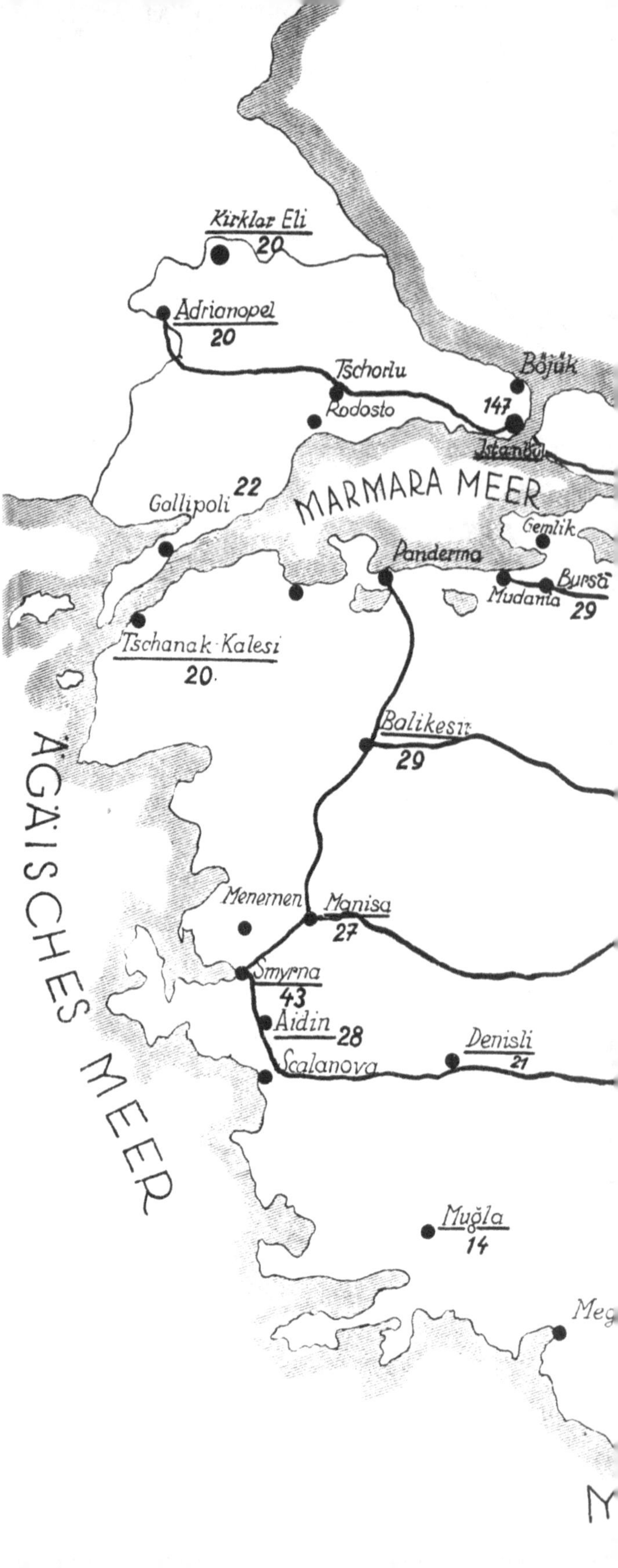

Kirklar Eli
20
Adrianopel
20
Tschorlu
Böjük
147
Rodosto
Istanbul
22
Gallipoli
MARMARA MEER
Gemlik
Panderma
Bursa
Mudania
29
Tschanak-Kalesi
20.
Balikesir
29
ÄGÄISCHES MEER
Menemen
Manisa
27
Smyrna
43
Aidin
28
Scalanova
Denisli
21
Muğla
14

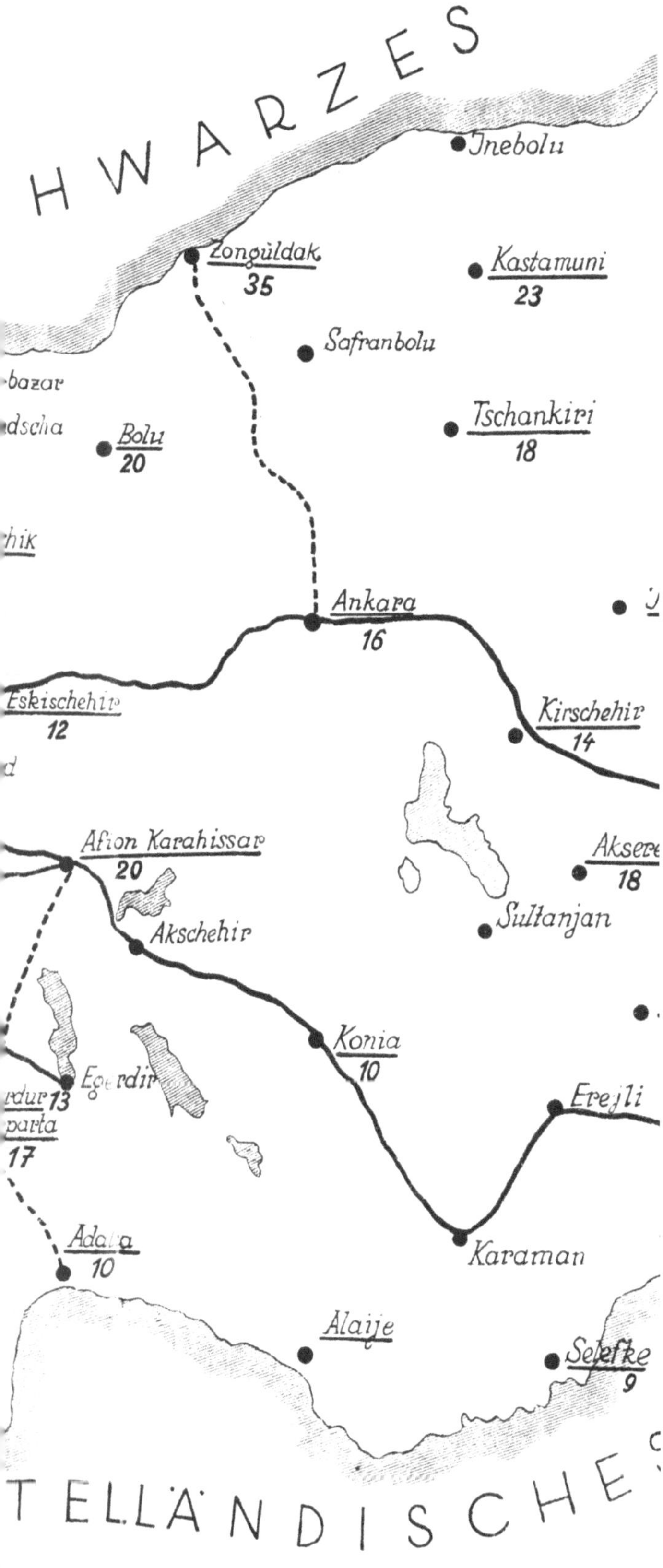

HWARZES
Inebolu
Zonguldak
35
Kastamuni
23
Safranbolu
bazar
dscha
Bolu
20
Tschankiri
18
hik
Ankara
16
Eskischehir
12
Kirschehir
14
Afion Karahissar
20
Aksere
18
Sultanjan
Akschehir
Konia
10
Egerdir
rdur 13
parta
17
Erejli
Karaman
Adalia
10
Alaije
Selefke
9
TELLÄNDISCHES

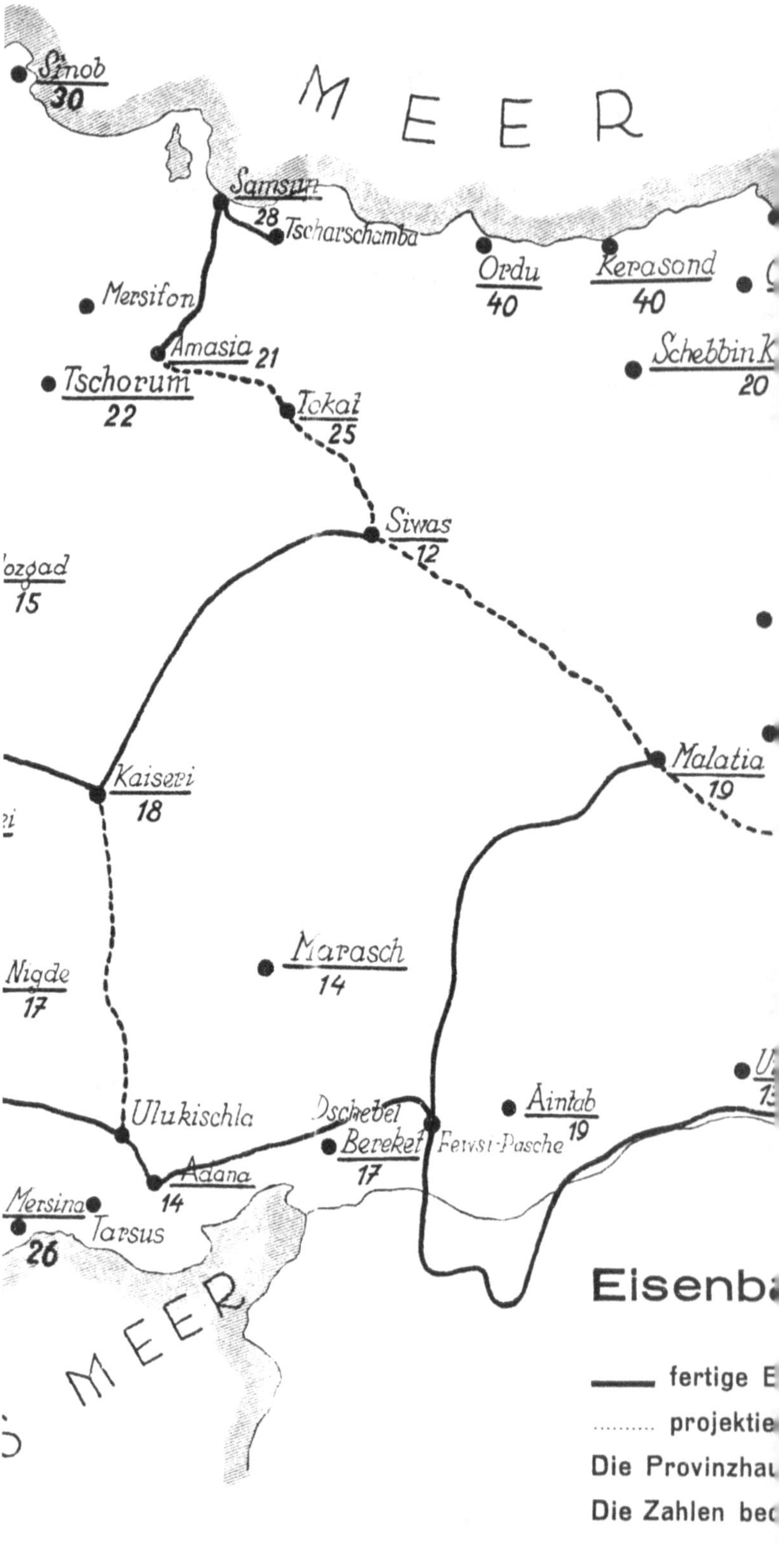

Sinob
30
MEER
Samsun
28
Tscharschamba
Ordu
40
Kerasond
40
Mersifon
Amasia 21
Tschorum
22
Tokat
25
20
Siwas
12
15
Kaiseri
18
Malatia
19
Marasch
14
Nigde
17
Ulukischla
Dschebel
Bereket
17
Fewsi-Pasche
Aintab
19
Adana
14
Mersina
Tarsus
26
MEER
fertige
Die Provinzhau
Die Zahlen be

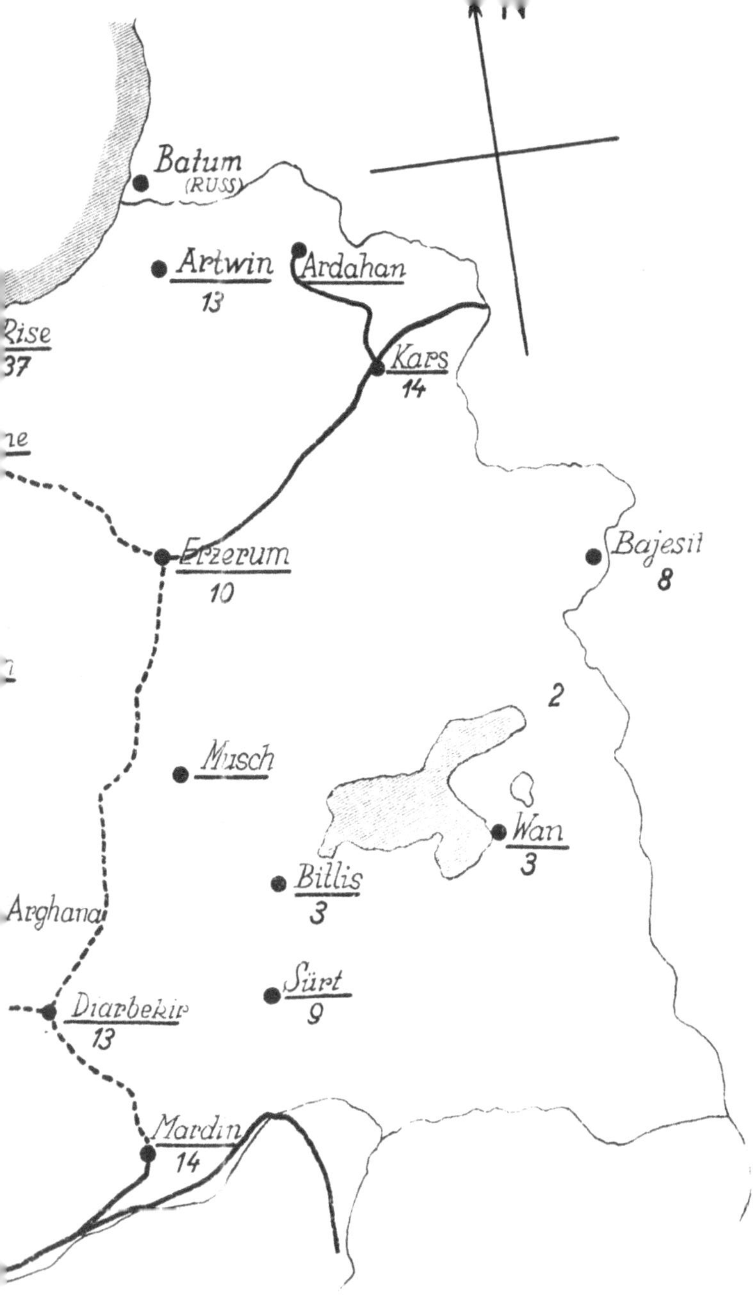

Maßstab 1 : 3 700 000

Bevölkerungsdichte der Türkei

nen

d unterstrichen

evölkerungsdichte der entsprechenden Provinzen

Kolibri 360 GmbH
Ferdinand-Jühlke-Straße 7
99095 Erfurt, Deutschland
produktsicherheit@kolibri360.de